O Espírito de Deus
na ação humana

Michael Böhnke

O Espírito de Deus na ação humana

Pneumatologia prática

Dados Internacionais de Catalogação na Publicação (CIP)
(Câmara Brasileira do Livro, SP, Brasil)

Böhnke, Michael
   O espírito de Deus na ação humana : pneumatologia prática / Michael Böhnke ; [tradução Paulo F. Valério]. -- São Paulo : Paulinas, 2020. -- (Coleção Kairós)

   Título original: Gottes Geist im Handeln der Menschen: praktische pneumatologie
   ISBN 978-85-356-4578-1

   1. Pneumatologia 2. Teologia católica I. Título. II. Série.

19-30852   CDD-231.3

Índice para catálogo sistemático:
1. Pneumatologia : Teologia dogmátca cristã 231.3

Cibele Maria Dias - Bibliotecária - CRB-8/9427

Título original: Gottes Geist im Handeln der Menschen: Praktische Pneumatologie
© 2017 Verlag Herder GmbH, Freiburg im Breisgau.

1ª edição – 2020

Direção-geral: *Flávia Reginatto*
Editores responsáveis: *Vera Ivanise Bombonatto e João Décio Passos*
Tradução: *Paulo F. Valério*
Copidesque: *Mônica Elaine G. S. da Costa*
Coordenação de revisão: *Marina Mendonça*
Revisão: *Ana Cecilia Mari*
Gerente de produção: *Felício Calegaro Neto*
Projeto gráfico: *Telma Custódio*
Diagramação: *Jéssica Diniz Souza*

Nenhuma parte desta obra pode ser reproduzida ou transmitida por qualquer forma e/ou quaisquer meios (eletrônico ou mecânico, incluindo fotocópia e gravação) ou arquivada em qualquer sistema ou banco de dados sem permissão escrita da Editora. Direitos reservados.

Paulinas
Rua Dona Inácia Uchoa, 62
04110-020 – São Paulo – SP (Brasil)
Tel.: (11) 2125-3500
http://www.paulinas.com.br – editora@paulinas.com.br
Telemarketing e SAC: 0800-7010081
© Pia Sociedade Filhas de São Paulo – São Paulo, 2020

Espírito na ação — ação no Espírito: é disso que se trata neste livro. Com ele, coloco a pneumatologia no centro de meu pensamento teológico-sistemático. Os pensamentos que apresento a seguir já estavam implicitamente pressupostos em minha eclesiologia, sob o título de "Igreja na crise da fé", publicada pela Editora Herder, em 2013. Aquilo que era indicado ali, aqui é desenvolvido.

Gostaria de dedicar este livro ao meu venerável bonense professor acadêmico Wilhelm Breuning, morto no dia 19 de maio de 2016, pouco tempo depois de completar 96 anos de vida. Desde 1977, ele estimulou de modo especial meu desenvolvimento teológico e, posteriormente, acompanhou-me amigavelmente. Com ele, ainda em janeiro de 2016, pude discutir as teses que determinaram o esboço.

Gratidão especial devo a Michaela G. Grochulski, minha colaboradora científica, que, de muitas maneiras, me apoiou na pesquisa bibliográfica e na preparação do manuscrito.

Michael Böhnke

Sumário

Prólogo 11

1. Pontos de partida 15

   1.1 Abertura do tema 15
      Presença de Deus como tema 15
      Abordagem pneumatológica 19
      Recorrer ao Espírito de Deus 20
      Pneumatologia prática 22

   1.2 Sondagem do campo 23
      Espírito de Deus e ideia de Deus 23
      A função da teologia "natural" 27
      Esquecimento do Espírito e redescoberta do Espírito 30
      A importância da experiência 37
      Esclarecimento histórico-teológico da situação 39
      Pneumatologia e doutrina trinitária 45
      Importância e valor de verdade da práxis pneumatológica ... 46
      Sinais dos tempos e correntes do tempo 49
      Atualização crítica da pneumatologia 54

   1.3 O propósito 57
      Contornos 57
      Construção 60

2. Abordagens 65

  2.1 Ação no Espírito 65

    Observações metodológicas preliminares 65
    Pneumatologia prática 68
    Pró-existência 76
    Asseguramento teológico a respeito do lugar
    de uma pneumatologia prática 78

  2.2 O Espírito na ação 80

    Observação metodológica 80

    2.2.1 Epiclese 84

    A epiclese como forma básica do agir cristão 84
    Consequências eclesiológicas 92
    Perspectivas ecumênicas 94
    Consequências pneumatológicas 98

    2.2.2 Parrésia 99

    Parrésia e diferença 100
    Consequências eclesiológicas 104
    Crítica social 106
    Resumo 110

    2.2.3 Doxologia 110

    A doxologia como forma elementar da linguagem orante ... 111
    Júbilo, dom das línguas, música e mística 114
    A doxologia como forma fundamental da confissão trinitária 117

    2.2.4 Apreensão 120

    Compreensão do ser-apreendido 121
    A tradição veterotestamentária 122
    O teatro de dança de Pina Bausch 126
    Abordagens teológicas 130

    Corporeidade do Espírito 135
    Ser-apreendido e a mística mais uma vez 137
    Ser-apreendido e liberdade 140

3. Posições 143

    A característica do Espírito 143
    O Espírito como autodoação comunicativa 147
    Necessidade e dificuldades de uma compreensão
    pessoal do Espírito 149
    Personalidade como determinação adverbial 152
    A analogia com a pessoa de Jesus Cristo 153
    Discernimentos exegéticos 155
    Divindade e imanência universal do Espírito 157
    União entre Espírito e Igreja 158
    Personalidade do Deus de Israel 159
    Confirmação teológico-trinitária 159
    Ser-pessoa como estar-em-relação 160
    Temporalidade em Deus 161
    Resumo 162

4. Perspectivas 163

    4.1 Eclesiológica 164

        Pobreza como implicação de uma percepção
        pneumatológica da Igreja 164
        Pobreza como consequência de uma visão
        pneumatológica da Igreja 166

    4.2 Escatológica 169

        A glória dos filhos de Deus 170
        Escatologia como automanifestação do Espírito 173

4.3 Trinitária 174
    Apreensibilidade como consumação do Espírito 174
    A questão do Filioque 180
    A característica da autorrevelação do Espírito 181
    A relação entre Trindade econômica e Trindade imanente 183

Epílogo 187

Referências bibliográficas 191

Índice onomástico 215

Prólogo

"... nada é mais difícil do que o uso livre do próprio"
(Friedrich Hölderlin, 1801)

Distanciamento de Deus e esquecimento de Deus marcam a compreensão do agir humano na modernidade e pós-modernidade. Eles estão subjacentes na resignada limitação da ação do Espírito à experiência interior, carismática e espiritual. Contrariamente a isso, este livro tem como tema o Espírito de Deus na ação humana.

"Nenhuma vontade — escreveu Schelling [1841/42] — se revela senão através da ação."[1] Se esta frase puder ser utilizada teologicamente, então seu valor não se limita apenas à cristologia. Uma vez que a autorrevelação de Deus aconteceu em Jesus Cristo e no Espírito Santo, ela deve valer também para o Espírito Santo. Aquela também não se revela senão mediante a ação, precisamente, por meio das ações das pessoas. Este livro quer demonstrar como o Espírito de Deus se revela na ação humana.

A pretensão ligada a isso é alta. De um lado, o esquecimento do Espírito na teologia, em cuja superação se acreditou na virada do milênio e, desde então, no entanto, se encontra novamente em ascensão,

---

[1] F. W. J. Schelling, Philosophie der Offenbarung 2, Darmstadt 1966, 10, citado conforme T. PRÖPPER, Theologische Anthropologie I, Freiburg i. Br. 2011, 73.

deve ser profundamente superado mediante a referência à realidade do agir humano. De outro, a pneumatologia deve ser reformulada a partir do discernimento do dogmatismo do Espírito no agir humano e, desse modo, ser realçada mais uma vez.

De modo específico, no caso da pneumatologia prática, trata-se de demonstrar que, em primeiro lugar, uma compreensão da realidade que não leva em conta o dogmatismo do Espírito na ação é deficitária; que, em segundo lugar, qualquer que seja a ação, ela é necessariamente determinada espiritualmente; e, por fim, em terceiro lugar, como se pode identificar o Espírito de Deus com a realidade do agir humano.

A caracterização da pneumatologia como "prática" não é absolutamente nova. Leonardo Boff designou o ensaio de uma teologia do Espírito de José Comblin como "pneumatologia prática".[2] Referindo-se à fundamentação da ética como ética da vida motivada espiritualmente, de Johannes Fischer, Reinhard Feiter fala de "pneumatologia prática".[3] Hermann Stinglhammer retoma a frase com o fito de provar uma pragmática plausibilidade do ser cristão — fé como estilo de vida —, mas não de desenvolvê-la.[4] Quando aqui se fala de "pneumatologia prática" no subtítulo, com isso se quer demonstrar — dando continuidade a tais esforços — que se trata da demonstração do Espírito no agir humano ou, com outras palavras, de uma hermenêutica pneumatológica da realidade do agir humano.

A "demonstração do Espírito" (1Cor 2,4), desde que vise ao Espírito no qual Deus, conforme Rm 5,5, está solidariamente presente junto às pessoas, ou seja, como sua identidade escatológica, só pode acontecer historicamente. Ela começa com uma análise do agir e do autocompor-

---

[2] L. Boff, Der Heilige Geist. Feuer Gottes – Lebensquell – Vater der Armen, Freiburg i. Br. 2014, 158 (ed. bras.: *O Espírito Santo*: fogo interior, doador de vida e Pai dos pobres. Petrópolis 2013).
[3] R. Feiter, Praktische Pneumatologie. Geistesgabe und Handlungsbegriff, in: U. Feeser-Lichterfeld; R. Feiter, in Verbindung mit T. Kroll, M. Lohausen, B. Severin, A. Wittrahm (ed.), Dem Glauben Gestalt geben. FS für W. Fürst (Theologie: Forschung und Wissenschaft 19), Münster 2006, 325-338.
[4] H. Stinglhammer, Die Wahrheit leben: Reflexionen im Horizont einer theopragmatischen Plausibilität des Christlichen. Zugleich eine praktische Pneumatologie, in: G. Bausenhart, M. Eckholt, L. Hauser (ed.), Zukunftaus der Geschichte Gottes. Theologie im Dienst an einer Kirche für morgen. Für P. Hünermann, Freiburg i. Br. 2014, 437-448.

tar-se do ser humano e pergunta pela motivação espiritual e pela emoção desse agir e desse autocomportar-se. Referindo-se à vida humana, Paulo atesta-o com a fórmula "andar segundo o Espírito" (Gl 2,25).

A palavra "andar", tomada por si mesma, soa antiquada. Com este termo, designa-se uma maneira determinada de movimento: acontece um movimento de inversão — transformação. O movimento começado por um sujeito é tão intensamente experimentado por este que ele (o movimento) "faz" dele (o sujeito) seu meio. O caráter subjetivo do sujeito, no caso, é mantido.

Talvez o acontecimento seja comparável ao salto com o paraquedas. O movimento iniciado na largada transforma o saltador, que permanece ele mesmo, em queda livre, em meio das forças atuantes antes e sem ele.

"Andar segundo o Espírito" significa, teologicamente, esperar na força transformadora de Deus. Paulo ufana-se de si e de seus companheiros em 2Cor 1,12 pelo fato de terem agido no mundo pela graça de Deus, na medida em que colocam sua esperança em Deus que ressuscita os mortos. Ele os teria libertado do amargo perigo mortal e os salvaria também futuramente (2Cor 1,10). Paulo fixa-se na presença solidária de Deus: o Deus que transforma a morte em vida motiva seu agir e o de seus colaboradores. A força transformadora de Deus tematiza o agir como andar segundo o Espírito. De acordo com Paulo, "andar segundo o Espírito" significa um agir motivado espiritualmente, movido pelo Espírito do incondicional amor obsequioso, e autocomportamento solidariamente presente. Para o judeo-cristão Paulo, o assunto estava claro. Ele conhecia o primeiro mandamento: "Portanto, amarás a Iahweh teu Deus com todo o teu coração, com toda a tua alma e com toda a tua força" (Dt 6,5). Amar de todo o coração tornou-se concebível para Paulo quando o amor de Deus passou a habitar nos corações das pessoas (Rm 5,5). O testemunho humano do amor de Deus resulta do obsequioso amor e de sua miseri-*cór*-dia. Por meio dela, da autorrevelação do Espírito de Jesus Cristo nos corações das pessoas, elas são vistas, a partir de Deus, como coamadas. A comunhão do Espírito realiza a filiação divina como inserção no relacionamento do Filho com o Pai, seu "estar-com-o-Pai". A Bíblia parafraseia isso com a noção de glorificação. O estar-com-o-Pai de Jesus, bem como seu estar-com-as-pessoas, se deve ao Espírito que o glorifica. A personalidade do Espírito testemunha-lhe a glória do outro, para quem o solidário estar-com é considerado como determinação escatológica. Quem está com o Pai e com os outros, como consigo, é tido como santificado pelo Espírito. A comunhão do Espírito é comunhão dos santificados. Esta se transforma no Espírito.

Se o Deus que se revelou às pessoas como amor incondicional, obsequioso, é um Deus que decidiu deixar-se determinar pela liberdade humana, porque também o amor divino sem o livre consentimento da pessoa humana não alcança sua meta, então a pessoa humana, analogamente a Deus, é alguém que decidiu, livremente, deixar-se determinar pelo amor de Deus. Assim como o primeiro se revelou em Jesus Cristo, o segundo se revela no Espírito Santo.

Interpretar o discurso sobre Deus e o discurso sobre o homem, a teologia e a antropologia a partir desse acontecimento, é o que pretende alcançar a pneumatologia prática. Como projeto inovador de teologia sistemática, permanece acometida pelo defeito de ser, em diversos pontos, talvez ainda não comprovada, e em outros, lacunosa. Algumas coisas podem parecer unilaterais ao leitor teologicamente instruído. Contudo, não se buscaram completude e equilíbrio. Ambos caracterizam mais um manual do que uma tentativa que investe em inovação teológica e, como tal, a ser discutida, na qual se trata, principalmente, de enfatizar o novo que se está tornando visível com a nova formulação.

1. Pontos de partida

1.1 ABERTURA DO TEMA

Presença de Deus como tema

Na época da ausência de Deus, a teologia assumiu pós-metafisicamente o peso da pergunta sobre Deus sob o enfoque da teologia da revelação, e nisso se serviu do conceito de autorrevelação divina criado por Hegel. Desde então, a autorrevelação de Deus em Jesus Cristo e, com ela, a cristologia encontram-se no centro da doutrina teológica sobre Deus. Pouco incomodado pelos questionamentos fundamentais e problematizações da exegese histórico-crítica, o Cristo da fé foi e é visto na consciência religiosa geral, ao mesmo tempo, como o abonador da presença divina.[1] O papa Pio XII, apoiando-se em Johann Adam Möhler, compreendeu a Igreja, mediante a qual a presença de Deus é

---

[1] Cf. a catequese do papa Bento XVI por ocasião da Audiência Geral de 14 de abril de 2010, a respeito do *munus docendi* do sacerdote, na qual o papa emérito expõe que Cristo jamais está ausente da Igreja. In: http://w2.vatican.va/content/benedict-xvi/de/audiences/2010/documents/hf_ben-xvi_aud_20100414.html (08.11.2016). Na alocução da vigília com os jovens no hipódromo de Randwick (XXIII Jornada Mundial de Juventude em Sidney, Austrália, de 13-21 de julho de 2008), em 19 de julho de 2008, na qual expôs a doutrina de Agostinho sobre o Espírito Santo, o papa Bento XVI formulou ainda mais claramente sua posição na medida em que fala "do Cristo presente nas estruturas institucionais da Igreja". O Espírito Santo seria particularmente importante na fomentação da unidade dos fiéis com a instituição. In: http://w2.vatican.va/content/benedict-xvi/de/speeches/2008/july/documents/hf_ben-xvi_spe_20080719_vigil.html (08.11.2016).

garantida, como continuação da encarnação, uma construção através da qual a presença salvífica de Deus em sua Igreja podia ser assegurada cristocentricamente, de modo específico no anúncio, na dispensação dos sacramentos e no magistério eclesial, o representante de Cristo como cabeça da Igreja.

Esse cristocentrismo foi, ao mesmo tempo, o ponto de vista que tornou a teologia apta a conectar-se com os questionamentos modernos e contemporâneos. Por meio dele, pôde-se superar a imagem filosófica de Deus do deísmo, do teísmo e também do ateísmo. A partir de Jesus Cristo, tornou-se novamente determinável quem e o que é Deus. Com a teologia da cruz, Eberhard Jüngel, em sua obra-prima do século, "Deus como mistério do mundo",[2] fundamentou cristologicamente, de modo impressionante, o discurso trinitário sobre Deus e, desse modo, revolucionou tanto a concepção de Deus teísta quanto a ateísta como *potentia absoluta*. Idêntico elemento justificador — apesar de todas as diferenças — caracteriza a doutrina sobre Deus em Jürgen Moltmann, Wolfhart Pannenberg e Walter Kasper. Hoje, praticamente não conseguiria mencionar um teólogo que não fundamente o discurso teológico da doutrina sobre Deus, a não ser mediante uma compreensão cristocêntrica da revelação. Seja na consciência devota, seja no anúncio eclesial, talvez hoje, com demasiada facilidade, tomemos como ponto de partida uma presença natural de Jesus Cristo porque essa tentativa de fundamentação e determinação da realidade de Deus parece sem alternativa. Mal ousamos pensar em sua ausência. Que vivamos tempos da ausência de Deus é algo que praticamente não tem importância! Podemos fiar-nos na presença de Deus em Jesus Cristo e na presença de Jesus Cristo em sua Igreja. Mas será realmente assim tão simples?

Jesus Cristo viveu há mais de 2000 anos. Morreu na cruz. Sua vida findou com a morte, como todo ser humano. Conforme a fé joanina na ressurreição, ele já não vive no mundo, mas está junto do Pai. Como pode a Igreja, como podem os cristãos afirmar que ele está presente,

---

[2] E. Jüngel, Gott als Geheimnis der Welt. Zur Begründung der Theologie des Gekreuzigten im Streit zwischen Theismus und Atheismus, Tübingen 1977 ([8]2010).

uma vez que já não se encontra no mundo? Não é absolutamente suficiente alegar a encarnação para fundamentar a presença permanente de Cristo. O Jesus terreno já não vive. Sua vida também não continua simplesmente na Igreja. Tampouco se pode fazer referência ao fato de que o próprio Jesus Cristo se torna presente na Igreja mediante o anúncio do Evangelho, nos sacramentos e no magistério eclesial.

Na práxis da fé e na teologia, quem assume como natural a presença de Deus em Jesus e a presença Jesus na Igreja, pode proporcionar um consolo para a ausência de Deus ou uma apologia para a Igreja. Mas precisa explicar como é que uma pessoa que viveu no passado pode estar presente e, ademais, por que isso deveria aplicar-se a Jesus Cristo e não — para usar um exemplo qualquer — a Catarina, a Grande. Quem afirma como autoevidente a presença de Jesus Cristo, na melhor das hipóteses pensa apologeticamente. É propenso a estratégias fundamentalistas e usa, talvez implicitamente, até mesmo categorias de um realismo mágico. Quem toma como ponto de partida a natural presença de Deus na presença de Jesus Cristo, afirmada contra os fatos, depara-se, além do mais, com um problema teológico-trinitário daí decorrente: já começou a obstruir para si e para outros o acesso a uma compreensão pneumatológica da presença de Deus.

Caso a presença de Deus seja cristocentricamente afirmada, poupa-se sua prova pneumatológica. O que se quer indicar com isso se encontra em uma formulação precisa da IV Oração Eucarística, orientada histórico-salvificamente: "[...] enviou de vós, ó Pai, o Espírito Santo, como primeiro dom aos vossos fiéis para dar continuidade à obra de vosso Filho sobre a terra e levar à plenitude toda santificação".[3] Segundo Jo 16,7, a partida de Cristo, que entristece os discípulos, é condição para o envio do Consolador. Levando-se a sério essa afirmação bíblica, exegeticamente se deve partir tanto da ausência de Jesus Cristo quanto da suposição de que o Espírito Santo foi enviado a fim de dar continui-

---

[3] A celebração da Santa Missa, Missal para o episcopado da região de língua alemã. Edição autêntica para uso litúrgico, publicada pelas Conferências Episcopais da Alemanha, Áustria e Suíça, bem como pelos bispos de Luxemburgo, Bolzano-Bressanone e Liège, Einsiedeln et al. ²1988.

dade e plenitude à obra de Cristo. "Essa descontinuidade tem prioridade diante de qualquer tentativa de conseguir continuidade, porque tal descontinuidade é que primeiramente abre a possibilidade da continuidade" — assim descreveu apropriadamente Johanna Rahner sobre a dialética aqui dominante.[4]

A antiga tradição litúrgica, na qual se encontra a IV Oração Eucarística, parece ter conservado essa consciência melhor do que algumas das atuais práxis de fé ou teologias. Destarte, a respeito do Espírito Santo, Karl Barth não soube dizer senão "que ele é a autopresentificação de Jesus Cristo".[5] A visão cristocêntrica da pneumatologia aí predominante, na qual Jesus Cristo "é sujeito não apenas da revelação mas também do que se torna revelável",[6] ou seja, do acontecer da revelação entre as pessoas, é vista criticamente hoje. Se "Jesus Cristo [...] é sujeito também da obra do Espírito Santo",[7] escreve Gregor Etzelmüller, o Espírito Santo, portanto, é compreendido apenas como força do "autotestemunho de Jesus"[8] Cristo, e Barth fica aquém do testemunho do Evangelho de João. Tampouco consegue pensar o Espírito como sujeito da presença divina.

Conforme Etzelmüller, dessa forma se desperdiçam "potenciais conhecimentos sistemáticos". "Quando compreendemos pneumatologicamente o testemunho de Cristo, tornamo-nos sensíveis à polifonia desse testemunho. Efusão do Espírito significa que Cristo se deixa testemunhar por meio de homens e mulheres, jovens e velhos, até mediante escravas e escravos."[9] No lugar da autopresentificação de Cristo, entra

---

[4] J. Rahner, Vergegenwärtigende Erinnerung. Die Abschiedsreden, der Geist-Paraklet und die Retrospektive des Johannesevangeliums, in: ZNW 91 (2000), 72-90, 90.
[5] C. van der Kooi, Die Phänomenologie des Heiligen Geistes im Spätwerk Karl Barths, in: ZDTh 30 (2014), 33-49, 47.
[6] G. Etzelmüller, Der Geist Jesu Christi. Pneumatologische Grundentscheidungen in der Kirchlichen Dogmatik, in: ZDTh 30 (2014), 7-32, 18.
[7] Ibid.
[8] K. Barth, KD IV/2, 737, 740, citado cf. ibid.
[9] Ibid.

em uma pneumatologia prática o testemunho plural dos fiéis, operado pelo Espírito.[10]

Na lógica teológica, caso não se partisse da ausência de Cristo, a fé na prometida volta do Ressuscitado seria, ademais, absurda. Sem a pressuposição da ausência de Cristo, a esperança escatológica não seria ou apenas seria (como em Barth) teologicamente concebível através de um construto da parusia. Por conseguinte, por diversas razões, uma abordagem pneumatológica da presença de Deus e do Senhor ressuscitado parece irrenunciável.

Abordagem pneumatológica

Para fundamentar a necessidade de uma compreensão pneumatológica da presença do Senhor ressuscitado, poder-se-ia apelar para a teologia de Paulo, que, na Primeira Carta aos Coríntios, constatou irrefutavelmente: "Ninguém pode dizer: 'Jesus é Senhor' a não ser no Espírito Santo" (1Cor 12,3). Na carta à comunidade de Corinto, Paulo assumiu postura favorável a uma hermenêutica pneumatológica da presença de Deus. "Confessar Jesus como Senhor é uma respiração do corpo de Cristo",[11] interpreta metaforicamente Alex Stock o ponto culminante pneumatológico da passagem da Carta aos Coríntios. Ao mesmo tempo, ele constrói uma ponte para a comunidade que confessa Jesus Cristo como Senhor (cf. Jo 4,24). Do ponto de vista teológico-sistemático, dever-se-ia acrescentar que somente uma compreensão pneumatológica da presença do Senhor leva a uma completa compreensão trinitária da autorrevelação de Deus.[12]

Essa compreensão não é nova. Já em Basílio de Cesareia, para quem a ordem trinitária era extremamente importante, em conexão com a passagem textual citada, bem como com o Sl 36,10, encontra-se a seguinte expressão: "Por conseguinte, o caminho do conhecimento de

---

[10] Um dos principais defensores dessa posição foi Michael Welker. Cf. M. Welker, Gottes Geist. Theologie des Heiligen Geistes, Neukrichen-Vluyn 21993 (⁶2015).
[11] A. Stock, Poetische Dogmatik. Gotteslehre, vol. 3: Bilder, Paderborn, et al. 2007, 240.
[12] Cf. J. Frey, Vom Windbrausen zum Geist Christi und zur trinitarischen Person. Stationen einer Geschichte des Heiligen Geistes im Neuen Testament, in: JBTh 24 (2009), 121-154.

Deus transcorre do único Espírito, mediante o único Filho até o único Pai. Inversamente, a bondade natural, a santificação correspondente à natureza e a dignidade régia resultam do Pai, mediante o Filho até o Espírito".[13] Santo Ambrósio de Milão assumiu literalmente, sem indicação da fonte, esta passagem válida até hoje.[14]

No entanto, caso se queira encetar esse caminho, dever-se-ia fazer frente a uma redução intelectual na compreensão pneumatológica da presença de Deus já no começo. Nas palavras de Alex Stock: "Aqui, o conhecimento do Pai e do Filho não se encontra na comunicação de fatos semânticos, mas da facilitação da realização do Pai e do Filho no vocativo do apelo na oração e no credo".[15] Para uma genuína compreensão pneumatológica, Deus é uma direção antes mesmo que ele revele seu nome. Somente a partir dos vocativos "desenvolve-se a dialética do mencionar e do conhecer".[16] Portanto, a tese subjacente no livro é que a ausência de Deus só pode ser tratada com uma pneumatologia prática. É exigir demais da cristologia que ela deva defender a presença de Deus, porque também a presença de Jesus Cristo como Senhor ressuscitado só é acessível no Espírito.

Recorrer ao Espírito de Deus

Por onde pode começar uma hermenêutica pneumatológica, de importância não apenas intelectual mas também existencial e eclesial, que queira abrir um acesso à presença de Deus? A pergunta não é de forma alguma banal, mas associa a ausência de Deus, bem como a afirmação cristológica de sua presença, com certo esquecimento do Espírito. Perante a mera prática cristocêntrica e diante da negligência do Espírito que ainda predomina na teologia e na Igreja, uma referência retroativa à doutrina eclesial parece pouco promissora. Gerhard Ludwig Müller

---

[13] Basílio de Cesareia, De Spiritu sancto. Über den Heiligen Geist, tradução e prefácio de H. J. Sieben (FC 12), Freiburg i. Br. 1993, 18, 47.
[14] Ambrósio de Milão, De Spiritu Sancto libri tres, in: Sancti Ambrosii, Opera 9 (CSEL 79,137, 3-6), O. Faller (ed.), Wien 1964, 2, 130.
[15] A. Stock, Poetische Dogmatik. Gotteslehre, vol. 3: Bilder, 180.
[16] A. Stock, Poetische Dogmatik. Gotteslehre, vol. 2: Namen, Paderborn, et al. 2005, 10; cf. ibid., 15-67.

apresenta a razão. De acordo com ele, "ultrapassar-se-iam os limites à medida que a pneumatologia fosse colocada 'ao lado' da cristologia como um tratado de igual peso".[17] Para Müller, a força do envio do Espírito consiste em que ele capacita as pessoas para o conhecimento e a disposição de acolher a salvação. Essa posição, frequentemente encontrada, segundo a qual o Espírito é a aceitação subjetiva da salvação operada por Cristo, repete a opinião vigente sobre a doutrina eclesial. Ela deixa o cristocentrismo intocado e, assim, apoia-o tendenciosamente. Encontra-se em indisfarçável tensão com a posição magisterial exposta pelo papa João Paulo II na encíclica *Dominum et vivificantem*, aliás, pouco acolhida, segundo a qual a redenção realizada pelo Filho de Deus na história "foi transmitida ao Espírito Santo com todo o seu poder salvífico".[18] A quem causa admiração o fato de que também no anúncio e no agir sacramental da Igreja o Espírito não desempenhe nenhum papel que lhe seja adequado? A divina luz do Espírito é sombrejada mediante a atribuição de funções, segundo a qual ele teria simplesmente operado a acolhida subjetiva da redenção objetivamente realizada por Cristo e da correspondente ação magisterial da Igreja, amiúde negligente em relação ao Espírito.

Alex Stock não se deixou influenciar por esse tipo de incumbência do Espírito, estreitamente ligada ao Magistério, e propôs outro caminho, menos predeterminado. Ele dedicou sua atenção à luz do Espírito com referência "à tradição litúrgico-iconográfica de Pentecostes".[19] Isso parece alvissareiro e é sugestivo. Contudo, a recepção do Espírito e a ação do Espírito não se deixam confinar ao acontecimento de Pentecos-

---

[17] G. L. Müller, Einleitung, in: Der Heilige Geist, reelaborado por G. L. Müller (Texte zur Theologie, D 7,2), Graz et al. 1993, 10-12, 10.
[18] Papa João Paulo II, Carta Encíclica *Dominum et vivificantem*: sobre o Espírito Santo na vida da Igreja e no mundo, de 18 de maio de 1986, citado conforme http://w2.vatican.va/content/john-paul-ii/pt/encyclicals/documents/hf_jp-ii_enc_18051986_dominum-et-vivificantem.html, n. 11. Para a solidez teológica do pensamento fundamental da Carta Encíclica, cf. U. Schnelle, Johannes als Geisttheologie, in: NT 40 (1998), 17-31, 19; J. Rahner, Vergegenwärtigende Erinnerung, 74 e 88. Rahner reporta-se principalmente a A. Dettwiler, Die Gegenwart des Erhöhten. Eine exegetische Studie zu den Johanneischen Abschiedsreden [Joh 13,31-16,33] unter besonderer Berücksichtigung ihres Relecture-Charakters (FRLANT 169), Göttingen 1995.
[19] A. Stock, Poetische Dogmatik. Gotteslehre, vol. 3: Bilder, 260.

tes descrito nos Atos dos Apóstolos, que poderíamos também considerar apenas como "testemunhos de segunda mão".

Por isso, parece-me mais promitente, porém, buscar uma abordagem diferente, por certo aparentada à sua formulação. Gostaria de partir da ação dos fiéis hoje e das execuções da invocação de Deus, confirmadas pela Igreja. A partir delas, gostaria de sondar como os fiéis aí se relacionam com a solidária presença de Deus e como eles, e com eles a Igreja, recorrem ao Espírito de Deus nesse contexto. Segundo a hipótese da qual parto, oração, ritos e serviço diaconal, *em sua prática concreta*, conservaram uma compreensão pneumatológica da presença de Deus e abrem um acesso a ela determinado pelo Espírito. A mim me interessa, portanto, o aspecto da ação. Se entendo corretamente, Alex Stock volta a atenção de preferência para o conteúdo estético das tradições litúrgicas e iconográficas. A prioridade do vocativo ante o nominativo, expressa por Stock com uma longa citação de Eugen Rosenstock-Huessy, gostaria eu de saber mantê-la, no caso, orientada para a ação.

> Hoje em dia há muitos teólogos que consideram Deus um nominativo. Eles não se voltam à sua invocação. A gramática induz-nos ao engano. Ela qualifica o nominativo como o ponto de partida do discurso. Como poderia, porém, o ponto de partida ser outro senão o vocativo, graças ao qual nós tornamos Deus presente [...].[20]

Na invocação de Deus, "tornamos" Deus presente, experimentamos a autorrevelação de Deus no Espírito.

Pneumatologia prática

A seguir, no que tange à pneumatologia prática, trata-se de identificar a presença de Deus como realidade determinada pelo Espírito Santo em — e a partir de — ações humanas elementares e geralmente acessíveis. Mediante uma análise diferencial formal das estruturas do agir humano, devem-se demonstrar a possibilidade e a importância da

---

[20] E. Rosenstock-Huessy, Der Atem des Geistes, Moers 1990, 60, citado por A. Stock, Poetische Dogmatik. Gotteslehre, vol. 2: Namen, 19.

motivação espiritual; por meio de uma análise material da estrutura de determinados comportamentos nos quais os fiéis implicitamente se referem à ação do Espírito Santo ou apelam a ela explicitamente, isto deve ser identificado, portanto, como determinação concreta do agir. Sobre este fundamento assim exposto, a pneumatologia deve ser sistematicamente desenvolvida como doutrina da ação e da peculiaridade do Espírito Santo. Ela tematiza a dimensão pneumática como a realidade divina à qual se apela na ação e possui relevância para todas as disciplinas teológicas que se ocupam com ações.

Através da demonstração da importância fundamental da ação do Espírito para uma compreensão coerente e consistente do agir humano, bem como do agir de Deus, a pneumatologia passa de um tema dogmático secundário para o tema antropológico e teológico principal. Ela esclarece o relacionamento de Deus com as pessoas e das pessoas com Deus. Ao mesmo tempo, ela inclui um acesso à vivacidade do Deus trinitário, abre uma compreensão para o *nexus mysteriorum* e uma ideia a respeito da unidade dos tratados teológicos. A propósito, as explanações subsequentes ligam-se formalmente às considerações preliminares de Thomas Freyer, que queria compreender a pneumatologia como princípio estrutural da dogmática, em conexão com a doutrina do "batismo de espírito", de Karl Barth.[21]

1.2 SONDAGEM DO CAMPO

Espírito de Deus e ideia de Deus

Em perspectiva teológica, a pneumatologia é normalmente uma disciplina teórica. Pneumatologia é ciência do Espírito Santo. O conceito é usado pela primeira vez neste sentido em 1894, por Wilhelm Kölling: "Pneumatologia, ou a doutrina da pessoa do E[spírito] S[anto]".[22]

---

[21] T. Freyer, Pneumatologie als Strukturprinzip der Dogmatik. Überlegungen im Anschluss an die Lehre von der „Geisttaufe" bei Karl Barth (Paderborner Theologische Studien, 12), Paderborn, et al. 1982.
[22] Cf. J. Freitag, Art. Pneumatologie, in: LThK3, vol. 8, 1999, 366s., 366.

Isto não significa que anteriormente não se tenha tratado a respeito do Espírito Santo em trechos próprios. Orígenes é considerado o primeiro a ter dedicado um capítulo próprio ao Espírito Santo em *De principiis*.[23] Os primeiros livros sobre o Espírito Santo foram escritos por Basílio de Cesareia,[24] Dídimo, o Cego,[25] e — em dependência de ambos — Ambrósio de Milão.[26] Outros textos importantes da Igreja antiga visando à demonstração da divindade do Espírito provêm de Atanásio de Alexandria[27] e Gregório de Nazianzo.[28]

Como designação de um tratado dogmático autônomo, no entanto, somente a partir do início dos anos setenta do século passado é que o conceito se impôs, depois que Karl Barth, em seu último ano de vida, portanto em 1968, em seu epílogo a uma coletânea de Schleiermacher, animou-se a fazer da pneumatologia o ponto de partida da dogmática.[29] A pneumatologia, como doutrina da ação e da peculiaridade do Espí-

---

[23] Orígenes, Vier Bücher von den Prinzipien, publicados, traduzidos e providos de notas críticas e explicativas por H. Görgemanns e H. Karpp (TzF 24), Darmstadt ³1992. Cf. uma boa visão geral em S. Hausammann, Das lebenschaffende Licht der unauflösbaren Dunkelheit. Eine Studie zum Verständnis von Wesen und Energien des Heiligen Geistes und der Schau des göttlichen Lichtes bei den Vätern der Orthodoxen Kirche von Origines bis Gregor Palamas, Neukirchen-Vluyn 2011, 17-22.

[24] Basílio de Cesareia, De spiritu sancto.

[25] Dídimo, o Cego, De spiritu sancto / Über den Heiligen Geist, tradução e prefácio de H. J. Sieben (FC 78), Turnhout 2004.

[26] Ambrósio de Milão, De Spiritu Sancto libri tres, 7-222.

[27] Atanásio de Alexandria, Epistulae ad Serapionem. Opera omnia 2 (PG 26), 529-676, edição alemã: Des heiligen Athanasius vier Briefe an Serapion, Bischof von Thmuis, und Brief an Epiktet, Bischof von Korinth, traduzido do grego por J. Lippl, in: BKV, vol. 13, Kempten – München ²1913, 400-497. Cf. S. Hausammann, Das lebenschaffende Licht der unauflösbaren Dunkelheit, 22-30.

[28] Gregório de Nazianzo, Orationes theologicae / Theologische Reden, tradução e prefácio de von H. J. Sieben (FC 22), Freiburg i. Br. 1996; cf. W.-D. Hauschild, V. H. Drecoll (ed.), Pneumatologie in der Alten Kirche (Traditio Christiana XII), Bern 2004.

[29] Cf. K. Barth, Nachwort, in: Schleiermacher-Auswahl, H. Bolli (ed.), München – Hamburg 1968, 290-312, esp. 310-312, 311. „Alles, was von Gott dem Vater und Gott dem Sohn in [sic!] Verständnis des 1. und 2. Artikels zu glauben, zu bedenken und zu sagen ist, wäre in seiner Grundlegung durch Gott den Heiligen Geist, das vinculum pacis inter Patrem et Filium, aufzuzeigen und zu beleuchten." ["Tudo o que deve ser acreditado, pensado e dito a respeito de Deus Pai e de Deus Filho em [sic!] compreensão do 1º e do 2º artigos deveria ser demonstrado e ilustrado em sua fundamentação mediante o Deus Espírito Santo, o 'vinculum pacis inter Patrem et Filium' ('o vínculo da paz entre o Pai e o Filho')"]. Na 2ª edição do LThK, falta a palavra-chave "pneumatologia". A pneumatologia não era uma reconhecida subdisciplina da dogmática.

rito Santo, "deve ser desenvolvida seja como *tratado próprio seja como dimensão fundamental* de toda a teologia".[30]

Explicitamente, desde o século XVII, por pneumatologia compreendia-se filosoficamente algo completamente diferente: como ramo da *metaphysica specialis*, a pneumatologia, ou também pneumática, indicava a doutrina teórica do Espírito. Talvez fosse mais apropriado formular assim: dos seres espirituais dotados de razão. Pertencia à pneumatologia, como disciplina filosófica, na medida em que dizia respeito à natureza espiritual de Deus, a teologia racional, e na medida em que se reportava à natureza do ser humano, a psicologia racional e a metafísica das almas. A isso se acrescentava — pelo menos em fins do século XVII —, a angelologia, através da qual os anjos foram identificados como seres espirituais.[31]

Depois de a angelologia, já em Christian Thomasius, ter filosoficamente desempenhado apenas um papel secundário, Immanuel Kant demonstrou a impossibilidade teórica de uma psicologia racional como teoria espiritual na qual, entre outras coisas, se tratava da *anima separata* e da imortalidade da alma, e igualmente a impossibilidade de uma teologia racional como conhecimento teórico da realidade de Deus mediante a autocrítica da razão. Por volta de 1800, desaparece, portanto, o plural na compreensão do objeto da pneumatologia. A doutrina espiritual torna-se ciência espiritual. Com Hegel, a pneumatologia perde, ademais, sua importância sistemática como disciplina filosófica. "O conceito torna-se utilizável de modo histórico-descritivo."[32]

Independentemente deste desenvolvimento histórico-filosófico no qual — considerado a partir da perspectiva teológica — deve ter estado presente um motivo condutor cognitivo, a saber, ascender do espírito do ser humano à natureza espiritual de Deus (Jo 4,24), desde 1943, Karl Barth apelou dogmaticamente para a pneumatologia em prol da doutrina trinitária sobre Deus, a qual parte da autorrevelação de Deus, bem

---

[30] J. Freitag, Art. Pneumatologie, 366. Grifo no original.
[31] Cf. T. Mahlmann, Pneumatologie, Pneumatik, in: HWP 7, 1989, 996-999.
[32] Ibid., 997. No entanto, sistematicamente, ainda hoje o conceito é usado filosoficamente por K. Müller et al.

como posteriormente, em 1968, designou-a como possível princípio de construção para a dogmática.[33] Isto é ainda mais surpreendente, visto que, do ponto de vista histórico-filosófico, a pneumatologia foi compreendida no sentido de uma teologia racional ou natural e, portanto, tinha como tema justamente a referência a Deus da parte do espírito humano. Contudo, em Karl Barth, nada restou disso. Com ele, a pneumatologia torna-se um ramo de uma dogmática, desenvolvida por ele a partir da autorrevelação trinitária de Deus. Ela relaciona-se com todos os outros tratados dogmáticos, na medida em que o agir de Deus diante do mundo, para ele e nele, bem como perante o ser humano, para ele e nele, é imaginado como ação no Espírito divino. No entanto — pelo menos até os anos sessenta do século XX —, o interesse primário não se voltava para o Espírito Santo como pessoa, compreendida no sentido moderno. Barth determinou sua *função* na Trindade econômica e imanente, em que o primeiro interesse era a implementação da dogmática desenvolvida a partir do axioma do *Deus dixit*, da autorrevelação de Deus. Como foi dito, somente em 1968 é que Barth já não desenvolve a pneumatologia a partir da doutrina trinitária, mas empenha-se em reformular a dogmática eclesial a partir da pneumatologia.

A formulação teocêntrica de Karl Barth em torno da autorrevelação trinitária de Deus, a superação implícita e a despedida explícita da teologia natural, que também encontra expressão em sua utilização do conceito de pneumatologia, não ficaram sem contestação. Ela não apenas provocou, entre ele e o ex-companheiro de longa jornada na teologia dialética, Emil Brunner, um desacordo a respeito da relação entre natureza e graça,[34] mas também levou Erich Przywara e ele a uma monumental disputa teológico-controversa e marcada por muitos mal-entendidos a respeito da teoria da analogia, que começou polemicamente com os tópicos *analogia entis* ou *analogia fidei*, difundiu-se por todos os tratados dogmáticos desde a doutrina da criação, passando pela doutrina sobre Deus, pela cristologia, pela doutrina da graça, pela

---

[33] Cf. T. Freyer, Pneumatologie als Strukturprinzip der Dogmatik, 4-7, 354s.
[34] Cf. T. Pröpper, Theologische Anthropologie I, 88.

antropologia, até pela escatologia, e que, ainda hoje, até onde consigo enxergar, não perdeu sua atualidade.[35]

Embora a compreensão de que o saber teológico encontra seu fundamento e conteúdo na autorrevelação de Deus se tenha tornado, neste ínterim, patrimônio comum, o status da teologia racional, que é chamada de teologia "natural"[36] porque não faz da fé sobrenatural a pressuposição do conhecimento humano, precisa ser esclarecido em seu relacionamento com a autorrevelação divina. Isso é ainda mais válido quanto menos evidente é falar de Deus como Espírito e da divindade do Espírito Santo.

Portanto, a tarefa e a capacidade da teologia racional ou "natural" devem ser tematizadas no âmbito da sondagem do campo para uma pneumatologia. No que se segue, entretanto, isto só pode acontecer na medida em que se identifica o problema e se apresentam claramente os traços principais da própria posição. Neste caso, deve-se renunciar a uma exposição da amplamente difusa e multifacetada discussão em torno da relação entre razão e revelação.

A função da teologia "natural"

Dito de maneira simplificada, a chamada teologia "natural" tem a ver com a universal reivindicação da verdade do discurso cristão sobre Deus. Ela afirma a importância positiva da razão para uma subsequente responsabilidade intelectual da fé, e precisamente no sentido de uma prestação de contas sobre os pressupostos da compreensão da fé. Segun-

---

[35] Cf. E. Przywara, Analogia entis. Metaphysik (Schriften III), Einsiedeln 1962. E. Jüngel, Gott als Geheimnis der Welt, 357, nota 1, esboça o conflito. M. Lersch, Triplex Analogia. Versuch einer Grundlegung pluraler christlicher Religionsphilosophie, Freiburg i. Br. – München 2014, introduziu a doutrina da analogia no debate filosófico-religioso atual.

[36] "A teologia natural [...] é uma ciência de Deus, desde que ele possa ser conhecido sem a fé. [...] [É] obter, através do simples uso das forças da razão humana [...], um conhecimento da existência e da natureza de Deus que desafia a objeção cética do ateu [...]". K. Cramer, Der Gott der biblischen Offenbarung und der Gott der Philosophen, in: H. M. Baumgartner, H. Waldenfels (ed.), Die philosophische Gottesfrage am Ende des 20. Jahrhunderts, Freiburg i. Br. – München 1999, 13-27, 15.

do Eberhard Jüngel, a verdade de seu problema reside na reivindicação universal da palavra "Deus".[37]

A universal reivindicação da verdade da palavra Deus só pode ser satisfeita caso se demonstre que a questão de Deus, como problema, é inalienável da existência do ser humano, faz parte da natureza ou da realização da essência do ser humano. Isto ainda não significa, nos esquemas comprometidos com o pensamento moderno, que se poderia apresentar uma prova de Deus, nem sequer que fosse possível um conhecimento natural de Deus. O próprio Karl Rahner escreve: "Na vivência concreta da existência não existe, portanto, nenhum conhecimento de Deus que seja meramente natural".[38] Com certeza para ele, porque o fato de a experiência humana da transcendência estar voltada para a imediatidade de Deus é chamado por ele de graça, que "é também a razão portadora dos atos que se relacionam a Deus".[39] Na teologia natural, portanto, também segundo teólogos católicos que se sabem comprometidos inteiramente com a doutrina do Concílio Vaticano I, segundo a qual Deus poderia ser conhecido à luz da razão natural (DH 3004), não se trata de um conhecimento abrangente de Deus, o qual poderia ser interpretado como direito à graça, mas apenas do reconhecimento da possibilidade e da razoabilidade do pensamento de Deus, como deve ser pressuposto para todo discurso responsável sobre a presença de Deus. Esta demonstração pode começar a partir do exercício da liberdade humana (T. Pröpper), da noção do sentido definitivo (H. Verweyen) ou da autorrealização do sujeito (K. Müller), somente para mencionar os mais proeminentes exemplos tirados da teologia católica atual, em língua alemã, antropologicamente orientada. Thomas Pröpper, por exemplo, compreende Deus como o fundamento do sen-

---

[37] Cf. E. Jüngel, Das Dilemma der natürlichen Theologie und die Wahrheit ihres Problems. Überlegungen für ein Gespräch mit Wolfhart Pannenberg (1975), in: id., Entsprechungen: Gott – Wahrheit – Mensch (BEvTh 88), Tübingen 1980 (^{3}2002), 158-177.

[38] K. Rahner, Grundkurs des Glaubens. Einführung in den Begriff des Christentums, Freiburg i. Br. 21976, 66 [trad. brasileira de Alberto Costa, Curso fundamental da fé: introdução ao conceito de cristianismo, São Paulo 1984, 75).

[39] K. Rahner, Das enthusiastisch-charismatische Erlebnis in Konfrontation mit der gnadenhaften Transzendenzerfahrung, in: C. Heitmann, H. Mühlen (ed.), Erfahrung und Theologie des Heiligen Geistes, Hamburg – München 1974, 64-80, 70.

tido da liberdade humana e, portanto, como condição da possibilidade do exercício da liberdade humana. Deus como liberdade formal e conteudisticamente incondicional vale, para ele, como a condição pensável necessária do exercício da liberdade e, certamente, para pensar como possível a liberdade real — materialmente condicional e, ao mesmo tempo, formalmente incondicional.

Para a teologia sistemática, a teologia "natural" é indispensável, no sentido de uma necessária noção de Deus a ser demonstrada a partir do homem, porque, na fé na autorrevelação divina, a realidade designada pelo termo Deus, distinta do ser humano e do mundo, sobre a qual, mais uma vez, se deve dar conta teoreticamente, é sempre pressuposta como possível.[40]

A noção de Deus permanece aí amplamente formal: ela significa o incondicional diferente de todo condicional, tal como ele próprio pode comunicar-se livremente ao ser humano — na medida da determinação mínima indispensável. Da parte do ser humano, como já foi indicado, aí se exige, como condição da possibilidade, a acessibilidade mediante um incondicionado autocomunicante. Daí decorre a tarefa daquela que é chamada de teologia natural na tradição cristã: demonstrar o ser humano como orientado para a revelação "a partir da natureza" — segundo Pröpper, dever-se-ia dizer: a partir do exercício da liberdade humana.

A noção de Deus recebe toda a sua precisão substancial unicamente e apenas mediante o Deus que se autorrevela. Com outras palavras, trata-se apenas de precisões mínimas da noção de Deus, isto é, de que ele, como realidade diversa do mundo e do ser humano, pelo menos deva ser concebível, e sua livre autorrevelação deva ser possível.

Trata-se, no caso, de uma completa fundamentação racional da fé, com a qual a reivindicação universal da verdade do discurso cristão sobre Deus deva ser satisfeita. A fundamentação racional, no entanto, acontece — e isso é decisivo — no sentido de uma reconstrução das

---

[40] T. Pröpper, Theologie und Philosophie, in: id., Evangelium und freie Vernunft. Konturen einer theologischen Hermeneutik, Freiburg i. Br. 2001, 93-97, 97, menciona, de modo suplementar, que, em segundo lugar, pressupõe-se como possível sua livre autocomunicação e, em terceiro lugar, a incondicional importância desta autocomunicação para as pessoas.

pressuposições de compreensão da autorrevelação de Deus acontecida: como "apresentar os fundamentos posteriormente para algo que na verdade constitui o fundamento".[41] Aquilo que realmente existe deve ser demonstrado como razoável, segundo sua possibilidade. A teologia natural cumpre um momento obrigatório da verdade do conhecimento de Deus, mediante o qual se faz a renúncia a um "acontecimento de revelação que repousa na autoridade", nada mais; portanto, de modo algum uma fundamentação do conteúdo da fé, principalmente, porém, nenhuma construção de um conhecimento de Deus *remota fide*. Sua tarefa é a demonstração da possibilidade e da relevância da autorrevelação de Deus que se deu historicamente em Jesus Cristo e que garante a presença divina no Espírito. Neste sentido, a demonstração do Espírito como realidade que tudo determina se faz em uma pneumatologia prática que parte da execução da ação humana.

Esquecimento do Espírito e redescoberta do Espírito

Em 1961, Otto A. Dilschneider[42] atestou o esquecimento do Espírito na teologia evangélica. Em paralelismo com Martin Heidegger, que em sua obra magna *Ser e tempo* fez do esquecimento do ser na metafísica o ponto de partida de sua fenomenologia, Dilschneider escolhe a tese do esquecimento do Espírito como ponto de largada da reflexão teológica sobre a autorrevelação divina. Até mesmo nas pneumatologias teológicas surgidas no último século — conforme a repreensão de Dilschneider —, "a questão a respeito do Espírito caiu no esquecimento" (259). Nelas se refletiu sobre a obra do Espírito, mas o Espírito em sua peculiaridade, como o que corresponde ao seu "mostrar-se-em-si-mesmo" [sic!] (260) não foi discutido. "A propósito daquele fenômeno chamado Espírito, porém, na atividade teológica reina o silêncio, segundo a opinião de que justamente a esse respeito já não há o que dizer" (260). Dilschneider contradiz esta tese. Ele esforça-se por uma fenomenologia

---

[41] K. Rahner, Curso fundamental da fé, 89.
[42] O. A. Dilschneider, Die Geistvergessenheit der Theologie. Epilog zur Diskussion über den historischen Jesus und kerygmatischen Christus, in: ThLZ 86 (1961), 255-266. As indicações de divisão no texto que se segue imediatamente se referem a este artigo.

do Espírito mediante a qual ele gostaria de demonstrar a dinâmica e a estrutura pessoal do Espírito. "A compreensão sistemática deste fenômeno-Espírito em sua dinâmica e estrutura pessoal está entre as mais importantes tarefas de uma pneumatologia a ser colocada em perspectiva" (262). A partir dela, Dilschneider elabora a questão condutora de sua contribuição a respeito da continuidade entre o Jesus histórico e o Cristo querigmático. Ele identifica o Espírito Santo como o *continuum* que, no testemunho do Anunciador, une ambos os momentos em uma "identidade pneumática" (263). É o *continuum* do Espírito que une o Jesus histórico e o Cristo querigmático no testemunho do Anunciador e tão intimamente que no Anunciador o próprio Cristo se testemunha" (264). A Dilschneider importa a superação do esquecimento do Espírito na compreensão da autorrevelação divina para a redescoberta da peculiaridade do Espírito Santo e de seu desenvolvimento sistemático. Ele precisa enfatizar a importância da singularidade do Espírito Santo para sua obra histórico-salvífica. Aquilo a que ele chama de momento estrutural do *continuum* "no testemunho do Anunciador" deveria ser importante para além da problemática cristológica; no entanto, para a "identidade pneumática", trata-se de uma integridade acima do tempo, através da qual se torna claro quem é alguém. Conforme a compreensão portadora desse conceito, a personalidade se constrói da experiência do *continuum*. A partir da coerência do projeto de vida é que uma pessoa se torna compreensível.

Poucos anos depois, Wilhelm Breuning responsabilizou a "falta de concretude histórico-salvífica da doutrina trinitária convencional"[43] pelo esquecimento do Espírito na teologia católica. Partindo-se da tese de que a obra de Deus *ad extra* é realizada por toda a Trindade,[44] che-

---

[43] Cf. W. Breuning, Pneumatologie, in: H. Vorgrimler, R. Van Der Gucht (ed.), Bilanz der Theologie im 20. Jahrhundert. Perspektiven, Strömungen, Motive in der christlichen und nichtchristlichen Welt, vol. 3, Freiburg i. Br. 1970, 120-126, 120. As indicações de páginas que aparecem entre parênteses no texto referem-se a este artigo. Cf. C. Binninger, Die pneumatologisch-anthropologischen Ansätze in der Trinitätslehre des Dionysius Petavius und ihr Einfluss auf die „Römische Schule" um Carlo Passaglia und Johann Baptist Franzelin, in: MThZ 62 (2011), 343-355.
[44] O axioma "Opera trinitatis ad extra sunt indivisa" ["As obras da Trindade para fora são indivisas"] é fundamentado por Cirilo de Alexandria mediante a unidade da substância divina. Cf.

ga-se à problemática consequência de que no envio do Espírito segundo Rm 5,5, este, como enviado aos fiéis própria e pessoalmente, não chegaria de forma alguma como ele mesmo: "Para o homem justificado, do envio do Espírito Santo segue-se apenas a inabitação da Trindade indivisa, cuja inabitação, vista a partir do ser humano, não poderia evocar uma relação diferente com uma única pessoa" (121).

Breuning reconstrói as linhas de desenvolvimento que possibilitaram um distanciamento desta posição. Ele ressalta que, ao lado de obras de Heribert Schauf e Sebastian Tromp, a Encíclica *Mystici corporis*, de 1943, [teria; inclusão minha] "sancionado magisterialmente" que o princípio — permanente em uma viva pneumatologia em processo — da comunhão trinitária de todas as obras divinas *ad extra* seria válido desde que a divina causalidade originária fosse tratada segundo o modo da causalidade eficiente" (122). Fora desta categoria, a teologia estava livre, portanto, para buscar novos caminhos a fim de mostrar a comunicação pessoal do Espírito Santo. Poderíamos apoiar-nos nessa ideia enquanto nos esforçamos por esclarecer a questão cristológica da enhipostasia da segunda pessoa divina, servindo-nos da categoria da causalidade primária quase-formal, conhecida da neoescolástica. Contudo, visto que ninguém queria afirmar uma união hipostática do Espírito nos fiéis, foi preciso encontrar outras categorias a fim de poder afirmar sua presença pessoal nos fiéis. Heribert Mühlen optou por categorias pessoais e denominou o Espírito "nós-em-pessoa", cujo modo de existência como ser-em pode ser determinado.[45] Eu próprio apresentei para

---

R. Miggelbrink, Der Heilige Geist im westkirchlichen Denken. Geschichte und Gegenwart, in: Pastoralblatt für die Diözesen Aachen, Berlin, Essen, Hildesheim, Köln, Osnabrück 58 (2006), 163-169, Fn 2. K. Hemmerle, em suas teses sobre uma ontologia trinitária (= Kriterien 40), Einsiedeln 1976 [online unter: http:// www.klaus-hemmerle.de/index.php?option=com_content&view=article&id=483&Itemid=32&limitstart=1], criticou o pensamento substancial-ontológico. Em lugar da substância, entra a unidade na plurioriginalidade. Ela permite que Hemmerle pense a inseparabilidade como comunhão e, ao mesmo tempo, parta de diversas origens da ação. Ainda voltaremos ao assunto.

[45] H. Mühlen, Der Heilige Geist als Person. Beitrag zur Frage nach der dem Heiligen Geiste eigentümlichen Funktion in der Trinität, bei der Inkarnation und im Gnadenbund (MBTh 26), Münster 1963 (⁵1988), 100.

discussão, em minha eclesiologia, o conceito da "união epiclética",[46] em dissociação com a união hipostática. Ele encontra seu fundamento objetivo no fato de que somente implorando é que a Igreja poderia receber o Espírito, mas a promessa de Deus seria garantida a todos os que pedem a Deus sua presença.

Wilhelm Breuning constatou, após fazer um levantamento, que "a discussão em torno da presença pessoal do Espírito teria sido um dos mais importantes pontos de partida para uma renovação de toda a teologia" (122s), e juntamente com Mühlen, em relação à Trindade imanente, realça que o nós-divino do Pai e do Filho tratar-se-ia de uma "relação própria do Espírito" (123) que deveria ser diferençada da relação face a face do Pai e do Filho. Ademais, partindo do conhecimento de Mühlen, de que, do ponto de vista histórico-salvífico, o Espírito em Cristo e nos cristãos seria um e mesmo, ele aponta para a possibilidade de uma cristologia do Espírito, tal como estaria sugerida a partir de conceitos presentes em Scheeben, Schell, Malmberg e Schillebeeckx. Em todos estes pontos, uma revisão das posições correntes parece necessária para Breuning, quando nada porque a perspectiva determinada pelo acima chamado axioma dogmático do agir trinitário de Deus não conseguia nem consegue fazer justiça à abundância dos testemunhos bíblicos sobre o Espírito Santo.

Contudo, no âmbito da sondagem do campo para uma pneumatologia, não se deve falar do esquecimento do Espírito apenas do ponto de vista da teologia da revelação e da teologia trinitária; é preciso falar também a partir da teologia da graça.

Conforme o diagnóstico de Karl Rahner, na tradição ocidental da doutrina da graça, a pneumatologia foi "terminantemente substituída pelo discurso da *gratia creata* [...]. A presença dinâmica do Espírito parece ter sido supressa pela doutrina da competência da graça criada".[47]

---

[46] M. Böhnke, Kirche in der Glaubenskrise. Eine pneumatologische Skizze zur Ekklesiologie und zugleich eine theologische Grundlegung des Kirchenrechts, Freiburg i. Br. 2013, 141.
[47] K. Lehmann, Heiliger Geist, Befreiung zum Menschsein – Teilhabe am göttlichen Leben. Tendenzen gegenwärtiger Gnadenlehre, in: W. Kasper (ed.), Gegenwart des Geistes. Aspekte der Pneumatologie (QD 85), Freiburg i. Br. 1979, 181-204, 202.

Em referência a Karl Rahner, com estas palavras Karl Lehmann estimula reformular a doutrina da graça a partir da pneumatologia. Partindo da universal vontade salvífica de Deus, Karl Rahner apontou para a primazia da graça incriada sobre a graça criada e, ao mesmo tempo, compreendeu a graça incriada como autocomunicação de Deus.[48] Com isso, Rahner apontou o rumo para a superação do esquecimento do Espírito na doutrina da graça e para a reformulação desta a partir da pneumatologia. Com efeito, em sua autocomunicação, Deus não compartilha apenas sua natureza, conforme a percepção a ser compreendida. Antes, ela deve ser compreendida como acontecimento pessoal, no qual as pessoas divinas, como tais, se comunicam. O agir de Deus *ad extra*, mediante o qual o ser humano, segundo Rahner, é inserido na vida de Deus em causalidade originária quase-formal, torna-se não apenas apropriado às pessoas divinas, mas, antes, acontece conforme as peculiaridades pessoais. Somente assim a Trindade se torna novamente significativa do ponto de vista da economia da salvação e, ao mesmo tempo, a autorrevelação de Deus como acontecimento pessoal no Filho e no Espírito se torna acessível.[49] Rahner pressupõe a possibilidade da experiência da graça incriada — ele a chama de "existencial sobrenatural" —, com o que ele, além do mais, superou a separação neoescolástica entre uma natureza da qual se pode fazer experiência e a sobre-natureza (de Deus e da graça), da qual se julga não se poder fazer experiência. Conseguintemente, a questão em torno do agir e da singularidade do Espírito Santo torna-se elaborável a partir da possibilidade da experiência do Espírito, embora, segundo Rahner, tal possibilidade da experiência (ainda) não possa ser compreendida categoricamente.[50]

---

[48] Cf. K. Rahner, Das enthusiastisch-charismatische Erlebnis, 70. Rahner assume que "a graça, em sua última realidade e em seu próprio núcleo essencial, é, deveras, autocomunicação de Deus, o que se denomina na teologia escolástica de graça incriada, para diferençar de uma [...] criada".
[49] Cf. R. Kern, Theologie aus Erfahrung des Geistes. Eine Untersuchung zur Pneumatologie Karl Rahners (IThS 76), Innsbruck 2007, Kap 1.3., 83-115.
[50] Cf. K. Rahner, Das enthusiastisch-charismatische Erlebnis, 70: "Nossa tese não atribui a esta graça [incriada; inclusão minha] como tal nenhuma objetividade categorial ou particular na consciência humana, mas admite que possa existir em uma experiência transcendental que certamente pode ser refletida, sob determinado aspecto, posteriormente, de modo histórico e

Por conseguinte, deve-se sempre falar teologicamente de esquecimento do Espírito quando, em um tratado teológico, faz-se referência apenas à obra ou à função do Espírito, mas este não é tematizado em sua singularidade. Reconheceu-se e cada vez mais se reconhece que também se trata de uma avaliação deficitária do Espírito quando, por exemplo, em perspectiva cristocêntrica, Jesus Cristo é visto somente como transmissor, mas não como o receptor do Espírito; quando, por exemplo, em perspectiva soteriológica, o Espírito é mencionado apenas como o aspecto subjetivo da redenção, enquanto o aspecto objetivo é atribuído unicamente a Jesus Cristo; quando, por exemplo, na perspectiva antropológica, o Espírito é tematizado apenas como função do espírito humano (autorreferência ou espiritualidade), mas não como *vivificans et sanctificans*; quando, por exemplo, na perspectiva eclesiocêntrica, o Espírito é compreendido apenas como alma da Igreja cristocentricamente orientada para sua cabeça, não, porém, como a Igreja moldada pelo Espírito e quando, por fim, em perspectiva escatológica, o Espírito é visto apenas como aperfeiçoador, não, porém, como renovador.[51] A compreensão metodológica resultante desta perda de mira seria: a pneumatologia não deve deixar-se conduzir pela utilização funcional do Espírito nos demais tratados teológicos. O perigo do esquecimento do Espírito ameaça quando o Espírito é instrumentalizado em referência a campos temáticos da dogmática e ao que lhes interessa em primeiro lugar, por exemplo, a relação entre Pai e Filho na teologia da Trindade, Jesus Cristo na cristologia, a redenção na soteriologia, os agraciados na doutrina da graça, a tradição e a instituição na eclesiologia ou a plenitude na escatologia. O mesmo vale em relação aos temas centrais teologi-

---

categorial, e é sempre também refletida, porque não existe nenhuma experiência transcendental sem o aspecto histórico". Em razão da doutrina eclesial a respeito da visio beatifica, Rahner considera possível falar da antecipação da experiência de Deus.

[51] Cf. a sistematização feita por D. Sattler, Erinnerung an den göttlichen Erinnerer. Römisch-katholische Überlegungen zur Pneumatologie in ökumenischer Perspektive, in: JBTh 24 (2009), 401-428.

camente formadores de sistema, cuja compreensão também ainda seria formulada pneumatologicamente *a posteriori*.[52]

Este perigo pode ser evitado desde que primeiramente se identifique a obra peculiar do Espírito na ação e, em seguida, na pneumatologia assim desenvolvida a partir da práxis, antes de tudo seja colocado o fundamento para a determinação da dimensão pneumatológica, que é conveniente a toda disciplina teológica.[53] Em contrapartida, caso o Espírito divino seja primariamente considerado em vista de sua função nos demais tratados teológicos, portanto, tematizado sob a perspectiva cristocêntrica, trinitária, da teologia da graça, eclesiológica e escatológica, é claro que dificilmente se podem evitar as deficiências que são assinaladas como esquecimento do Espírito na doutrina teológica.

Com isso, denominam-se duas decisivas informações-chaves para a pneumatologia prática, com a qual, em tempos da ausência de Deus, dever-se-á abrir um acesso à sua presença: a possibilidade de Deus se autorrevelar como realidade diversa do mundo e do ser humano a partir da execução da ação humana, bem como a substancial determinação da singularidade do Espírito divino. Aquela deve resultar da autorrevelação de Deus no ser humano.

A este respeito, concentrar-se unicamente na relação entre o Espírito divino e a consciência humana representa um reducionismo percebido pela primeira vez por Wolfhart Pannenberg.[54] O lugar da autorrevelação de Deus como Espírito é o humano e a vida concedida às pessoas para que a modelem. Bernd Jochen Hilberath, Jürgen Molt-

---

[52] Cf. a crítica pertinente de Ch. Henning, Die evangelische Lehre vom Heiligen Geist und seiner Person. Studien zur Arcitektur protestantischer Pneumatologie im 20. Jahrhundert, Gütersloh 2000.
[53] Cf. B. Stubenrauch, Pneumatologie – Die Lehre vom Heiligen Geist, in: W. Beinert (ed.), Glaubenszugänge. Lehrbuch der katholischen Dogmatik, vol. 3, Paderborn, et al. 1995, 3-156, 121.
[54] W. Pannenberg, Der Geist des Lebens, in: id., Glaube und Wirklichkeit. Kleine Beiträge zum christlichen Denken, München 1975, 31-56. Cf. C.-J. Lee, Der Heilige Geist als Vollender. Die Pneumatologie Wolfhart Pannenbergs (Internationale Theologie, 13), Frankfurt a.M., et al. 2009.

mann, Heiko Müller-Fahrenholz[55] e Michael Welker acompanharam Pannenberg nesta linha.

Que a determinação da singularidade do Espírito deva acontecer a partir da autorrevelação de Deus no humano e na vida concedida às pessoas para que a modelem — e todos os demais tratados teológicos se tornam comprometidos com esta hermenêutica pneumatológica, decisiva para tal tarefa — implica um terceiro elemento. A redescoberta do Espírito divino no ser humano, prevalecente sobre a ausência de Deus, não pode ser nem reduzida à reflexão antropológica da consciência nem ligada estreitamente à reflexão teológica do Espírito. Ela realiza-se antes de mais nada na experiência social e mundana na ação e na vida humanas. No âmbito da sondagem do campo, portanto, são necessárias algumas observações sobre a importância da experiência para a pneumatologia.

A importância da experiência

Consoante a autocompreensão tradicional da teologia católica da graça, nela se trata do não experimentável, ao passo que a espiritualidade, que tem a ver com experiências espirituais, independentemente disso, criou seu espaço nos movimentos carismáticos. A teologia é desafiada a confrontar-se com a realização da experiência do Espírito; esclarecer como e em que medida nela a realidade do Espírito encontra sua expressão. Ela deveria levar em conta o fato de que, no século XX, a redescoberta do Espírito se deu na experiência e na reflexão.[56]

No pensamento dogmático de Karl Barth, a experiência não desempenha nenhum papel. O mesmo vale para Otto A. Dilschneider, para quem a questão era a solução de prementes problemas teológicos — a realidade de Deus, a identidade do Jesus histórico e do Cristo anunciado no testemunho do Anunciador. Para ele, igualmente, a expe-

---

[55] B. J. Hilberath, Heiliger Geist – Heilender Geist, Mainz 1988; J. Moltmann, Der Geist des Lebens. Eine ganzheitliche Pneumatologie, München 1991; G. Müller-Fahrenholz, Erwecke die Welt. Unser Glaube an Gottes Geist in dieser bedrohten Zeit, Gütersloh 1993.
[56] Cf. H. Kaegi, Der Heilige Geist in charismatischer Erfahrung und theologischer Reflexion. Ein Beitrag zur Pneumatologie, Zürich 1989, 275.

riência não tinha importância. Para Karl Rahner, a experiência da autocomunicação de Deus no Espírito acontece de modo não objetivo.[57] Wilhelm Breuning também não tematizou como categórica a experiência da personalidade do Espírito Santo. Sua preocupação girou em torno da legitimação da relevância histórico-salvífica da personalidade do Espírito.

No entanto, Karl Rahner abriu a possibilidade de poder concretamente submeter experiências históricas a uma crítica pneumatológica, na medida em que ele pergunta se estas seriam uma expressão adequada da experiência transcendental. Isso tudo, porém, segundo Rahner, só pode ser averiguável posteriormente e por meio de critérios que não são imanentes à experiência.

Por outro lado, o pentecostalismo, que surgiu no início do século XX e nesse ínterim se tornou mundialmente presente, bem como os movimentos de renovação carismática que daí se seguiram, enfatizou a experiência interior do Espírito como comunicável e, assim, obteve êxito missionário por toda parte.

Com isso, especifica-se a terceira informação-chave resultante da sondagem do campo para uma pneumatologia prática: a reflexão sobre a motivação espiritual da ação, analogamente à reflexão sobre a possibilidade da ideia de Deus na teologia "natural", e a identificação da peculiaridade do Espírito a partir da autorrevelação divina no ser humano devem ser completadas pela determinação do modo de operar do Espírito, partindo-se da experiência humana. O fato de que isso não pode apenas nem em primeiro lugar estar fundamentado na experiência interior, mas deve basear-se na experiência da ação social e secular, deve ser demonstrado na concretização do conceito de experiência (Cap. 1.3)

---

[57] Cf. W. J. Hoye, Gotteserfahrung? Klärung eines Grundbegriffs der gegenwärtigen Theologie, Zürich 1993. Rahner falou, de modo surpreendentemente frequente, pneumatologicamente de "experiência do Espírito Santo" a fim de caracterizar a experiência de transcendência do ser humano como uma experiência possibilitada pela graça. Cf. o título do XII volume da coleção Schriften zur Theologie: „Theologie aus Erfahrung des Geistes" ["Teologia a partir da experiência do Espírito"], bem como o artigo: Erfahrung des Heiligen Geistes ["Experiência do Espírito Santo"], in: id., Gott und Offenbarung (Schriften zur Theologie, XIII), Zürich, et al. 1978, 226-251.

que, no entanto, só deverá ter início quando da conclusão da sondagem do campo. De acordo com a especificação das tarefas, é pertinente primeiramente fazer uma averiguação acerca do *status quaestionis* da pesquisa pneumatológica, o que gostaria de fazer em seguida.

Esclarecimento histórico-teológico da situação[58]

Na esfera da teologia *reformadora*, o estímulo à reformulação pneumatológica da teologia, dado por Karl Barth em seu último ano de vida, produz fruto abundante nas pneumatologias de Hendrik Berkhof, Eberhard Jüngel, Wolfhart Pannenberg, Jürgen Moltmann e em outros autores da geração que se lhes seguiu. Moltmann foi quem mais se empenhou na formação especializada. Entre outras coisas, no início da década de 1990, Michael Welker, seu assistente de longa data e, por fim, professor em Heidelberg, apresentou, no mais alto nível, a formulação de uma pneumatologia de Barth e de Moltmann igualmente empenhada. Distinguindo-se das concepções idealistas sob a expressão-chave de uma "teologia realista do Espírito Santo", encontrou até hoje ampla difusão e, recentemente, teve publicada a sexta edição.[59] Apesar disso, Christian Henning descreveu a primavera da pneumatologia reformadora como uma história de decadência, que teria findado em uma compreensão cada vez mais difusa do Espírito.[60] Segundo Henning, isso teria levado Hermann Timm a tomar contramedidas com uma fenomenologia do Espírito Santo cuja terceira e decisiva parte, no entanto, até hoje não foi publicada.[61] Entretanto, semelhante fenomenologia do

---

[58] Cf., mais detalhadamente, para o que se segue: M. Böhnke, Erweise des Geistes ohne Kraft? Neuere Veröffentlichungen zur Pneumatologie, in: ThRv 112 (2016), 443-460.

[59] M. Welker, Gottes Geist. Theologie des Heiligen Geistes, Neukirchen – Vluyn 62015. Traduções: inglês, 1994; italiano e coreano, 1995; japonês, 2006; português, 2010.

[60] Cf. C. Henning, Die evangelische Lehre vom Heiligen Geist. Adicionalmente, Henning analisa os esquemas pneumatológicos de outros dois estudiosos de Jürgen Moltmann: W. Dantine e G. Müller-Fahrenholz.

[61] Cf. id. Henning reporta-se à obra de H. Timm, Phänomenologie des Heiligen Geistes, vol. 1: Elementarlehre. Das Weltquadrat. Eine religiöse Kosmologie; vol. 2: Dialektik. Von Angesicht zu Angesicht. Sprach-morphische Anthropologie, Gütersloh 1985/92.

Espírito, orientada pneumatologicamente,[62] foi publicada recentemente por Lukas Ohly.

O panorama da teologia *católica* alemã dos últimos cinquenta anos mostra um desenvolvimento semelhante. Em 1973, o papa Paulo VI, depois que a Congregação para a Doutrina da Fé, em 1972, com a Declaração *Mysterium filii Dei*,[63] entre outras coisas, havia apontado para deficiências na compreensão pessoal do Espírito Santo, em diversas alocuções estimulou os teólogos católico-romanos a completar pneumatologicamente a doutrina do Concílio Vaticano II: "À cristologia e especialmente à eclesiologia do Concílio deve suceder-se — segundo o papa Montini — um novo estudo e um novo culto do Espírito Santo, precisamente como complemento indispensável da doutrina conciliar".[64] O papa Paulo VI estava consciente de que o concílio não havia deixado nem uma eclesiologia nem muito menos uma teologia da revelação que fossem satisfatórias. Ambas lhe pareciam urgentemente carentes de complementação pneumatológica. Ao mesmo tempo, ele deveria ter pensado ecumenicamente e também ter levado em conta a influência das Igrejas pentecostais.

Independentemente da interpelação papal, a pneumatologia teve conjuntura na teologia católica no período pós-conciliar. Desse modo, na segunda metade dos anos setenta e na primeira metade dos anos oitenta do século passado, Hans Urs von Balthasar, José Comblin, Yves Congar, Claus Heitmann e Heribert Mühlen, Walter Kasper, Theodor Schneider, Christian Schütz e outros teólogos propuseram importantes pneumatologias[65] que aumentaram claramente, uma vez mais, o saldo

---

[62] L. Ohly, Anwesenheit und Anerkennung. Eine Theologie des Heiligen Geistes (FSÖTh 147), Göttingen 2015.
[63] Sacra Congregatio pro Doctrina Fidei, Declaratio ad fidem tuendam in mysteria incarnationis et sanctissimae trinitatis a quibusdam recentibus erroribus vom 21.02.1972, in: http://www.vatican.va/roman_curia/congregations/cfaith/documents/rc_con_cfaith_doc_19720221_mysterium-filii-dei_lt.html (31.07.2016).
[64] Papa PaulO VI, Audiência Geral de 6 de junho de 1973, in: Insegnamenti di Paolo VI, XI (1973) 477; com formulações semelhantes, veja-se a Alocução de 17 de setembro de 1973 aos participantes do II Congresso de Direito Canônico em Milão, in: AkathKR 142 (1973), 463-471, 470.
[65] H. U. von Balthasar, Theologik, vol. 3: Der Geist der Wahrheit, Einsiedel 1987 (22015); id., Spiritus Creator (Skizzen zur Theologie III), Einsiedeln 1967, 95-246; J. Comblin, Der Heilige

da teologia no século XX nesta disciplina. Com a encíclica *Dominum et vivificantem*, de 18 de maio de 1986, o papa João Paulo II reivindicou ter cumprido, do ponto de vista do magistério, a agenda definida por seu predecessor, o papa Paulo VI. Além disso, devem-se mencionar os tratados pneumatológicos sempre atuais de Bernd Jochen Hilberath,[66] Gerhard L. Müller[67] e Bertram Stubenrauch,[68] publicados desde a década de 1990 e presentes ainda hoje na atividade docente universitária, com os quais se poderia fazer a colheita da ofensiva pneumatológica dos anos setenta e oitenta, e torná-la didaticamente frutuosa para o estudo da teologia bem como para a formação teológica. Neste sentido, recentemente Bernhard Nitsche, aluno de Hilberath, apresentou sua compreensão da pneumatologia em um breve artigo de um compêndio.[69] Na mesma obra, há novas contribuições autônomas da pesquisa sobre a pneumatologia. Poder-se-ia mencionar, à guisa de exemplo, a profunda tese de habilitação de Erwin Dirscherl sobre a relação entre o Espírito divino e a consciência humana, levada adiante, por seu autor, como um projeto pneumatológico autônomo.[70] O mesmo se aplica à abrangente tese de habilitação de Jürgen Brundl sobre o Espírito Santo e o problema da negatividade na teologia.[71]

Geist (Bibliothek Theologie der Befreiung: Gott, der sein Volk befreit), Düsseldorf 1988; Y. Congar, Der Heilige Geist, Freiburg i. Br. 1982 (^{3}1991); C. Heitmann, H. Mühlen (ed.), Erfahrung und Theologie des Heiligen Geistes; W. Kasper (ed.), Gegenwart des Geistes. Aspekte der Pneumatologie (QD 85), Freiburg i. Br. 1979; id., Der Gott Jesu Christi (Das Glaubensbekenntnis der Kirche, 1), Mainz 1982; T. Schneider, Gott ist Gabe. Meditationen über den Heiligen Geist, Freiburg i. Br. 1979; C. Schütz, Einführung in die Pneumatologie, Darmstadt 1985.

[66] B.-J. Hilberath, Pneumatologie, in: T. SCHNEIDER (ed.), Handbuch der Dogmatik, vol. 1, Düsseldorf 1992 (Ostfildern 52013), 446-552; id., Pneumatologie (Leitfaden Theologie, 23), Düsseldorf 1994.

[67] G. L. Müller, Katholische Dogmatik. Für Studium und Praxis der Theologie, Freiburg i. Br. 1995, 390-413.

[68] B. Stubenrauch, Pneumatologie – Die Lehre vom Heiligen Geist.

[69] B. Nitsche, Pneumatologie, in: T. Marschler, T. Schärtl (ed.), Dogmatik heute. Bestandsaufnahme und Perspektiven, Regensburg 2014, 321-360.

[70] E. Dirscherl, Der Heilige Geist und das menschliche Bewußtsein. Eine theologiegeschichtlich--systematische Untersuchung (BDS 4), Würzburg 1989; id., Der Atem des sprechenden Gottes. Theologiegeschichtliche Stationen der Rede vom Heiligen Geist, in: B. Nitsche (ed.), Atem des sprechenden Gottes. Einführung in die Lehre vom Heiligen Geist, Regensburg 2003, 72-101.

[71] J. Bründl, Gottes Nähe. Der Heilige Geist und das Problem der Negativität in der Theologie, Freiburg i. Br. 2010.

Como pioneiro anacrônico, desde o fim dos anos cinquenta do século passado, o teólogo dogmático Heribert Mühlen, natural de Paderborn, já se havia ocupado intensamente de questões pneumatológicas sem, no entanto, ter apresentado uma pneumatologia como obra independente na primeira tentativa. Destarte, em sua monografia publicada em 1963, titulada "O Espírito Santo como pessoa",[72] Mühlen indaga a respeito da função própria do Espírito na Trindade, na encarnação e na aliança da graça. Mühlen reporta-se ao estudo de Heribert Schauf sobre a inabitação do Espírito, de 1941,[73] e refere-se intencionalmente a conclusões de Matthias J. Scheeben sobre o Espírito Santo.[74] Heribert Schauf havia designado a inabitação do Espírito como autocomunicação da terceira pessoa divina e, com isso, demonstrou que o tratado da graça como pneumatologicamente reformulável. Em 1963, a reformulação pneumatológica da eclesiologia, proposta mais tarde por Mühlen, para ele ainda não era nenhum objeto de pesquisa, embora já a tivesse em vista.[75] Provavelmente nenhum outro teólogo tenha comentado pneumatologicamente como ele, de modo tão sistemático, a Constituição Dogmática *Lumen gentium*, sobre a Igreja, promulgada pelo Concílio Vaticano II (1962-1965).

Com suas ideias formuladas desde cedo, Heribert Mühlen deu um impulso decisivo aos teólogos católicos no período do florescimento pneumatológico. No entanto, com seus projetos, nem ele, morto em 2006, nem os teólogos ainda vivos de sua geração e da geração subsequente puderam impedir que o interesse pela pesquisa e pelo ensino pneumatológicos se tenha de novo praticamente desvanecido nos últi-

---

[72] H. Mühlen, Der Heilige Geist als Person.
[73] H. Schauf, Die Einwohnung des Heiligen Geistes. Die Lehre von der nichtappropriierten Einwohnung des Heiligen Geistes als Beitrag zur Theologiegeschichte des neunzehnten Jahrhunderts unter besonderer Berücksichtigung der beiden Theologen Carl Passaglia und Clemens Schrader (Freiburger theologische Studien, 59), Freiburg i. Br. 1941; cf. H. Hammans et al. (ed.), Geist und Kirche. Studien zur Theologie im Umfeld der beiden Vatikanischen Konzilien. Gedenkschrift für H. Schauf, Paderborn, et al. 1991.
[74] Cf. K.-H. Minz, Communio Spiritus Sancti. Zur Theologie der inhabitatio propria bei M. J. Scheeben, in: H. Hammans et al. (ed.), Geist und Kirche, 181-200.
[75] H. Mühlen, Una mystica persona. Die Kirche als das Mysterium der Identität des Heiligen Geistes in Christus und den Christen: Eine Person in vielen Personen, Paderborn, et al. 1964 (31968).

mos vinte anos. No âmbito da teologia católica romana atual, sopra um forte vento contra esta disciplina. Como prova disso, pode-se aventar a luta travada por Karl-Heinz Menke pela cristologia pneumática, bem como sua rejeição de uma compreensão pneumatológica da Igreja.[76]

A pneumatologia recebeu um forte impulso *ecumênico*[77] mediante a nova redação trinitária da fórmula de base do Conselho Ecumênico das Igrejas de 1961. A revisão se deu em razão da experiência do papel da pneumatologia na teologia ortodoxa.[78] Nikos Nissiotis, de modo especial, trabalhou a tese do esquecimento do Espírito nas Igrejas da tradição ocidental e, com isto, deparou-se com ouvidos abertos.[79] No centro da discussão ecumênica, encontram-se os esforços por um consenso em torno da questão do *Filioque*. Como marco do diálogo teológico sobre o *Filioque* figuram os resultados dos encontros realizados em Klingenberg, cujos relatórios foram publicados por Lukas Vischer em 1981.[80] Em 1995, o Pontifício Conselho para a Promoção da Unidade dos Cristãos publicou um documento a respeito da procedência do Es-

---

[76] Cf. K.-H. Menke, Das heterogene Phänomen der Geist-Christologien, in: G. Augustin, K. Krämer, M. Schulze (ed.), Mein Herr und mein Gott. Christus bekennen und verkünden. FS für Walter Kardinal Kasper, Freiburg i. Br. 2013, 220-257; id., Sakramentalität. Wesen und Wunde des Katholizismus, Regensburg 2012 (22013), especialmente capítulo IV. Menke considera teologicamente supérfluo um tratado pneumatológico independente.

[77] G. Larentzakis, Die Früchte des Heiligen Geistes im Leben der Kirche, in: H. J. Held, K. Schwarz (ed.), Das Wirken des Heiligen Geistes in der Erfahrung der Kirche ["A ação do Espírito Santo na experiência da Igreja"]. Oitavo diálogo teológico bilateral entre o Patriarcado Ecumênico de Constantinopla e a Igreja Evangélica na Alemanha, de 28 de setembro a 7 de outubro de 1987, em Hohenwart; Leben aus der Kraft des Heiligen Geistes ["Vida que brota do poder do Espírito Santo"]. Nono diálogo teológico bilateral entre o Patriarcado Ecumênico de Constantinopla e a Igreja Evangélica na Alemanha, de 26 de maio a 4 de junho de 1990, em Creta (Ev. Kirche in Deutschland, Kirchenamt, Studienheft 21), Hermannsburg 1995, 113-126, espec. 115ss., enumerou os diversos diálogos ecumênicos cujo tema foi o Espírito Santo.

[78] Cf. J. Freitag, Geist-Vergessen – Geist-Erinnern: Vladimir Losskys Pneumatologie als Herausforderung westlicher Theologie (Studien zur systematischen und spirituellen Theologie, 15), Würzburg 1995, 366.

[79] Cf. N. Nissiotis, Berufen zur Einheit oder Die epikletische Bedeutung der kirchlichen Gemeinschaft, in: ÖR 26 (1977), 297-313.

[80] L. Vischer (ed.), Geist Gottes – Geist Christi. Ökumenische Überlegungen zur Filioque-Kontroverse (ÖR 39), Frankfurt a.M. 1981. Para o status atual do debate em âmbito de língua inglesa, cf. M. Habets (ed.), Ecumenical Perspectives on the Filioque for the 21st Century, New York 2014.

pírito Santo,[81] que foi apreciado ecumenicamente em um encontro de estudos da Fundação Pró-Oriente.[82] 1.200 anos depois do concílio de Aachen, realizou-se ali, em 2009, um encontro ecumênico[83] em cujas contribuições se puderam apreciar os amplos estudos históricos e sistemáticos de Peter Gemeinhardt[84] e de Bernd Oberdorfer,[85] bem como a edição do relatório dos peritos sinodais a respeito do Sínodo de Aachen de 809, preparada por Harald Willjung.[86]

Em toda a discussão ecumênica em torno do *Filioque*, a peculiaridade do Espírito é determinada consistentemente a partir de uma perspectiva teológico-trinitária. É possível que isso se deva ao fato de que se trata de um problema teológico-trinitário. Com a tese de que a autorrevelação de Deus, também em seu Espírito, precede o conhecimento da Trindade, neste estudo (cf. cap. 4.3) se percorre o caminho inverso. A isso estão ligadas a intenção e a esperança de poder conferir à discussão um contínuo impulso ecumênico.

Contudo, não somente a correta compreensão da Trindade depende de premissas pneumatológicas, portanto, da autorrevelação de Deus também no Espírito, ou seja, da automanifestação do Espírito Santo. O mesmo vale, conforme a audaciosa afirmação, para a reta compreensão de Jesus como o Cristo, da criação e da graça, da Igreja e da esperança na plenitude. Aplica-se o mesmo à hermenêutica ecumênica.[87] Deste modo, está aberta a questão do lugar teológico da pneumatologia. No âmbito da sondagem do campo, ela também deve ser esclarecida.

---

[81] Pontifício Conselho para a Promoção da Unidade dos Cristãos, Die griechische und die lateinische Überlieferung über den Ausgang des Heiligen Geistes ["A tradição grega e a latina sobre a procedência do Espírito Santo"], in: US 50 (1995), 316-324.
[82] A. Stirnemann, G. Wilfinger (ed.), Vom Heiligen Geist. Der gemeinsame trinitarische Glaube und das Problem des Filioque (= Pro Oriente, 21), Innsbruck – Wien 1999.
[83] M. Böhnke, A. E. Kattan, B. Oberdorfer (ed.), Die Filioque-Kontroverse. Historische, ökumenische und dogmatische Perspektiven 1200 Jahre nach der Aachener Synode (809) (QD 245), Freiburg i. Br. 2011.
[84] P. Gemeinhardt, Die Filioque-Kontroverse zwischen Ost- und Westkirche im Frühmittelalter (Arbeiten zur Kirchengeschichte, 82), Berlin – New York 2002.
[85] B. Oberdorfer, Filioque. Geschichte und Theologie eines ökumenischen Problems (Forschungen zur systematischen und ökumenischen Theologie, 96), Göttingen 2001.
[86] H. Willjung (ed.), Das Konzil von Aachen 809 (MGH.Conc. II/Suppl. II), Hannover 1998.
[87] Cf. F. Nüssel, D. Sattler, Einführung in die ökumenische Theologie, Darmstadt 2008.

Pneumatologia e doutrina trinitária

A compreensão de que a pneumatologia não pode ser desenvolvida a partir da doutrina trinitária vale tanto para o modelo interpessoal da doutrina trinitária quanto para o intrapessoal.[88] Deve-se pôr a doutrina trinitária entre parênteses, por assim dizer, colocar hermeneuticamente a pneumatologia antes dos parênteses e a partir dela, repensar a doutrina trinitária. No caso, trata-se de compreender que o desdobramento da pneumatologia como parte da doutrina trinitária, e a partir dela, tem fundamentos na história dos dogmas, mais precisamente, na contestação da divindade do Espírito Santo no IV século, mas não tem fundamentos teológico-sistemáticos. No conhecimento de Deus, a pneumatologia precede a doutrina trinitária tal como no testemunho bíblico a designação nominal do Espírito Santo (cf. Hb 3,7; At 1,16; 28,26).[89] Já Karl Rahner ancorou a doutrina trinitária na cristologia e na pneumatologia, a qual, por sua vez, representa "certa antecipação formal da cristologia e da pneumatologia".[90] A cristologia e a pneumatologia tematizam ambas as formas da autocomunicação divina, de modo que, em ambas, a doutrina trinitária vem "exposta".[91] A pneumatologia deve mostrar "que a inevitável livre presença da graça incriada no ser humano é a mesma coisa que a autorrevelação de Deus como Espírito".[92] Ao mesmo tempo, segundo Jörg Frey, e como ainda se deverá expor com mais

---

[88] Contrariamente a T. Schärtl, Der Heilige Geist in der Trinität. Warum das ‚Beziehungsmodell' der drei göttlichen Personen seine Haken hat, in: KatBl 139 (2014), 90-94, defendo a opinião de que também o modelo intrapessoal não está livre de problemas.
[89] Dídimo, o Cego, baseando-se na exegese prosopológica de Orígenes, que lhe era conhecida, argumenta com grande clareza na medida em que aponta inicialmente para a designação do Espírito Santo com artigo definido e, em seguida, designa os modos de experiência do Espírito Santo — recebido, pleno, santificado — e, a partir daí, deduz a divindade do Espírito como santificante, aperfeiçoador, santificador. Cf. Dídimo, o Cego, De Spiritu Sancto, 8ss.
[90] K. Rahner, Der dreifaltige Gott als transzendenter Urgrund der Heilsgeschichte, in: MySal II, Einsiedeln, et al. 1967, 317-397, 397.
[91] Ibid.
[92] Cf. G. Essen, Die Offenbarung Gottes in Jesus Christus als dogmatisches Kriterium für die Terminologie der Trinitätslehre. Christologische Auswege aus trinitätstheologischen Sackgassen, in: J. Knop, M. Lerch, B. J. Claret (ed.), Die Wahrheit ist Person. Brennpunkte einer christologisch gewendeten Dogmatik. FS für K.-H. Menke, Regensburg 2015, 73-100, 75. Sou grato ao artigo de G. Essen pela referência ao aspecto importante, do ponto de vista sistemático, da argumentação rahneriana.

exatidão, deve-se partir de uma progressão na compreensão do Espírito na Bíblia.[93] Exegeticamente, só se poderia falar de uma personalidade do Espírito em referência à pessoa de Jesus Cristo, de quem o Espírito tomará como Paráclito. A compreensão da personalidade do Espírito, portanto, supõe o conhecimento de que Jesus Cristo é pessoa. Ela não se deixa desenvolver adequadamente a partir da doutrina trinitária ou de um conceito trinitário de pessoa.[94] Em todo caso, até o momento isto não foi conseguido satisfatoriamente.

Tal como a personalidade do Espírito, a personalidade do Pai deve ser desenvolvida a partir do ser-pessoa de Jesus Cristo. Contudo, de acordo com Paulo, ninguém pode dizer que Jesus Cristo é Senhor a não ser no Espírito Santo (1Cor 12,3). A confissão de Jesus Cristo pressupõe a referência ao Espírito. Com a colocação prévia da pneumatologia em relação à doutrina trinitária, bem como a determinação recíproca da pneumatologia e da cristologia, o lugar teológico da pneumatologia está, antes de mais nada, descrito de modo adequado. Por enquanto, podemos contentar-nos com isto.

Importância e valor de verdade da práxis pneumatológica

Em um próximo passo da sondagem do campo, a importância e a pretensão de validade de uma pneumatologia prática deverão ser consideradas.

Considerada do ponto de vista meramente formal, a afirmação da presença de Deus no Espírito responde à pergunta que acossa todas as pessoas, e não somente as que acreditam — "Em que se pode confiar?"[95] — com um conceito de sentido religioso. Tal conceito de sentido reli-

---

[93] Cf. J. Frey, Vom Windbrausen zum Geist Christi und zur trinitarischen Person, 152s.
[94] Cf. M. Murrmann-Kahl, Der ungeliebte Dritte im Bunde? Geist und Trinität, in: C. Danz, id. (ed.), Zwischen Geistvergessenheit und Geistversessenheit. Perspektiven der Pneumatologie im 21. Jahrhundert (Dogmatik in der Moderne, 7), Tübingen 2014, 85-108, espec. 85-100, 107s.
[95] O. A. Dilschneider, Die Notwendigkeit neuer Antworten auf neue Fragen. Auf dem Weg zum dritten Glaubensartikel: Ich glaube an den Heiligen Geist, in: C. Heitmann, H. Mühlen (ed.), Erfahrung und Theologie des Heiligen Geistes, 151-161, 154. Cf. I. U. Dalferth, S. Peng-Keller (ed.), Gottvertrauen. Die ökumenische Diskussion um die fiducia (QD 250), Freiburg i. Br. 2012.

gioso diferencia-se, fenomenologicamente falando, de outros conceitos de sentido "mediante uma peculiar mudança de ênfase: o ser humano já não vive sua vida nem compreende seu mundo a partir de si, mas a partir de outro afastado dele. [...] O surgimento desse outro [...], a revelação a partir de si torna-se o eixo ao redor do qual a vida oscila".[96] O conceito religioso de sentido surge com a pretensão de oferecer uma resposta ao que, em última instância, concerne intelectual e existencialmente às pessoas.

Klaus Hemmerle descreve da seguinte maneira a prática da pessoa que busca a certeza, que se apoia em uma resposta que ela própria não consegue dar. Ele explicou que a resposta religiosa à pergunta sobre aquilo em que se deve confiar e a mudança de ênfase que a ela está associada devem ser justificadas intelectualmente. De modo especial porque — conforme Klaus Hemmerle — a resposta advém "essencialmente *paradoxal* de duas maneiras".[97] O primeiro paradoxo encontra-se entre aquele de quem parte a pergunta e o tipo de resposta com a qual ele entrega o centro de sua existência: quero partir de mim mesmo, e minha vida deve ser bem-sucedida. A busca confronta-me com uma referência que surge com a pretensão de ser como "a mais real e fundamental" resposta válida à questão sobre o "a partir de onde e para onde" de minha existência. O outro paradoxo é o do transcendente que "invade a imanência, sem desistir de sua pretensão transcendental".[98] Algo que é maior do que tudo se torna algo de tudo, sem deixar de ser maior do que tudo.

A tese teologicamente corrente durante muito tempo, socialmente aceita e defendida como autoevidente, segundo a qual se deve confiar unicamente na mãe Igreja, que age sob o signo de Nossa Senhora do Manto Protetor, porque ela transmite a salvação conquistada por Cristo e a ela confiada, não é suficiente diante deste paradoxo. Ela enfraquece o interesse subjetivo, que também move os fiéis, por uma resposta intelectualmente compreensível, existencialmente significativa e inalienável.

---

[96] K. Hemmerle, Thesen zu einer trinitarischen Ontologie, 26.
[97] Ibid. (Grifo no original).
[98] Ibid., 27.

Em acréscimo a isto, tem-se um argumento histórico-contemporâneo. A propósito da Igreja como instituição, cujo esforço de soberania na esteira do século XIX foi tão longe que julgou conhecer-se independentemente das influências externas e internas, até mesmo das questões e preocupações das pessoas, bem como da força da fé dos fiéis, parece que na questão sobre em quem confiar já não há confiança. Esta é a mensagem que a muitos chegou, proveniente dos escândalos intraeclesiais dos anos passados. Como instituição, a Igreja talvez ainda se alimente durante algum tempo de sua soberania assegurada legalmente tanto interior quanto exteriormente. Mas ela não vive desta.

Para compreender de que vive a Igreja, é preciso ir mais fundo. Com efeito, a resposta religiosa à pergunta sobre a segurança definitiva não existe fora da atuação individual e eclesial. Mudança de ênfase pressupõe atuação. A Igreja, como instituição, existe somente porque existe a atuação pessoal das pessoas que invocam a Deus. A prática da fé dos fiéis é indispensável para a Igreja, que deveria protegê-la e conservá-la institucionalmente, não, porém, exigi-la moralmente. Unicamente na reflexão sobre a prática da fé — conforme a hipótese aqui defendida – é que se pode justificar a resposta religiosa à pergunta "em que confiar?".

A este respeito, uma primeira observação. É como segue: a quem busca uma resposta religiosa à pergunta "Em que confiar?" importa antes a certeza do que a segurança. "A certeza não se realiza enquanto todas as dúvidas não tenham sido dissipadas",[99] assim caracterizou Gerhard Sauter a certeza religiosa buscada, que acompanha a mudança de ênfase. Segundo ele, ligada à esperança, ela significa confiança, que se realiza no livre consentimento a uma realidade "que já se antecipou a todas as nossas questões e provas".[100] A presença de Deus no Espírito é vista como tal realidade. "O discurso do Espírito aponta para uma *realidade* e, certamente, de tal modo, que a realidade aparece de modo

---

[99] G. Sauter, Ekstatische Gewißheit oder vergewissernde Sicherung? Zum Verhältnis von Geist und Vernunft, in: C. Heitmann, H. Mühlen (ed.), Erfahrung und Theologie des Heiligen Geistes, 192-212, 200. Para sua avaliação, Sauter recorre a 1Rs 19,9-18, a descrição do encontro de Elias com Deus no monte Horeb.
[100] Ibid.

mais livre, mais insondável, não disponibilizado pelo homem."[101] A certeza a que se recorre para a interpretação pneumatológica da prática pressupõe teologicamente a fidelidade de Deus às pessoas, garantida como promessa. Considerada a partir do sujeito que interroga, não se trata de uma certeza absoluta. Aquela, *per definitionem*, excluiria uma mudança de ênfase. Trata-se de uma certeza que se deve comprovar historicamente.

Consumando-se a aquiescência à fidelidade de Deus garantida como promessa, ou seja, o ato da mudança de ênfase, como invocação ao Espírito, portanto em forma de epiclese, então a forma da certeza deve ser denominada em forma de epiclese, reconhecidamente no sentido de que à petição está prometida a certeza da escuta. Por outro lado, o que se acabou de dizer não significa que a solícita presença de Deus no Espírito exigiria a invocação humana em forma de epiclese.[102] Em contrapartida, deve-se afirmar que a resposta religiosa e a mudança de ênfase que ela implica estão sujeitas à comprovação histórica.

Sinais dos tempos e correntes do tempo

A redescoberta do Espírito Santo e a determinação de sua peculiaridade nos tratados pneumatológicos não se dão no vácuo das soluções teórico-teológicas dos problemas. Elas estão relacionadas à prática e estão inseridas em contextos históricos. Estes sinais dos tempos e estas correntes do tempo também devem ser mapeadas em uma sondagem do campo.

Em 1997, D. Lyle Dabney especificou o surgimento dos movimentos carismáticos pentecostais, os esforços ecumênicos atuais e a busca da teologia por uma linguagem trinitária que supera as estreitezas cristológicas — Dabney denomina a isso "orientação para o mundo" — como o motivo histórico-contemporâneo para o crescimento de um renovado interesse pela pneumatologia.[103] Michael Welker, a quem Dabney se

---

[101] Ibid. 196.
[102] Cf. tópico 2.2.1.
[103] D. L. Dabney, Die Kenosis des Geistes. Kontinuität zwischen Schöpfung und Erlösung im Werk des Heiligen Geistes (NBST 18), Neukirchen-Vluyn 1997, 16-21; cf. M. T. Dietz, De

refere neste contexto, no início dos anos noventa, chamou a atenção para cinco aspectos[104] com os quais uma pneumatologia comprometida deveria lidar diante das questões atuais. Além da já mencionada consciência da distância de Deus, ele citou em segundo lugar o surgimento e o fortalecimento dos movimentos carismáticos; em terceiro, as teologias da libertação, bem como as teologias feministas; em quarto lugar, o pluralismo atual e a individualização e, por fim, em quinto lugar, a chamada pós-modernidade, na qual a categoria da secularização estaria perdendo progressivamente seu poder de interpretação.

Os mencionados motivos histórico-contemporâneos e os desafios para uma pneumatologia foram descritos detalhadamente por Dabney e Welker. Até hoje, tais descrições ainda não exerceram sua atualidade e importância. Por conseguinte, gostaria de aludir expressamente, mais uma vez, às observações de Dabney e Welker e, em seguida, simplesmente lhes acrescentar alguns aspectos que me parecem ter ficado demasiadamente prejudicados na descrição que Welker e Dabney fazem dos contextos. No caso, reporto-me tanto às explicações dadas aos referidos motivos e desafios quanto ao modo como outros autores reagiram a tais desafios.

1: Ao contexto do distanciamento de Deus, mencionado já no início, a prioridade cabe a uma pneumatologia prática. Com demasiada frequência, o distanciamento de Deus é substituído cristocentricamente. Este estreitamento cristocêntrico revelou-se problemático. Na carta circular papal *Dominum et vivificantem*, ele é rompido de modo fundamental por meio de uma exegese do quarto dito sobre o Paráclito (Jo 16,7). O papa João Paulo II, em sua encíclica, tematiza a partida de Cristo como fundamento e condição para o envio do Espírito e insiste em que o distanciamento de Deus não poderia ser substituído por suposta proximidade de Cristo. No contexto do distanciamento de Deus, portanto, apela-se ao Espírito como prova da presença de Deus. Sobre este fundamento, o esquecimento de Deus na teologia pode ser supe-

---

libertate et servitute spiritus. Pneumatologie in Luthers Freiheitstraktat (FSÖTh 146), Göttingen 2015, 14.

[104] Cf. M.Welker, Gottes Geist, 15-57; cf. M. T. Dietz, De libertate et servitute spiritus, 15.

rado e a ação do Espírito pode ser dimensionalmente desenvolvida em todos os tratados sistemático-teológicos. Neste sentido, a carta circular papal trata de modo abrangente da importância econômico-salvífica do Espírito, partindo de seu papel como força vital, mais exatamente: como sopro, dom e pessoa na criação, na encarnação e na nova criação. A propósito, a antropologia é examinada pneumatologicamente, bem como a cristologia, a eclesiologia, a doutrina dos sacramentos e a escatologia. Contudo, a não recepção da encíclica mostra que tanto a admissão do distanciamento de Deus como a admissão da autopresentificação de Jesus Cristo representam um constante desafio para a pneumatologia.

2: Com os desafios que o movimento pentecostal e os movimentos de renovação carismática que surgiram em sua esteira e lhe são aparentados representam para uma justificação de fé marcada pneumatologicamente, no âmbito de língua alemã, depois da publicação da primeira edição da pneumatologia de Welker, debateram juntos principalmente Baumert, Hollenweger, Zimmerling, Haustein e Maltese, bem como a Rede Europeia de Pesquisa sobre o Pentecostalismo Global (Glo-Pent).[105] O grupo de pesquisa de Heidelberg em torno do próprio Welker, como parte dessa rede, produziu um trabalho pioneiro na pesquisa do movimento. Teologicamente, através de sua pneumatologia na qual ele compreende o Espírito como testemunho polifônico de Jesus Cristo, Welker abriu e aplainou um caminho para a pesquisa do pentecostalismo.

Do ponto de vista do conteúdo, o pentecostalismo coloca a pneumatologia diante do desafio de se confrontar com a questão da experiencialidade do Espírito, uma vez que ele afirma, referindo-se ao batismo

---

[105] V. Synan (ed.), The Century of the Holy Spirit. 100 Years of Pentecostal and Charismatic Renewal 1901-2001, Nashville 2001; continua sendo fundamental: J. Hollenweger, Enthusiastisches Christentum. Die Pfingstbewegung in Geschichte und Gegenwart, Wuppertal – Zürich 1969; mais: J. Haustein, G. Maltese (ed.), Handbuch pfingstliche und charismatische Theologie, Göttingen 2014; J. Haustein, G. Maltese, Pfingstliche und charismatische Theologien – eine Einführung, in: Materialdienst des Konfessionskundlichen Instituts Bensheim 65 (2014), 59-62; T. KeSSler, A.-P. Rethmann (ed.), Pentekostalismus. Die Pfingstbewegung als Anfrage an Theologie und Kirche (Weltkirche und Mission, 1), Regensburg 2012; P. Zimmerling, Charismatische Bewegungen (UTB 3199), Göttingen 2009; cf., ademais: Interdisziplinärer Arbeitskreis Pfingstbewegung, in: http://www.glopent.net/iak-pfingstbewegung/Members/ GerhardBially/bibliographien/document.2015-10-02.8262159912/view.http: //rmserv.wt.uni--heidelberg.de/webrm/Forschung/pfingstbewegung (31.07.2016).

no Espírito e às curas, a presença do Espírito na experiência interior imediata e ademais — além de justificação e salvação — o estar-pleno do Espírito, o que se conseguiria principalmente pela expressão do falar em línguas. Nas palavras de Hans Gasper: "O que hoje distingue o movimento carismático de outros movimentos revivalistas e o liga ao movimento pentecostal é: a experiência dos atos de poder de Deus e de seu Espírito (e, diversamente característico, também do demoníaco que se opõe ao divino) se estabelece de modo bastante imediato no próprio espaço da experiência".[106]

Para a reconstrução científica da ação do Espírito, porém, uma conexão com a experiência interior imediata não está livre de problemas. No máximo, dela se podem inferir padronizações baseadas em relatos subjetivos. De igual modo, surge o ceticismo diante da pretensão de que uma experiência do Espírito deva ser sempre poderosa, mediante o que se deve distinguir entre poder anônimo e poder da vontade (1Cor 12,11). Do ponto de vista teológico, o ceticismo em relação a ambos os momentos da experiência do Espírito repousa no fato de que ela apareceria imediata e poderosamente, conforme o axioma da indisponibilidade do Espírito, mediante o qual se postula conceber a experiência como algo que vem ao encontro inopinadamente. Neste sentido, a prática pneumatológica no pentecostalismo representa um contínuo desafio para a pneumatologia.

Não somente neste ponto se torna perceptível a ausência de uma teologia do Espírito Santo desenvolvida por teólogos do movimento pentecostal. Unicamente tal teologia possibilitaria um debate crítico e um diálogo no nível teológico. Em contrapartida, ultimamente já se encontram pontos de conexão; à guisa de exemplo, na obra teológica de Amos Yong e Frank Macchia, atualmente os mais proeminentes teólo-

---

[106] H. Gasper, Ein Segen für die Kirche? Die charismatische Szene in Deutschland, in: HerKorr 61 (2007), 366-371, 371 com referência a três elementos centrais da experiência carismática: "presença, poder, louvor".

gos acadêmicos da tradição pentecostal.[107] No entanto, a discussão está apenas no começo.

3: As teologias da libertação analisam o Espírito não como momento da experiência interior imediata. De preferência, elas reclamam a poderosa ação do Espírito em uma teologia do mundo. Nas obras de teologia da libertação de J. Comblin,[108] J. Sobrino[109] e L. Boff,[110] o motivo da força vital, ao lado do fogo, desempenha um papel importante na utilização do Espírito para uma práxis renovada e por um mundo justo. A teologia da libertação associa ao pentecostalismo a afirmação de que a ação do Espírito é sempre poderosa. Embora apele para o poder do Espírito na crítica e na renovação das relações, até o momento, em relação a ela, neste ponto se tem demonstrado o mesmo ceticismo que em relação ao pentecostalismo.

4: A feminilidade do Espírito é ressaltada sobretudo nos modelos teológico-feministas, por exemplo, através de Elisabeth Moltmann-Wendel, Catharine Halkes, Helene Schüngel-Straumann, que produziram obra teológica pioneira a respeito, mas também através de Yves Congar.[111] Se vejo corretamente, a referência ao Espírito Santo segue-se principalmente do interesse pela reformulação da doutrina da fé a partir da esfera do pensamento e da experiência de mulheres. Nas formulações teológico-feministas, a reflexão da feminilidade do Espírito, a dimensão pneumatológica da criacionalidade e da similaridade do ser humano à imagem de Deus como homem e mulher se ligam à

---

[107] H. Gasper, Schritte zu einer Pneumatologie der Pfingstbewegung, in: US 64 (2009), 41-53; cf. F. D. Macchia, Zungenrede und Prophetie: eine pfingstkirchliche Perspektive; in: Conc(D) 32 (1996), 251-255; cf. G. Maltese, Geisterfahrer zwischen Transzendenz und Immanenz. Die Erfahrungsbegriffe in den pfingstlich-charismatischen Theologien von Terry L. Cross und Amos Yong im Vergleich (Kirche – Konfession – Religion, 61), Göttingen 2013.
[108] J. Comblin, Der Heilige Geist.
[109] J. Sobrino, Geist, der befreit. Anstöße zu einer neuen Spiritualität, Freiburg i. Br. 1989.
[110] L. Boff, Der Heilige Geist.
[111] E. Moltmann-Wendel (ed.), Die Weiblichkeit des Heiligen Geistes. Studien zur feministischen Theologie, Gütersloh 1995; C. Halkes, Gott hat nicht nur starke Söhne. Grundzüge einer feministischen Theologie, Gütersloh 1980 (⁵1987); H. Schüngel-Straumann, Ruah (Geist-, Lebenskraft) im AT, in: M. KASSEL (ed.), Feministische Theologie. Perspektiven zur Orientierung, Stuttgart ²1988, 59-73; S. Pemsel-Maier, Der heilige Geist – das Weibliche an Gott, in: LS 48 (1997), 95-99; H. F. Bergin, Feminist pneumatology, in: Colloquium 42 (2010), 188-207.

sondagem da dimensão pneumatológica dos desenvolvimentos sociais. Ademais, a dimensão encarnacional da pneumatologia é colocada em primeiro plano e, assim, reivindica-se a corporeidade do Espírito, um elemento importante da pneumatologia prática que deverá ser considerada com mais exatidão.

5: Em sua pneumatologia, mais do que por todos os demais contextos, Welker sentiu-se desafiado por outro importante desenvolvimento social, a saber, o pluralismo pós-moderno e a individualização. A este desafio, ele respondeu com o conceito de uma pneumatologia como uma teologia pluralista do Espírito Santo. Com a tese da policentralidade[112] da presença do Espírito, de um lado ele preservou a pneumatologia de esvaziamento conteudístico. Com ele, ela não se transmuta em uma "teoria teológica da religião conforme a modernidade".[113] Com ela, no entanto, Welker estabelece uma moldura para o diálogo inter-religioso. Uma vez que Welker, em sua pneumatologia, orienta-se pela variedade dos testemunhos bíblicos, para ele a policentralidade não significa arbitrariedade. Por outro lado, a policentralidade coloca-o diante da tarefa de ter que determinar novamente a personalidade do Espírito. Welker procura fazer-lhe justiça com uma definição do Espírito Santo como área de ressonância de Cristo, como unidade das multifacetadas perspectivas em torno de Jesus Cristo e como pessoa pública. Se tal determinação é suficiente, ou se, de seu lado, não representa outro desafio à pneumatologia, será preciso esclarecer na implementação (cap. 3). Neste lugar, no âmbito da sondagem do campo, primeiramente se deve discutir ainda uma séria objeção levantada contra Welker e outros.

Atualização crítica da pneumatologia

Os contextos histórico-contemporâneos abordados detalhadamente por Dabney e Welker e providos aqui de comentários complementares foram vistos por toda uma série de teólogas e teólogos como desafios que deveriam ser enfrentados pneumatologicamente. Consequentemen-

---

[112] Cf. B. J. Hilberath, Zur Personalität des Hl. Geistes, in: US 64 (2009), 27-40, 39.
[113] Citado conforme G. Etzelmüller, Der Geist Jesu Christi, 7.

te, não raro se atribuíram ao esquecimento de Deus as deficiências do debate teológico com tais contextos até o momento. A promessa implícita seria de que, com uma abertura da dimensão pneumatológica da teologia, poder-se-ia gerar uma forma adequada de acesso aos desafios do tempo. Consoante a lógica deste processo, um crescente significado universal seria atribuído à ação do Espírito, desenvolvida pneumatologicamente.[114]

Em seu inventário sobre a doutrina evangélica do Espírito Santo e sua pessoa, Christian Henning expressou a recomendação de que "se deveria renunciar a praticar esse tipo de pneumatologia".[115] Anteriormente, Henning havia dado um testemunho devastador contra os esquemas pneumatológicos da teologia protestante do século XX. "Evidentemente se repete na pneumatologia o mesmo processo que se verificou na cristologia no último século. Modificando-se um pouco as palavras de Albert Schweitzer, pode-se dizer: cada época lê no conceito de Espírito aquilo que lhe serve como meta do curso do mundo, e vê no Espírito a instância divina que tornará realidade essa meta."[116] Diferentemente dos modelos cristológicos, cuja contingência temporal Albert Schweitzer demonstrou sob o título da história da pesquisa em torno da vida de Jesus,[117] nos modelos pneumatológicos do século XX, conforme Henning, "já não se encontra no proscênio a formação da personalidade moral, a cujo escopo se recomendava uma delineação da vida de Jesus como princípio pedagógico geral, mas a solução de problemas globais, diante dos quais o indivíduo (teólogo) se sente impotente e, portanto, necessitado da promessa da ajuda divina".[118] Henning exorta os teólogos a esclarecer, "com especial interesse pela doutrina do Espírito Santo, suas perspectivas, seus interesses e suas metas; a reconsiderar

---

[114] Cf. C. Danz, M. Murrmann-Kahl (ed.), Zwischen Geistvergessenheit und Geistversessenheit. Perspektiven der Pneumatologie im 21. Jahrhundert (Dogmatik in der Moderne, 7), Tübingen 2014.
[115] C. Henning, Die evangelische Lehre vom Heiligen Geist und seiner Person. Studien zur Architektur protestantischer Pneumatologie im 20. Jahrhundert, Gütersloh 2000, 301.
[116] Ibid.
[117] A. Schweitzer, Geschichte der Leben-Jesu-Forschung, Tübingen 1984 (Stuttgart ⁹2009).
[118] C. Henning, Die evangelische Lehre vom Heiligen Geist und seiner Person, 301.

cuidadosamente as identificações feitas e as linhas-guias estabelecidas no testemunho da revelação das Sagradas Escrituras, e a expressar sua doutrina do Espírito Santo no gesto de uma proposta de interpretação".[119] Dificilmente se pode deixar de concordar com isso.

Contudo, pode-se duvidar se o voltar-se ao *testimonium spiritus sancti internum*, ao diálogo interno e ao distanciamento do mundo daí decorrente, que Henning apresenta com seu modelo sistemático da pneumatologia, seja mais eficaz. Aquilo que ele, no discurso da identidade centrado no sujeito, apresenta como Espírito e dom do Espírito não se fundamenta em experiências visíveis e descritíveis. No final das contas, sua tese central permanece não comprovada. Por conseguinte, o próprio ensaio repousa sobre bases extremamente instáveis.

Henning não compreende que o distanciamento de Deus e o esquecimento de Deus marcam a compreensão do agir humano na modernidade. Ele deixa de trabalhar o campo de problema daí resultante e limita-se à experiência interior do Espírito. A tal maneira de praticar pneumatologia, dever-se-ia renunciar também.

A fim de sanar este ponto crítico, o problema da ausência de Deus e do esquecimento de Deus deve ser colocado em primeiro plano na pneumatologia prática aqui apresentada. Ela deve ser confrontada com a tese e a demonstração do dogmatismo do Espírito no agir humano. A importância da pneumatologia prática, porém, não é vista no fato de que ela vê o Espírito Santo como chave mestra para a solução de todos os problemas globais. Não consiste também em reinterpretar o fenômeno da ausência como um problema da presença, como Lukas Ohly o propôs recentemente, apoiando-se em Martin Heidegger.[120] De igual modo, ela não se restringe à interioridade. Ao contrário, ela constrói-se sobre o dogmatismo do Espírito na ação e identifica o Espírito Santo como o selo da promessa (Ef 1,13); com outras palavras, como a fidelidade de Deus que se manifesta no agir humano.

---

[119] Ibid. 301s.
[120] L. Ohly, Anwesenheit und Anerkennung.

1.3 O PROPÓSITO

Contornos

A proposta de interpretação até aqui postulada filosófico-teologicamente, bem como teológico-historicamente, e situada histórico-contemporaneamente para a doutrina do Espírito Santo, adquiriu contornos mediante essa ampla e especial sondagem do campo. Em resumo, pode-se dizer:

A pneumatologia prática começa com a prática da existência humana vivida. Ela eleva e reflete a dimensão do Espírito utilizada na prática. Por conseguinte, ela trata de determinadas experiências que podem ser consideradas como experiências perceptíveis e descritíveis do Espírito Santo, segundo as quais — e isto deverá ainda ser esclarecido em seguida — a experiência, com Heribert Mühlen [ele cita aqui Rudolf Bultmann], deverá ser determinada como "vir a conhecer na convivência".[121]

Com esta descrição de experiência, Mühlen tornou pneumatologicamente frutífera uma definição de Rudolf Bultmann para o conceito bíblico de "*jada*" (conhecer).[122] Com a compreensão da experiência como travar conhecimento através da convivência, Mühler resiste à tentação de tomar como ponto de partida para a reflexão pneumatológica experiências interiores de tipo espiritual ou espírita que se distinguem pela imediatidade. Pode haver e haverá indiscutivelmente tais experiências. Na qualidade de experiências interiores diretamente subjetivas e fora da vivência ou do testemunho de fé partilhados, portanto, elas dificilmente são compreensíveis, para não dizer comprováveis.

Por essa razão, dificilmente devem ser adequadas para uma utilização orientada para o conhecimento.

Por outro lado, conectando-se "experiência" com o conceito de ação, como o fez Bultmann, e o que também Mühlen deve ter pretendi-

---

[121] H. Mühlen, Die Geisterfahrung als Erneuerung der Kirche, in: O. A. Dilschneider (ed.), Theologie des Geistes, Gütersloh 1980, 69-94, 72.
[122] Cf. R. Bultmann, Art. γινώσκω, in: ThWNT I, 1933, 688-719, 696.

do com o conceito de "convivência", a experiência torna-se comunicável e culturalmente transmissível. Como fenômeno social ela é perceptível e discursivamente compreensível. Um conceito interpretado como travar conhecimento através da convivência relaciona a experiência à ação em geral e, neste sentido, também àquela ação para a qual, na tradição judaico-cristão, apela-se expressamente à presença do Espírito Santo, tal como acontece, por exemplo, na ação litúrgica, a qual, segundo Rm 8,26, pode ser compreendida como manifestação do Espírito Santo. O mesmo vale para decisões doutrinais sinodais (At 15,28), nas quais o Espírito Santo é mencionado nominalmente. A reflexão sobre a verdade nomeada e reivindicada em tais experiências reconstrói a determinação do Espírito em contextos de ação. Uma tarefa central e inalienável da pneumatologia prática consiste em desenvolver e confirmar teologicamente a afirmada presença de Deus no Espírito no contexto da ação. Deve-se indagar se e em que medida se deve compreender como automanifestação do Espírito Santo o que é mostrado como prerrogativa do Espírito em contextos de ação. Na resposta a esta pergunta, deve-se partir do testemunho das Escrituras bíblicas. O fundamento bíblico-teológico do dogmatismo do Espírito na ação humana deve ser investigado levando-se em consideração os resultados das pesquisas exegéticas e bíblico-teológicas em torno da temática do Espírito.[123] Acima de tudo,

---

[123] Cf. B. Nitsche, Pneumatologie, 327-331. Cf., exegeticamente — além dos pertinentes comentários, também as valiosas contribuições no volume 24 do Jahrbuch für Biblische Theologie, sobre o Espírito Santo, publicado em 2011 —, o relatório da pesquisa de C. Strecker, Zugänge zum Unzugänglichen. „Geist" als Thema neutestamentlicher Forschung, in: ZNT 13 (2010), H. 25, 20-20; também em Paulo: H. Scherer, Geistreiche Argumente. Das Pneuma-Konzept des Paulus im Kontext seiner Briefe (NTA, N. F., vol. 55), Münster 2011; M. Christoph, Pneuma und das neue Sein der Glaubenden. Studien zur Semantik und Pragmatik der Rede von Pneuma in Röm 8, Frankfurt a.M. et al. 2005; N. Baumert, Charisma – Taufe – Geisttaufe (2 Bde.), Würzburg 2001; em Lucas: H. Gunkel, Der Heilige Geist bei Lukas. Theologisches Profil, Grund und Intention der lukanischen Pneumatologie (WUNT 2, 389), Tübingen 2015; nos Atos dos Apóstolos: A. Cornils, Vom Geist Gottes erzählen. Analysen zur Apostelgeschichte, Tübingen – Basel 2006; em João, o trabalho de F. Porsch, Pneuma und Wort: ein exegetischer Beitrag zur Pneumatologie des Johannesevangeliums (FThS 16), Frankfurt a.M. 1974; id., Anwalt der Glaubenden. Das Wirken des Geistes nach dem Zeugnis des Johannesevangeliums, Stuttgart 1978, bem como a interpretação de M. Theobald, Gott, Logos und Pneuma. Trinitarische Rede von Gott im Johannesevangelium, in: H.-J. Klauck (ed.), Monotheismus und Christologie. Zur Gottesfrage im hellenistischen Judentum und im Urchristentum (QD 138), Freiburg i. Br. 1992, 41-87; U. Schnelle, Johannes als Geisttheologe. Uma visão

convém aqui "considerar a amplitude e a plenitude das ações do Espírito biblicamente atestadas";[124] isto, porém, sem perder de vista que, hoje em dia, praticamente não deve existir consenso exegético em torno da questão de se, no caso, trata-se sempre de uma automanifestação do Espírito.

Desde que, em 1888, apareceu em primeira edição um estudo bíblico-teológico de Hermann Gunkel sobre os efeitos do Espírito Santo nas concepções populares da era apostólica e do ensinamento do apóstolo Paulo,[125] existe, porém, uma tendência metodológica predominante da pesquisa exegética que se deixa conduzir pela hipótese de que subjazem experiências no discurso bíblico do Espírito e que os textos bíblicos devem ser consultados a propósito de tais experiências. Através do situar o discurso do Espírito no contexto da ação, uma pneumatologia prática já consegue corresponder justamente a essa referência à experiência. A teologia sistemática perderia a referência do discurso do Espírito à experiência, biblicamente fundamentada, se ela, de antemão, não contasse com um dogmatismo do Espírito na ação.

A fim de poder identificar a peculiaridade pneumatológica da presença divina no Espírito, deve-se, em seguida, elucidar o nexo biblicamente evidente entre o dogmatismo do Espírito na ação e a automanifestação do Espírito Santo. A reconstrução teológico-sistemática da diferença-unidade entre o dogmatismo do Espírito na ação e a automanifestação do Espírito que se estabelece sobre esta base e que provém da prática humana e divina deve provar a coerência de sua argumentação no contexto da discussão com as posições tematicamente relevantes da história da teologia e do dogma. A consciência teórica do problema já alcançada nela e o nível especulativo de reflexão já atingido, por exem-

---

geral didática sobre a diversidade dos temas, bem como das dimensões bíblicas, especialmente neotestamentárias, do discurso sobre o Espírito Santo é oferecida por: K. Erlemann, Unfassbar? Der Heilige Geist im Neuen Testament, Neukirchen-Vluyn 2010 (^{2}2012).

[124] R. Hempelmann, Rückkehr ins Urchristentum? Zu den Anliegen und zur Schrifthermeneutik des pfingstlich charismatischen Christentums, in: JBTh 24 (2009), 271-293, 292.

[125] H. Gunkel, Die Wirkungen des Heiligen Geistes nach der populären Anschauung der apostolischen Zeit und der Lehre des Apostels Paulus. Eine biblisch-theologische Studie, Göttingen ^{3}1909.

plo, quanto à personalidade e divindade do Espírito, não devem também ser enfraquecidos por uma abordagem prática da pneumatologia; ao contrário, por meio dela, deveriam abrir-se à compreensão hodierna e serem extensamente comunicados.

Somente assim se chega ao desempenho da pretensão ligada a uma pneumatologia prática de franquear aos contemporâneos hoje viventes um acesso à presença de Deus no Espírito, justificado tanto do ponto de vista prático-vital quanto intelectual de igual modo e, portanto, também um acesso espiritual à vida de fé.

Construção

Para a implementação do estudo, isto significa: ele começará pela prática (cap. 2). No entanto, inicialmente o foco está no fenômeno da ação, isto é, na realidade da ação (2.1).[126] A meta da análise fenomenológica diferencial é demonstrar o dogmatismo do Espírito na realidade da ação a partir de si mesma como um momento estrutural constitutivo da ação.

Portanto, sobre este fundamento, trata-se de certas ações realizadas (2.2) que, a partir de si mesmas, afirmam explicitamente determinada referência ao Espírito e, portanto, têm a pretensão de serem determinadas pelo Espírito de Deus. Como exemplos de tais ações, serão tematizadas a epiclese, a parrésia, o louvor e a encenação da apreensibilidade.

A tarefa consiste em, através de uma contínua análise dos momentos estruturais das mencionadas ações, ressaltar o modo correspondente da referência ao Espírito e investigá-lo quanto à utilização do conteúdo bíblico-teológico, por conseguinte, então, em que medida e como o relacionamento dos agentes com o Espírito é uma relação que diz respeito à relação do Espírito de Deus para com eles e, portanto, expressa sua presença. Orientando-se pelos resultados exegéticos sobre a autorrevelação de Deus no Espírito, obtêm-se critérios a partir dos quais esta dupla referência pode ser avaliada no sentido de um discernimento dos espíritos.

---

[126] Cf. B. Stubenrauch, Pneumatologie, 91.

Para melhor orientação, gostaria já, neste lugar, de desenvolver este tópico, cuja implementação fica reservada para o capítulo segundo, em termos de seu objetivo. No entanto, trata-se de um esboço conciso, no qual, de antemão, devem ser mencionados as diretrizes, a importância e os requisitos.

A epiclese (2.2.1), como invocação do Espírito, professa o Espírito Santo como destinatário e implica a divindade associada a seu nome. Como ato de oração, ela realiza-se em manifestação cúltico-ritual e ético-existencial.[127] Em ambas as dimensões, ela pressupõe a recepção do Espírito; ela reivindica, portanto, a possibilidade da solícita experiência do Espírito. Com a contínua análise de seus momentos estruturais, a maneira pela qual o Espírito está presente na epiclese, ou, com outras palavras, o modo da epiclética presença de Deus no Espírito deve ser descrito. Em relação a isso, a importância fundamental da realização cúltico-ritual da epiclese para a ação sacramental deverá ser tematizada do ponto de vista dogmático e da história do dogma.[128] Só se pode falar, de modo razoável, da presença de Deus nas ações sacramentais porque e na medida em que as ações têm caráter epiclético. No desenvolvimento desta tese, portanto, devem ser levados em consideração tanto a compreensão de epiclese na ortodoxia[129] quanto o consenso ecumênico sobre a epiclese de 1981 e 2006. Em relação ao pentecostalismo, além da esfera da ação sacramental, deve-se discutir o batismo no Espírito no contexto temático com a invocação epiclética do Espírito Santo.

A parrésia (2.2.2), ou seja, o discurso sincero, implementa a possibilidade da distância, da outra perspectiva e do outro. Ela trata da liberdade do Espírito recebido e alega a automanifestação do Espírito como "verdade entre nós".[130] Como "prática da verdade" crítica ao governo e à sociedade,[131] a parrésia visa à subjetivação do outro. Pneumatologicamente, a relação da alegada "verdade entre nós" com a verdade

---

[127] Cf. ibid. 139.
[128] Cf. ibid. 70.
[129] Cf. ibid. 114.
[130] H. Steinkamp, Parrhesia-Praxis. Über „Wahrheit zwischen uns", in: PThI 24 (2004), 232-248, 232.
[131] Ibid. 235.

eterna acima de nós, afirmada teologicamente, está na ordem do dia. A parrésia, segundo Lc 4,16, vale como força sociocrítica.[132] Para o pentecostalismo, bem como para a pneumatologia da libertação, da parrésia resultam importantes intuições para pensar a automanifestação do Espírito Santo de maneira diferente da que se mostra poderosa. A parrésia desenvolve sua importância, além do mais, em relação ao compromisso pela justiça, paz e preservação da natureza. Na teologia feminista, ela desdobra sua força contrafatual e atesta a associação da ação determinada pelo Espírito ao *munus propheticum*. Na parrésia, a automanifestação do Espírito é experimentada menos como poderosa e mais como libertadora.

O louvor (2.2.3), o grito de júbilo pleno do Espírito, segundo Lc 10,21, é expressão da experiência subjetiva ou também eclesial do estar-cheio do Espírito. Ele assume a automanifestação do Espírito como expressão da certeza escatológica. No louvor, a pessoa torna-se a via do Espírito. Cabe refletir pneumatologicamente de modo crítico a intuição de que a imediatidade da experiência poderia suprimir a indisponibilidade, a ser interativamente salvaguardada, do que é experienciado. Em debate crítico com o pentecostalismo e com a mística, a vinculação temporal e a efemeridade da experiência de plenitude que se expressa no louvor devem ser tematizadas ou, com outras palavras: o relacionamento entre escatologia presente e futura na experiência do Espírito.

Em quarto lugar está a encenação da apreensibilidade (2.2.4). No teatro de dança contemporâneo, conforme Pina Bausch fundou e compreendeu como expressão da vida, o Espírito exprime-se como movimento e apreensibilidade que alcançam inteiramente a pessoa com fugacidade quase insuperável. No recurso à dança como expressão da vida, todo dualismo entre espírito e corpo é, de saída, superado; ao mesmo tempo, o corpo vivo torna-se expressão da presença divina.[133] A partir da maneira pela qual acontece a apreensibilidade, pode-se traçar uma linha para a automanifestação do Espírito Santo na existência pro-

---

[132] Cf. B. Stubenrauch, Pneumatologie, 96.
[133] Cf. o discurso em defesa da corporeidade em H. R. Seeliger, Lehre und Lebensform. Über die „Hellenisierung" und „Enkratisierung" des antiken Christentums, in: ThQ 196 (2016), 127-138.

fética. Um segundo vestígio leva da apreensibilidade a uma compreensão da mística marcada pelo Espírito. Ambas podem ser compreendidas como testemunho da presença arrebatadora de Deus.

Franqueada mediante a análise das realidades da ação nas quais o Espírito é explicitamente considerado como recebido, libertador, realizador e arrebatador, no capítulo terceiro se deve esboçar um acesso à realidade divina do Espírito Santo. Segundo a tese ali defendida, a automanifestação do Espírito comunicada nas experiências deveria ser correlata à determinação do Espírito Santo como pessoa. A noção do Espírito como "dom" e "comunidade" aparece, no caso, deficitária. Contudo, deve-se imediatamente perguntar a que compreensão de pessoa se poderia recorrer na determinação do Espírito Santo como pessoa.

Uma caracterização do Espírito Santo como pessoa só pode ser adequadamente desenvolvida a partir do ser-pessoa de Jesus Cristo, conforme a tese já apresentada. Ou seja, com outras palavras: assim como o ser-pessoa de Jesus Cristo é caracterizado pela união hipostática, de igual modo o ser-pessoa do Espírito Santo é caracterizado por um duplo ser-em: na irrevocável diferença e como selo da promessa de fidelidade incondicional, ele é o mesmo e ele próprio na vida de Deus e na vida dos seres humanos. O ser-em do Espírito na vida de Deus pode ser identificado como presença e permanência do Pai no Filho e do Filho no Pai ou, formulado diversamente, como glorificação; seu ser-em na vida das pessoas pode ser identificado como presença de Deus vivificante, santificadora e realizadora no outro. Com estas designações sobre a personalidade do Espírito a serem desenvolvidas no capítulo terceiro, prepara-se ao mesmo tempo o terreno para uma releitura pneumatológica de outros tratados dogmáticos.

No quarto capítulo, à guisa de exemplo, alguns desses tratados devem ser submetidos a tal releitura. No entanto, não são discutidos todos os aspectos nos correspondentes tratados a serem analisados. Quando muito, devem-se retomar pontos isolados, que pareçam especialmente relevantes no momento, a partir da perspectiva da pneumatologia prática.

Eclesiologicamente (4.1), a doutrina do envio do Espírito, ligada à partida de Jesus, deve tornar-se frutífera para a compreensão da pobreza da Igreja postulada pelo papa Francisco. O bispo de Roma em exercício exige por todo o mundo uma Igreja pobre para os pobres. Teologicamente, isto significa que a Igreja permite que o Cristo se vá. O apelo cristocêntrico à lógica da encarnação para a fundamentação da presença institucional de Cristo na Igreja deve ser corrigido e complementado mediante o apelo à ausência do Glorificado como pré-requisito para o envio do Espírito. Isto possibilita uma compreensão da Igreja como mais livre, mais peregrina, mais questionadora e buscadora, mais plural e mais pecadora, que sente saudade do Cristo, que implora a presença de Deus no Espírito a quem ela confia a obra da santificação e espera pela segunda vinda de Cristo.

A consumação da obra redentora de Jesus Cristo mediante o Espírito deve ser tematizada na perspectiva de uma pneumatologia prática sob o aspecto atual da "verdade da consciência" e o aspecto futuro da "certeza da redenção". Ambas as fórmulas determinam a compreensão do Espírito na carta circular *Dominum et vivificantem*, do papa João Paulo II. Deve-se tematizar a inclusão dos batizados no relacionamento de Jesus com Deus mediante as categorias da amizade, in-existência e herança, nas quais existe mais do que a constante imaturidade da fala insinuante da infância ou da apropriação unicamente subjetiva da redenção mediante a identificação com a Igreja institucional. Na medida em que Maria, "cheia do Espírito Santo", é a primeira a estar com Deus, já teve acesso à herança de seu Filho garantida no Espírito e, desse modo, é sinal de sólida esperança na plenitude.

Em conclusão, a partir de uma hermenêutica pneumatológica da Trindade (4.3), deve-se empreender uma revisão da questão do *Filioque*, ecumenicamente sempre incômoda; além disso, na disputa teológica em torno da noção trinitária de pessoa, dever-se-á apontar uma saída pneumatológica.

2. Abordagens

2.1 Ação no Espírito

Observações metodológicas preliminares

Após um exame histórico-teológico dos esquemas pneumatológicos que a teologia protestante nos séculos XIX e XX produziu, no âmbito de suas reflexões histórico-teológicas sobre a pneumatologia, Folkart Wittekind chegou à visão bem fundamentada e digna de consenso "de que uma teoria do Espírito Santo deveria ser compreendida como descrição de processos de interpretação conscientes na vida humana".[1]

Com o postulado, ele vai ao encontro da crescente "crítica ao pretenso intelectualismo dos grandes modelos dogmáticos" (64), a qual mostra "até que ponto a dogmática teológica no século XX [sic!] ocupou o lugar das expressões religiosas" (65). Enquanto isso, "a diferença entre reflexão teológica sobre a religião e a representação e linguagem religiosas teria sido levada ao desaparecimento" (65s).

Por outro lado, convém diferenciar: "A teologia não é, ela mesma, religião. [...] A religião é, antes, modo de articulação linguística da autointerpretação de pessoas. [...] A tarefa da teologia dogmática seria,

---

[1] F. Wittekind, Theologiegeschichtliche Überlegungen zur Pneumatologie, in: C. Danz, M. Murrmann-Kahl (ed.), Geistvergessenheit, 13-67, 63s. As indicações de páginas que aparecem entre parênteses no texto referem-se a este artigo.

pois, tornar límpido esse narrar da religião, estruturado de tal modo que, na teologia, os conteúdos desse narrar possam ser reconstruídos como descrições do produzir evidências religiosas no processo de comunicação religiosa" (66). Por conseguinte, para Wittekind, o Espírito Santo age como "instância de autodescrição da linguagem religiosa (neste caso: cristã) em oposição a outras linguagens interpretativas do mundo" (67).

Diferenciando-se dos sistemas teológicos especulativos, que Wittkend desconstrói como "narrativas da realidade mundial" (54), as quais alegam, "para seu conteúdo, a mais ampla universalidade possível", mas que, no processo, não refletem diretamente "a perda geral de reconhecimento" da teologia, razão por que se poderia descrever "esta forma de teologia como compensação pela perda da prerrogativa de interpretação" (54), ele reabilita a prática contingente, contemporânea e culturalmente condicionada. Em contraposição a esta, estaria sob suspeita de ideologia toda e qualquer pretensão da teoria de, "na própria altivez, determinar" a verdadeira, autêntica, profunda realidade etc. (54). Sob o primado da prática, em uma sociedade plural, que "a possível vivência de evidências religiosas seja [é] um processo autocriador na narrativa dos conteúdos da respectiva religião, determinados e marcados culturalmente" (66).

Com Ernst Troeltsch, é pertinente ver o campo da história "não simplesmente como campo da recepção da identidade preexistente. [...] Com efeito, toda forma de existência histórica inclui sempre também o momento da renovação, da transformação, da própria transcrição [...]. Existência histórica — também na fé — só é, pois, compreendida quando não é interpretada como dependência receptiva, mas quando se torna, ela própria, consciente de sua produtividade" (44s). Para Troeltsch, o Espírito Santo seria "a força produtiva do trabalho transformador na memória, o que, de fato, primeiramente faz da tradição de Jesus uma tradição religiosa" (45). No entanto, conforme Wittekind, a transformação não é nenhum processo a ser interpretado histórico--metafisicamente como Troeltsch, mas, segundo Armin Nassehi, como um processo comunicativo (cf. 66). Com isso, Wittekind conservou metodologicamente a abordagem básica da experiência comunicável e levou adiante a reflexão do ponto de vista histórico. Ao mesmo tempo, abriu uma compreensão para diversas interpretações do Espírito, por exemplo, na teologia feminista ou também na teologia da libertação, na medida em que ele supera comunicativamente o modelo de apropriação meramente passivo, compreende o processo comunicativo como produtivo e, portanto, com uma formulação orientada para a ação.

A posição de Wittekind encontra correspondência em uma interpretação da relação entre dogmática e pastoral, sugerida pela Constituição Pastoral *Gaudium et spes*, do Concílio Vaticano II. De acordo com Hans-Joachim Sander, na Constituição Pastoral *Gaudium et spes*, "pastoral e dogmática da Igreja são colocadas em um novo relacionamento: elas não se encontram em nenhuma constelação de subordinação, mas em uma constelação interna-externa, e, em nenhuma explicação de um desses dois polos, um deve ser respectivamente excluído do outro. O respectivo exterior tem para o interior grau constitutivo, e, na diferença entre ambos, exclusões são expressamente superadas".[2] A dogmática não encontra a verdade da fé senão na forma histórica da ação eclesial. Ela está sujeita à pastoral. "Os desafios pastorais têm uma autoridade que determina a dogmática porque eles a colocam diante de questões e problemas dos quais só pode esquivar-se ao preço da verdade da fé", conforme Sander.[3]

Traçando um arco mais amplo, esta intuição encontra também sedimento na compreensão dogmática de Thomas Pröpper. Apesar de sua abordagem altamente sistemática, Pröpper compreende a dogmática a partir da prática da fé: "Na medida em que a teologia tematiza expressamente, explica metodicamente e defende argumentativamente a verdade praticamente alegada, por sua vez retroage de maneira orientadora, estimulante e crítica sobre a prática, da qual se origina" — assim descreveu ele o lugar e a tarefa da teologia sistemática.[4] E Jörg Dierken

---

[2] H.-J. Sander, Theologischer Kommentar zur Pastoralkonstitution über die Kirche in der Welt von heute – Gaudium et spes (HThK Vat II 4), Freiburg i. Br. 2005, 581-886, 687.
[3] Ibid. 688.
[4] Citado conforme S. Orth, Die Stunde der Theologie, in: HerKorr 69 (2015), 220-221, 220.

constatou oportunamente: "A teologia torna-se descrição das determinações da fé na perspectiva de suas realizações".[5]

Agora, no entanto, é importante, mais uma vez, fazer algumas distinções entre essas realizações práticas. Karl Rahner e Karl Barth, por exemplo, começaram pela autorrealização: o primeiro, pela do homem; o último, pela de Deus. A pluralidade do que é histórica e socialmente experimentável permaneceu alheia a ambas as abordagens. No caso da autorrealização da liberdade, a abordagem privilegiada por Thomas Pröpper também permanece, em princípio, alheia a tudo o que for preexistente. A abordagem da autorrealização social, considerada em profundidade principalmente por Johannes Heinrichs, esforça-se por incluir, na compreensão da prática, o diferente, ou melhor, o outro a quem se encontra no que é desconhecido.[6]

Se, no que se segue, se escolhe a abordagem da ação humana, é porque na execução da ação, no curso da ação, o si-mesmo e o outro estão envolvidos da mesma maneira. O decurso da ação, tal como aqui é compreendido, não exclui a autorrealização, mas a inclui; no entanto, no processo, não reduz a realidade comunicativa da ação às possibilidades do sujeito agente. A ação não é apenas uma prática. Ela é uma "realidade prática",[7] um acontecimento no qual se trata mais do que somente do atuar livre, fundamentado e motivado dos agentes. Como tal, desempenha papel decisivo para a pneumatologia prática.

Pneumatologia prática

Que a pneumatologia seja inicialmente e antes de tudo "pneumatologia prática" é um fato para o qual chamei a atenção mediante a

---

[5] J. Dierken, Immanente Transzendenzen. Gott als Geist in den Wechselverhältnissen des sozialen Lebens, in: C. Danz, M. Murrmann-Kahl (ed.), Zwischen Geistvergessenheit und Geistversessenheit, 235-250, 235.
[6] J. Heinrichs, Sinn und Intersubjektivität. Zur Vermittlung von transzendentalphilosophischem und dialogischem Denken in einer „transzendentalen Dialogik", in: ThPh 45 (1970), 161-191.
[7] I. U. Dalferth, Vertrauen und Hoffen. Orientierungsweisen im Glauben, in: ID., S. PENG-KELLER (ed.), Gottvertrauen. Die ökumenische Diskussion um die fiducia (QD 250), Freiburg i. Br. 2012, 406-434, 410.

já antes mencionada contribuição de Reinhard Feiter, do ano 2006.[8] Feiter defendeu essa posição apoiando-se nas reflexões do especialista em ética social Johannes Fischer, de Zurique. Este trabalhou o tema do esquecimento de Deus na ação, fundamentou a ética como dimensão do Espírito[9] e abriu fenomenologicamente um acesso a uma compreensão pneumatológica da realidade da ação.

A teologia sistemática, no entanto, até hoje, mal parece ter prestado atenção à sua abordagem. Consequentemente, também não a seguiu, à exceção da formulação de Feiter e da obra de Lukas Ohly, publicada recentemente, mas que deve ser vista de modo crítico.[10]

Fischer, por sua vez, na formulação de sua posição, presumivelmente se deixou conduzir por um questionamento teológico-sistemático. A exemplo da compreensão de Wolfhart Pannenberg da revelação como história, em uma publicação anterior ele indaga *como* a história poderia ser compreendida como ação de Deus. A esta indagação quis ele dar uma resposta própria. Resultou diferente daquela que Pannenberg havia dado. A posição deste pode ser caracterizada através dos momentos da mediatização da autorrevelação de Deus e sua confirmação na história. A posição de Fischer é determinada pelo momento da apreensível presença do Espírito na ação humana, presença que não deve ser compreendida ontológica, mas comunicativamente.[11] No processo, como pano de fundo tem-se a questão da unidade entre vida e ação. Fischer

---

[8] R. Feiter, Praktische Pneumatologie.
[9] Cf. J. Fischer, Leben aus dem Geist. Zur Grundlegung christlicher Ethik, Zürich 1994; ID., Theologische Ethik. Grundwissen und Orientierung (Forum Systematik, 11), Stuttgart – Berlin – Köln 2002. Contudo, a questão da fundamentação da ética como ética de uma vida determinada pelo Espírito não está no centro de minha percepção. Ela restringe-se à "fenomenologia do Espírito" em Fischer. A propósito da fundamentação pneumatológica da ética, cf. G. Holotik, Pneumatologie, Spiritualität und christliche Verantwortung. Ausgewählte Schriften (Ethik – Gesetz – Moral – Recht, 1), publicado por J. Hagel, J. Kandler e A. M. Weiß, St. Ottilien 2010.
[10] L. Ohly, Anwesenheit und Anerkennung. Ohly compreende ontologicamente a formulação de Fischer. Em minha interpretação, não posso seguir por essa via. A realidade da ação é especificada comunicativamente por Fischer.
[11] J. Fischer, Wie wird Geschichte als Handeln Gottes offenbar? Zur Bedeutung der Anwesenheit Gottes im Offenbarungsgeschehen, in: ZThK 88 (1991), 211-231, 213. Cf. ID., Leben aus dem Geist, 157: "A questão em torno do Espírito e do contexto de comunicação, através do qual nos deixamos determinar no conhecimento da realidade, tem primazia sobre a pergunta pela realidade".

interessa-se pela fundamentação da ética como ética determinada pelo Espírito.[12]

Em sua preleção inaugural em Zurique, a qual Reinhard Feiter coligiu como texto de referência, Fischer defendeu a concepção de que o Espírito seria identificável na ação concreta como a diretividade desta.

O Espírito é o que *em* [o grifo é meu] uma ação ou comportamento aparece como a diretividade deles. Nesse sentido, também podemos, em uma linguagem secular, falar do espírito amigável de um diálogo ou de um encontro. Em perspectiva teológica, dir-se-ia com mais precisão: o espírito é o que direciona a ação ou o comportamento.[13]

Visto que essa diretividade é imanente à ação, Fischer denomina-a "diretividade cênica".[14] Segundo ele, um comportamento não poderia ser satisfatoriamente explicado se fosse interrogado apenas por causa das razões e dos motivos dos agentes. Por certo, essa perspectiva seria indispensável a fim de qualificar absolutamente um acontecimento como ação humana e não como incidente natural; com isso, porém, a realidade da ação, isto é, o caráter do acontecimento da ação não seria suficientemente captado.

Especificamente, na compreensão da realidade da ação, o senso comum moderno oculta a dimensão emocional de uma ação mediante a diferenciação entre razão e sentimento, na medida em que se afirma que uma ação só pode ser explicada por razões e motivos racionais. Demais, diferencia-se entre interior e exterior, mediante o que a realidade da ação é explicada através do que está por trás dela, portanto, fora do acontecimento. Em terceiro lugar, distingue-se entre ação e auto-ocorrência. Desse modo, obstrui-se a intuição em torno da espontaneidade de uma situação de ação porque esta, em primeiro lugar, poderia aparecer a partir do caráter de evento da ação.[15]

---

[12] Cf. J. Fischer, Leben aus dem Geist, 12.
[13] J. Fischer, Humanität aus Glaube, Hoffnung, Liebe. Überlegungen zur Konzeption einer evangelischen Sozialethik im Anschluss an Arthur Rich, in: ThZ 56 (2000), 149-164, 158s.
[14] Ibid. 159.
[15] Cf. R. Feiter, Praktische Pneumatologie, 333.

Em todos os três pontos, a crítica parece justificada, porque ela torna patente reducionismos no conceito de ação da modernidade. Ela expande ao mesmo tempo a visão da realidade da ação e possibilita compreender a justiça a partir do acontecimento da ação. A realidade da ação, de fato, não deveria ser explicada unicamente segundo o modelo de atribuição causal de motivos racionais existentes fora dela; além disso, deveria ser compreendida "mediante identificação daquilo que nela está determinantemente presente".[16]

Aquilo que estaria determinantemente presente *em* uma ação "não está limitado ao 'interior' do agente, mas aparece em todos os aspectos da ação, especialmente, portanto, também em sua realização externa [sic!]" (156); seria, portanto, identificável. Conforme Fischer, em um gesto de ternura, por exemplo, permite-se fazer a leitura de que a realização de uma ação aconteceria carinhosamente; a ação, portanto, traria em si o espírito do amor e seria orientado por ele. Com um segundo exemplo, ele evoca o arremesso de objetos como manifestação de raiva. "As ações aparecem aqui imediatamente determinadas pelo que nelas se expressa" (156). De igual maneira, poder-se-iam citar exemplos para as manifestações de alegria ou de medo, de tristeza ou de esperança, as quais expressam a diretividade cênica de uma ação — alegre, receosa, triste ou esperançosa —, tematizada com estes conceitos.

Além da explicação mediante a causalidade, surge, portanto, a explicação por meio da identificação, que seria mal compreendida se fosse novamente atribuída à causalidade. Fischer não reivindica causativamente o amor e a raiva como motivos para uma ação, mas "como uma diretividade que se manifesta na própria ação" (157). Essa diretividade é perceptível e comunicável. Na perspectiva pela qual é identificada, o agente não aparece primariamente no papel de originador de uma ação. Ele é visto como meio para algo que acontece através dele. Expressões como "alguém está fora de si de raiva" indicam o que se quer dizer. Para Fischer, as realidades da ação não são, portanto, apenas causais,

---

[16] J. Fischer, Humanität aus Glaube, Hoffnung, Liebe, 156. As indicações de páginas que aparecem entre parênteses no texto referem-se a este artigo.

mas também determinadas pela diretividade que pode ser percebida na cena. E a essa diretividade cênica de uma ação Fischer chama de "Espírito". Se, por exemplo, a questão é uma mudança de opinião política que tenha acontecido no espírito de amizade, o estado de coisas intencionado é cenicamente descrito de forma exata.

Uma intuição-chave de Fischer é que o Espírito aparece em uma ação como identificável e comunicável. Fischer posiciona-se criticamente diante de pontos de vista que descrevem o Espírito apenas como sentimento interior. Ele expressa a suposição de que a tendência à internalização é corresponsável pelo esquecimento de Deus na teologia. Escreve: "a semântica-do-sentimento, em certa medida [sic!] tem reprimido ou sobrepujado a semântica-do-Espírito" (159). Poder-se-ia também formular que a semântica-do-sentimento apareceu no palco como o recente lugar do Espírito, depois que este foi enviado ao exílio pela teoria da ação e de ter começado a emigração para o interior. Na era moderna, pretendeu-se explicar a ação e o comportamento de forma unicamente causal, a partir de fundamentos racionais. Conforme Fischer, as dificuldades atuais de compreensão no discurso do Espírito são devido a isso.

Fischer liberta o Espírito da internalização. Para ele, o Espírito está na ação "caracterizado justamente pela independência causal" (159), e perceptível, identificável e comunicável como sua diretividade cênica. Assim, o espírito cristão do amor não é compreendido se for explicado unicamente como condicionado pela dignidade de ser amado daquele a quem se aplica a dedicação amorosa. Para um modelo unicamente causal, seria incompreensível como acontece o amor ao inimigo.

A determinação da diretividade cênica de uma ação por meio do modelo explicativo da identificação deve ser diferenciada da determinação de seu direcionamento para a meta e sua motivação, que são tematizadas no modelo de explicação causal. Ela abrange a orientação intuitiva da espontaneidade, que precede a causalidade, em uma determinada situação. "O Espírito tem a ver 'com uma postura da percepção intuitiva, que permite ainda ver nos fenômenos algo diferente do que neles é empiricamente constatável. Por conseguinte, na pessoa necessitada, o próximo'."[17] Isto é sinônimo de um "direcionamento da percepção intuitiva *para a estruturação simbólica da realidade da vida*".[18]

Reinhard Feiter observou elegantemente que tal direcionamento não significa apenas um expor-se-à-vista. Ele admite que a diretividade cênica da ação também determina o evento da comunicação: "'O espírito do amor não aparece apenas como amor, mas produz amor'",[19] como a "diretividade coalinhada envolvida na ação e em sua comunicação".[20] Talvez, por essa razão, a parábola do samaritano misericordioso não deixe indiferente ninguém que a lê ou ouve.

Em sua aula sobre "saudade", de 21 de dezembro de 2011, Johannes Fischer reformulou mais uma vez, retroativamente, seu projeto para uma "pneumatologia prática".[21] O desejo de compreender holisticamente a realidade da ação permaneceu. Contudo, em 2011, Fischer modificou ligeiramente a ênfase em relação a 1999. Naquele ano, conforme a interpretação de Feiter, a espontaneidade intuitiva teria determinado a diretividade cênica de uma ação. Doravante, Fischer, para quem, também no fim da atividade acadêmica de ensino, importa a prova da dimensão espiritual da realidade da ação, volta-se para o comportamento. O ponto de partida da teoria da ação é a intuição de que as ações "são construtos de compreensão. Isso significa que as ações não são apenas fatos empíricos no mundo, que existem independentemente de nosso entendimento sobre eles. Ao contrário, eles são algo que só é constituído no entendimento sobre eles".[22]

Discursos sobre razões e motivos de ações confluem para a compreensão das ações. Somente assim o contexto da realização de uma ação, sua realidade, é compreendido, mas não satisfatoriamente. Portanto, o discurso sobre razões não pode reivindicar nenhuma exclu-

---

[17] R. Feiter, Praktische Pneumatologie, 336.
[18] Ibid. 337. Grifo no original.
[19] J. FISCHER, citado cf. ibid.
[20] Ibid. 338.
[21] J. Fischer, Die religiöse Dimension der Moral als Thema der Ethik, in: http://profjohannesfischer.de/wp-content/uploads/2013/10/Religi%C3%B6se-Dimension-der-Moral1.pdf (10.02.2016). No que segue, interessa-me apenas a reelaboração da dimensão religiosa.
[22] Ibid. 5.

sividade para a explicação da realidade da ação. A situação da ação é, outrossim, marcada por disposições que explicam por que alguém, em determinada situação, comporta-se desta ou daquela maneira. Tendo-se em vista a ação como fenômeno de consumação, ou seja, como se realiza no momento de sua efetivação, então a postura do comportamento, mediante o qual as "relações especiais com as pessoas e com o ambiente são abertas ou fechadas", desempenha papel importante.[23]

Fenomenologicamente, é sensato que as atitudes comportamentais determinem a realidade da ação. O comportamento determina como caráter atmosférico a ação que, a partir daí, por exemplo, pode ser caracterizada como carinhosa ou, no entanto, como cética ou como indiferente. Na medida em que o comportamento é determinante para eu, em dada situação — Fischer, à guisa de exemplo, refere-se novamente à parábola do samaritano misericordioso —, considerar um estranho como meu próximo ou não, o ponto de vista genético do julgamento ético da situação precede logicamente à ação.

Segundo Fischer, de agora em diante, a dimensão espiritual de uma ação entra em jogo como firmeza adverbial do comportamento; em outras palavras, Fischer quer compreender como Espírito a "presença atmosférica do comportamento emocionalmente determinado".[24]

Mais uma vez, inicialmente, isso pode ser entendido de modo inteiramente profano, se, digamos, com o exemplo já apresentado, falarmos que uma mudança de opinião política se deu no espírito de amizade, de refugiados que foram acolhidos ou de competições esportivas feitas no espírito de lealdade. Nos exemplos, tematiza-se a dimensão atmosférica na qual uma ação acontece e mediante a qual ela é disponibilizada. Do mesmo modo, segundo Fischer, o Espírito divino manifesta-se em determinações adverbiais do comportamento: "O agir do Espírito de Deus se manifesta de uma maneira que tem sua articulação linguística em determinações adverbiais da realização humana da vida. Isto diferencia o 'Espírito do amor' (2Tm 1,7) de um sentimento da passiona-

---

[23] R. Feiter, Praktische Pneumatologie, 335.
[24] J. Fischer, Die religiöse Dimension der Moral als Thema der Ethik, 13.

lidade, que é presidido por uma pessoa".²⁵ O Espírito é compreendido como aquilo por que a ação humana é inteiramente permeada.

Em sua interpretação do Fischer anterior, Feiter havia conectado a diretividade cênica com a espontaneidade da ação. Vista assim, a ação mal seria controlada pelo agente, e o modelo de explicação causal poderia passar despercebido. Talvez por isso, em sua palestra de despedida, Fischer tenha-se referido à disposição que se manifesta na determinação adverbial do comportamento. O comportamento diferencia-se das ações pelo fato de que, para aquele, não se pode aventar nenhum motivo; deve ser, portanto, do ponto de vista causal, caracterizado como independente. Sua adverbial determinação pode ser refletida. O comportamento pode sofrer uma catarse e, nesse sentido, diferentemente da espontaneidade intuitiva, é inteiramente controlável e mutável pelo sujeito agente. Para a compreensão do Espírito como determinação adverbial identificável do comportamento na execução da ação, sua dimensão teológica pode ser compativelmente formulada:

> A presença atmosférica do bem e da atraente força motora para o bem, a qual resulta daí, é experimentada como uma realidade numinosa, ou seja, como presença do divino Espírito. A catarse, que acontece na presentificação pensante do bem, na qualidade de experiência espiritual, é atribuída à atuação dele. Para a tradição cristã, no entanto, o bem é contemplado em um acontecimento que é religiosamente interpretado como revelação de Deus na história e no anúncio de Jesus Cristo.²⁶

Neste modelo, o discernimento teologicamente necessário dos espíritos, bem como a classificação teológica ou, ainda, pneumatológica do Espírito em uma percepção "marcada por uma tradição religiosa e por uma interpretação reflexiva dessa dimensão [espiritual de uma ação; inclusão minha]".²⁷ Mais tarde se fará referência a isso mais uma vez.

O espírito de uma ação, e aqui o Fischer inicial e posterior devem ser entendidos sinteticamente *como diretividade cênica da ação mediante*

---

[25] Ibid. 15.
[26] Ibid. 20.
[27] Ibid. 1.

a adverbial determinação do comportamento, pode ser identificado em qualquer realidade de ação e, portanto, também pode ser considerado como determinante para toda realidade de ação. A diretividade cênica da ação mediante a adverbial determinação do comportamento é fundamental para a classificação da realidade de ação.

Pró-existência

O Espírito também pode referir-se à ação de uma pessoa em geral. Neste sentido, Fischer fala de uma "vida espiritualmente determinada".[28] De modo independente, mas correspondentemente ao tema, Heinz Schürmann trouxe a diretividade à síntese da pró-existência para a totalidade da ação de Jesus.[29] A pró-existência pode ser compreendida como a adverbial determinação do comportamento de Jesus, ou seja, de sua vida determinada espiritualmente. Por pró-existência, Schürmann entende a maneira fundamentalmente liberal da existência de Jesus como o "ser-para", que atingiu sua insuperabilidade na morte. A intenção de Schürmann de designar a maneira fundamental de Jesus com o conceito de pró-existência é caracterizada por Andreas Wollbold, referindo-se a uma informação confidencial do teólogo de Erfurt, com as seguintes palavras:

> No caso, ele se propôs nada menos do que superar o fosso entre o "senso comum" exegético, que vê em Jesus acima de tudo o anunciador do Reino de Deus, mas permanece cauteloso com declarações de salvação sobre sua pessoa, e o conteúdo soteriológico de sua morte e de sua ressurreição "para nós" na fé da Igreja. Com efeito, ele já reconhece a pró-existência como atitude fundamental do Jesus terreno: ela marca seu morrer (sim, sua doação consciente na morte) e é a razão última de sua exaltação. Por fim, por trás disso, ele intui a doação do Filho ao Pai.[30]

---

[28] J. Fischer, Leben aus dem Geist, 12.
[29] Cf. H. Schürmann, „Pro-Existenz" als christologischer Grundbegriff, in: ACra 17 (1985), 345-371. Ainda hoje o conceito serve de noção básica. W. Kasper, Der Begriff fungiert auch heute noch als Grundbegriff. W. Kasper hat ihn jüngst aufgegriffen: W. Kasper, Barmherzigkeit. Grundbegriff des Evangeliums – Schlüssel des christlichen Lebens, Freiburg i. Br. 52015, 77-82.
[30] A. Wollbold, Aus Proexistenz leben. In Memoriam Heinz Schürmann (1913-1999), in: GuL 73 (2000), 225 232, 228, citado conforme: gul.echter.de/component/.../3711-73-2000-3-225-232-wollbold-0.html (10.11.2015).

Em torno desta identificação, por mais ousada que possa ser do ponto de vista exegético, Schürmann encontrou consenso esmagador. Com ela, poder-se-ia dizer com Fischer, ele nomeou a dimensão espiritual da ação *e* do destino de Jesus, que agiu segundo determinado Espírito e neste Espírito suportou seu destino.

Da *pró-existência* de Jesus para a *pró-existência* dos apóstolos é certamente um passo adiante, do qual Wollbold, na citação em destaque, já não tratou especificamente; o passo no qual, como já pôde ser constatado anteriormente, em conexão com Otto A. Dilschneider, o Espírito Santo é, mais uma vez, indispensável. Conforme já foi explanado, em seu famoso artigo sobre o esquecimento de Deus na teologia,[31] Dilschneider já havia respondido pneumatologicamente ao questionamento sobre a continuidade entre o Jesus histórico e o Cristo querigmático. Ele identificou o Espírito Santo como o *continuum* que une os dois no testemunho do Anunciador em uma "identidade pneumática".[32] Sua tese já citada pode, doravante, ser colocada em novo contexto, o da diretividade coalinhada que determina a comunicação. Dilschneider havia formulado: "O *continuum* do Espírito é que une o Jesus histórico e o Cristo querigmático no testemunho do Anunciador, e unifica de tal modo que, no Anunciador, o próprio Cristo testemunha".[33] Por conseguinte, o *continuum* do Espírito pode ser determinado como diretividade coalinhada. Segundo Paulo, através do Espírito de Deus que torna os fiéis, juntamente com o Filho, herdeiros da vida eterna (cf. Rm 8,14), a pró-existência pode tornar-se in-existência comunicativa das discípulas e dos discípulos de Jesus quando falam de Jesus como Senhor (1Cor 12,3), e esta disposição determina o anúncio e a ação deles. De acordo com Hildegard Scherer, esta diretividade coalinhada, ou seja, a recepção do Espírito, vale como "condição mínima para o operar do Espírito em um membro da comunidade".[34]

---

[31] Cf. O. A. Dilschneider, Die Geistvergessenheit der Theologie.
[32] Ibid. 263.
[33] Ibid. 264.
[34] H. Scherer, Geistreiche Argumente, 254. As indicações de páginas que aparecem entre parênteses no texto referem-se a esta obra.

Ao mesmo tempo, o "reconhecimento do crucificado como Senhor" (254), que confere expressão à "evidência da recepção do Espírito" (252), funciona como "identity marker" ["marcador de identidade"] que, acima das fronteiras sociais e religiosas vigentes, pode integrar pessoas em um novo grupo" (258) no qual a recepção do único Espírito empresta aos membros do grupo um status igualitário.

Por conseguinte, está em debate a in-existência do espírito da pró-existência na vida dos fiéis, seja nas ações, seja nos textos, seja na determinação de seu comportamento. Esta in-existência não é nenhum conteúdo; ela indica, antes, uma disposição.³⁵ Como determinação adverbial do comportamento, ela pode ser identificada na ação como sua diretividade cênica coalinhada.

Asseguramento teológico a respeito do lugar de uma pneumatologia prática

Caso a ação seja identificada como o lugar do Espírito e, com essa fundamentação, escolhida como ponto de partida para a pneumatologia, com isso fica igualmente dito que a pneumatologia conquistou nova autonomia em relação à localização na teologia trinitária. Teologicamente, portanto, compreende-se que no Iluminismo e no Idealismo alemão se tenha refletido sobre o Espírito de uma maneira tal que, mesmo quando o discurso era em torno do Espírito absoluto, este não era necessariamente entendido de modo teológico-trinitário. Sim, mais ainda: o Espírito, compreendido como diretividade cênica de uma ação, presumivelmente ainda não podia, via de regra, nem sequer primariamente ser denominado divino. Do ponto de vista teológico, entende-se que, desde o começo do século XX, a espiritualidade se tenha progressivamente livrado da tutela da teologia.³⁶

Discursos atuais incluem também uma compreensão ateia da espiritualidade. O Espírito é discutido sem Deus. Em torno da noção

---

[35] Se entendo bem, J. B. Metz denota isto com a noção de "capacidade de compadecer-se", em que a "capacidade de compadecer-se" fundamenta-se na "paixão de Deus". Conseguintemente, ele permanece no plano da motivação e não chega ao plano da ação. Cf. J. B. Metz, Passion und Passionen, in: id., Armut im Geiste / Passion und Passionen, Münster 2007, 63-78, 69.
[36] Cf. H.-J. Höhn, Auf der Suche nach dem ‚wahren' Ich. Erkundungen in säkularen und religiösen Szenen, in: IKaZ Communio 45 (2016), 288-298.

de *spiritual care* ["cuidado espiritual"], abrem-se novos mercados, por exemplo, no âmbito da saúde e da assistência, mediante os quais a oferta de prestações de serviços que antigamente pertenciam às competências centrais da Igreja passa para novos provedores. Hoje, praticamente não se parte de uma localização evidente da pneumatologia na Igreja, na Trindade ou na doutrina sobre Deus.

É escusado dizer que uma compreensão intraeclesial do discernimento dos espíritos perante estes desdobramentos é insuficiente e só pode ser considerada ingênua. O discernimento dos espíritos só pode estar relacionado à questão de verificar se o referido Espírito provém de Deus. O que há de singular na ação cristã não é fazer com que se conte absolutamente com a dimensão do Espírito, mas consiste na singularidade do Espírito com quem se conta.[37]

A fim de poder determinar a singularidade do Espírito, com o qual a ação cristã conta, o impulso para uma pneumatologia prática, dado por Fischer e transmitido e levado adiante por Feiter, deve ser pensado teológico-sistematicamente até o fim no que se segue. Além disso, investigarei ações executadas nas quais os agentes se referem explicitamente ao Espírito de Deus e que somente no Espírito de Deus podem ser realizadas; com outras palavras, aquelas que implicam a percepção da fidelidade de Deus. Estas disposições, que determinam as realidades da ação, num primeiro passo devem ser identificadas; depois, em um segundo passo, devem ser discutidas dentro das tradições religiosas que entraram nas realidades da ação e, por fim, em um passo reflexivo posterior, deve ser considerado pneumatologicamente o que é específico do Espírito.[38]

---

[37] A formulação reclina-se estreitamente à formulação de Fischer: "O especial da ética cristã não consiste em fazer com que ela conte absolutamente com a dimensão do Espírito, mas reside na singularidade do Espírito com quem ela conta". J. Fischer, Leben aus dem Geist, 150.
[38] Ibid. 1.

2.2 O Espírito na ação

Observação metodológica

Em conexão com a descrição do Espírito como momento da disposição ou diretividade, identificável e determinante da realidade da ação, a seguir se trata, portanto, de ações realizadas com as quais os agentes, embebidos de tradições religiosas, referem-se explicitamente ao Espírito de Deus e que, por essa razão, só podem ser adequadamente refletidas como tendo sido realizadas no Espírito de Deus; ações realizadas, portanto, nas quais se pressupõe a fidelidade de Deus, perceptível mediante a diretividade da ação.

A perspectiva da pesquisa motivada teológico-sistematicamente deve ser diferençada de uma mediante a qual as ações são investigadas como consequência causal da obra do Espírito. Conforme o axioma trinitário-teológico da indivisibilidade da ação divina, a primeira só poderia atribuir ao Espírito Santo a causalidade eficiente. Ademais, conforme a perspectiva de pesquisa aqui escolhida, ele não procede como se a atividade de Deus despertasse a atividade do ser humano, como também não de tal modo que a atividade de Deus condenasse o ser humano à passividade, mas de maneira que, na atividade observável do ser humano, o Espírito Santo deva ser identificado como aquele que a põe em andamento. Segundo a pressuposição ligada a isso, uma realidade de ação só pode ser convenientemente compreendida quando é fundamentada como atividade humana e, ao mesmo tempo, orientada pela recepção do Espírito Santo que se autocomunica. Neste sentido, a afirmação contida no início da Constituição Pastoral *Gaudium et spes*, segundo a qual "as alegrias e as esperanças, as tristezas e as angústias dos homens de hoje, sobretudo dos pobres e de todos aqueles que sofrem, são também as alegrias e as esperanças, as tristezas e as angústias dos discípulos de Cristo", e que "não há realidade alguma verdadeiramente humana que não encontre eco no seu coração",[39] pode ser com-

---

[39] Concílio Vaticano II, Constitutio pastoralis de Ecclesia in mundo huius temporis Gaudium et spes de 7 de dezembro de 1965, in: AAS 58 (1966), 1025-1115, dt. in: http://www.vatican.

preendida não apenas como dever moral, mas como realidade de ação determinada pelo Espírito, ou seja, pneumatologicamente.

À guisa de exemplo e sem nenhuma pretensão de exaustividade,[40] devem-se investigar quatro diferentes realidades de ação quanto ao conteúdo pneumatológico e relevância para o agir humano: a epiclese, a parrésia, o louvor e a encenação estética da apreensibilidade como experiência humana total.

A escolha das experiências de ação não é totalmente casual. Ela orienta-se pelo Credo de Niceia e de Constantinopla, que em sua redação grega é comum a todas as Igrejas. No ano 381, o Concílio de Constantinopla inseriu no Credo do Concílio de Niceia (325) o artigo sobre o Espírito Santo e, no processo, referiu-se à realidade da ação da prática religiosa. O Espírito Santo é testemunhado como aquele que, "com o Pai e com o Filho, é *adorado* e *glorificado*: Ele que *falou* pelos profetas".

A invocação do Espírito Santo, ou seja, de Deus, para o envio do Espírito Santo na oração tematiza a epiclese; a glorificação do Espírito Santo juntamente com o Pai e o Filho, a doxologia. A parrésia é tematizada pela fala sincera dos profetas como discurso que implica tanto a apreensibilidade totalmente humana do Espírito que se exprime na encenação estética quanto a certeza da verdade escatológica.

No entanto, outra escolha também teria sido também pensável. Assim, Edmund Arens, na esteira de Helmut Peukert, para quem a fé é uma prática "que, como prática, portanto, na ação comunicativa concreta, afirma Deus para os outros e busca provar essa afirmação

---

va/archive/hist_councils/ii_vatican_council/documents/vat-ii_const_19651207_gaudium-et-spes_ge.html (08.04.2013), Nr. 1.

[40] Lukas Ohly, que em sua pneumatologia franqueou uma abordagem fenomenológica do Espírito Santo tomando por base o fenômeno do reconhecimento, distingue entre formas expressivas e reflexivas na referência humana ao Espírito Santo. Entre as formas expressivas ele enumera as curas no Espírito, a liturgia, a iconografia e o princípio protestante da Escritura; entre as reflexivas, fé nos espíritos, inspirações, experiências de conversão e educação religiosa. Cf. L. Ohly, Anwesenheit und Anerkennung, 44-66. O modelo aqui apresentado diferencia-se do de Ohly nisso que não se recorre à compreensão heideggeriana do ser como "estar presente". Em seu lugar, entra a compreensão bíblica da fidelidade. Em vez das categorias ontológicas da presença e do reconhecimento, no presente esquema usam-se as categorias histórico-teológicas da fidelidade e da misericórdia.

na ação",[41] menciona sete formas de prática religioso-comunicativa "que abrem dimensões indispensáveis para a vida e para o convívio humano":[42]

1) o narrar, "porque a religião vive e é transmitida nessas histórias"
2) o lembrar, especialmente a *memoria passionais* (J. B. Metz), na qual se faz memória do sacrifício de Cristo e das vítimas da história
3) o celebrar (litúrgico), no qual se atualiza a ação de Deus
4) o anunciar, no qual se transmite aos destinatários a boa-nova da fé
5) o testemunhar, que "une uma autorreferência a uma referência factual", mediante a qual a testemunha pode ser vista como "portadora da tradição de uma revelação pessoal"
6) o confessar, que verbaliza a fé
7) o partilhar ou a diaconia, que podem ser caracterizados pela compaixão, misericórdia e solidariedade.[43]

Presumivelmente, apelando-se para as realidades de ação mencionadas por Arens, chegar-se-ia a um resultado semelhante ao que se conseguiu a seguir, ou seja, que estas realidades de ação são determinadas em sua diretividade e que elas não poderiam ser compreendidas sem uma análise acurada da singularidade do Espírito que nelas pode ser identificada. Até aqui, a decisão de começar pela epiclese, pela parrésia, pela doxologia e pela encenação estética da apreensibilidade inclui um momento voluntário que, no entanto, não deveria ter nenhuma influência sobre a validade do resultado.

A decisão de começar pelas realizações de ações humanas, salientando a afirmação do dogmatismo do Espírito nelas implícita e, em seguida, tomando por base a autocomunicação de Deus no Espírito, testemunhada biblicamente e transmitida eclesialmente, continuar a determiná-la até chegar ao específico do Espírito Santo, não está privada

---

[41] H. Peukert, Wissenschaftstheorie – Handlungstheorie – Fundamentale Theologie. Analysen zu Ansatz und Status theologischer Theoriebildung (edições Suhrkamp, livro de bolso 231), Frankfurt a.M. 32009, 311, citado conforme E. Arens, Von der Instruktion zur Interaktion. Zum Paradigmenwechsel der Glaubenskommunikation in moderner Kultur, in: ThPQ 164 (2016), 169-180, 177.
[42] Ibid.
[43] Ibid. 177-179.

de exemplo na história da teologia. O modo de proceder orienta-se por um caminho que já foi percorrido no século IV por Basílio de Cesareia, quando fundamentou a pneumatologia de maneira sistemático-teológica. Na polêmica do arcebispo de Cesareia, na Capadócia, com o bispo de Icônio, Anfilóquio, sobre o Espírito Santo, Basílio parte da prática da ação dos fiéis, da doxologia, isto é, da fórmula batismal trinitária usada liturgicamente, a fim de determinar a glorificação do Espírito e sua importância econômico-salvífica. Na Igreja antiga, Gregório Nazianzeno e Dídimo, o Cego, seguiram outros caminhos para a fundamentação da pneumatologia. Contudo, os aspectos por eles salientados podem ser integrados no procedimento de Basílio.

Gregório e Dídimo têm em comum o fato de ambos partirem do nome divino. O primeiro mencionado, em um quinto de seu discurso teológico, volta-se para seu conteúdo nocional; Dídimo mostra-se preferencialmente interessado na atividade do Espírito descrita biblicamente, de modo especial na dupla obra lucana; ou seja, que nós o recebemos, somos santificados por meio dele, somos aperfeiçoados por ele etc. Tal atividade é deduzida por ele, do ponto de vista teológico-sistemático, mediante a ideia de participação. A presença viva, santificadora e aperfeiçoadora do Espírito, denominável e identificável tomando-se por base as afirmações bíblicas e descrita por Dídimo mediante a categoria ontológica da participação, tornará acessível uma pneumatologia prática a partir daqueles a quem ela se aplica e por aqueles que a ela apelam no contexto da realização da epiclese, do louvor, da parrésia e da encenação estética da apreensibilidade.

Depois dessas observações preliminares, a primeira das mencionadas realidades de ação, a epiclese, pode ser agora investigada de modo mais preciso. A importância da epiclese — invocação, ou seja, o chamar para vir abaixo do Espírito — é frequentemente subestimada. Contudo, ela é de importância fundamental para compreender a presença divina na ação da Igreja, é essencial para a compreensão da presença divina no batismo bem como nos demais sacramentos. Ela é decisiva para o entendimento da fé na ressurreição e na vida eterna. Somente a partir da realidade da ação da epiclese é que a Igreja, o ser-cristão e a esperança escatológica podem ser identificados como presença de Deus no Espírito, ou seja, como determinados pelo Espírito. Unicamente a partir desta realidade de ação pode o Espírito ser identificado como *vivificador* e *santo*, ou seja, como pessoa divina. Por essa razão ela aparece aqui em primeiro lugar.

2.2.1 EPICLESE

A fim de salientar a cotidianidade da existência cristã perante elites espirituais, em uma conferência proferida em 1976, na Academia Católica da Baviera, Karl Rahner caracterizou o Espírito Santo como uma experiência que "todo ser humano pode fazer e invocar".[44] A formulação soa estranha. A expressão "fazer experiências" é corrente. Invocar o Espírito também se conhece como expressão estabelecida. Mas invocar uma experiência? Isso parece ser invulgar, quando não impossível. Talvez se deva, no entanto, distinguir mais fortemente o que Rahner abertamente fez neste lugar ou considerou necessário, a quem, de outra forma, dificilmente se pode censurar por falta de capacidade de diferenciação.

Invocar pressupõe um destinatário. Uma experiência não pode ser invocada, porque uma experiência não tem endereço. Só se pode invocar um destinatário. Deus ou o Espírito de Deus são teologicamente concebíveis como destinatários de uma invocação, diferentemente da experiência, a que se pode, no máximo, fazer referência. Neste sentido, "Deus" é um vocativo antes mesmo que possa ser declarado como nominativo.

A epiclese como forma básica do agir cristão

Justamente aquela invocação com a qual as pessoas se dirigem a Deus como Senhor ou Espírito Santo é designada por epiclese, um termo técnico antigo, emprestado do grego e teologicamente bem introduzido.

---

[44] K. Rahner, Erfahrung des Heiligen Geistes, in: STh XIII, 226-251, 231.

Como possibilidade de ação, a epiclese não é nenhum privilégio de determinado grupo de pessoas. Todo ser humano pode, em todo tempo e por toda parte, invocar o Espírito de Deus ou o Senhor Deus em seu Espírito.[45] Até mesmo Karl Barth, que é cético em relação ao agir salvífico humano, considerou isso possível. Ele fala de uma "ética da invocação",[46] a fim de exprimir que ele vê "a epiclese como a forma básica da ação cristã e a epiclese como forma da atividade humana que nos é permitida e oferecida".[47]

A epiclese, como invocação, isto é, como o chamar para vir abaixo de Deus ou do Espírito de Deus, mantém aberta a possibilidade da experiência do Espírito. Além disso, sob forma de uma oração, mediante a qual o invocador procede diante do destinatário de sua invocação, ela realiza experiência do Espírito, à qual todos os que invocam Deus como Senhor, conforme a tradição bíblica, podem referir-se, pois "o sopro da vida divina, o Espírito Santo, exprime-se e faz-se ouvir, da forma mais simples e comum, na oração".[48] Esta perceptibilidade pode ser compreendida como a confiança — identificável na invocação e que lhe confere direção — na presença salvífica de Deus, biblicamente prometida: "Todo aquele que invocar o nome de Iahweh será salvo" (Jl 3,5; Rm 10,13). No entanto, a invocação "não é condição geradora para o dom de Deus; este já foi dado [...]. A enunciação do pedido pelo que já foi sempre dado simplesmente abre os suplicantes a esse dom, torna-o

---

[45] A propósito do destinatário da oração, cf. P. Walter, Das Gebet zum Heiligen Geist und der in uns betende Heilige Geist. Gedanken zu einer am biblischen und liturgischen Zeugnis orientierten Trinitätstheologie, in: P. Müller, H. Windisch (ed.), Seelsorge in der Kraft des Heiligen Geistes. FS für Weihbischof Paul Wehrle, Freiburg i. Br. 2005, 227-244.
[46] K. Barth, Das christliche Leben (KD IV,4), in: id., Gesamtausgabe, vol. 7: II. Akademische Werke 1959-1961, ed. por H.-A. Drewes e E. Jüngel, Zürich 21976, 136ss., esp. 166ss.
[47] H. J. Held, Kirchen mit ihrer Geschichte im theologischen Gespräch, in: Id., K. Schwarz (ed.), Das Wirken des Heiligen Geistes in der Erfahrung der Kirche. Das Wirken des Heiligen Geistes in der Erfahrung der Kirche ["A ação do Espírito Santo na experiência da Igreja"]. Oitavo diálogo teológico bilateral entre o Patriarcado Ecumênico de Constantinopla e a Igreja Evangélica na Alemanha, de 28 de setembro a 7 de outubro de 1987, em Hohenwart; Leben aus der Kraft des Heiligen Geistes ["Vida que brota do poder do Espírito Santo"]. Nono diálogo teológico bilateral entre o Patriarcado Ecumênico de Constantinopla e a Igreja Evangélica na Alemanha, de 26 de maio a 4 de junho de 1990, em Creta (Ev. Kirche in Deutschland, Kirchenamt, Studienheft 21), Hermannsburg 1995, 7-23, 15.
[48] Papa João Paulo II, Carta Encíclica *Dominum et vivificantem*, 65.

acessível a eles".[49] Toda invocação de Deus tematiza a biblicamente assegurada certeza em sua presença salvífica. Nela alega-se uma experiência espiritual à moda da confiança biblicamente fundamentada, que é constitutiva para a oração epiclética em sua dimensão cúltico-ritual[50] e ético-existencial.[51] Em ambas as dimensões, a invocação epiclética atualiza a experiência do Espírito como confiança na presença salvífica de Deus.

Na execução, a epiclese tematiza a questão em torno da qual a presença de Deus é certa. Deus, o Senhor, é indiscutível em sua presença primeiramente como destinatário, pois pode ser imediatamente invocado. Em segundo lugar, Deus encontra-se na invocação como uma contraparte que se antecipa incondicionalmente ao invocador mediante a promessa e nisso permanece indisponível. Quem se dirige a Deus com uma "oração de súplica" (L. Lies), em seu coração o Espírito de Deus já encontrou inteiramente ressonância (Rm 5,5). Em terceiro lugar, o atendimento da invocação é biblicamente assegurado (Mt 7,7s; Lc 11,9s). Para este propósito, apela-se para a fidelidade de Deus à sua promessa. O orante, epicleticamente disposto, pressupõe a confiança na fidelidade de Deus à sua promessa, que conduz à ação. O Deus que se mostrou fiel na história abre para as pessoas um futuro em sua presença (Ex 3,12; Jr 1,8).[52] Sem esta pressuposição, o rezar epicleticamente disposto seria absurdo. A certeza do atendimento representa a forma de

---

[49] Assim, K. Wenzel, Kritik – Imagination – Offenbarung. Zur theologischen Hermeneutik nach Paul Ricoeur (1913-2005), in: ThPh 88 (2013), 560-574, 565.
[50] Para a importância dos ritos: O. Fuchs, Sakramente – immer gratis, nie umsonst, Würzburg 2015, 11-48. B. Stollberg-Rilinger, Rituale in historischer Perspektive, in: ThPQ 164 (2016), 115-122, aqui 115-117, define e caracteriza os rituais da seguinte maneira: "Um ritual é uma ação coletiva (1) que é *repetida* de maneira semelhante regular ou ocasionalmente e cuja forma exterior é *normatizada*. Rituais são (2) *eficazes* no sentido de que operam uma mudança — social, política, espiritual e assim por diante [...]". Eles produzem "os discernimentos que são importantes em uma sociedade e engajam nisso os participantes. A fim de que isso aconteça, os rituais devem (3) ter um *caráter de apresentação* [...]". "Por fim, rituais (4) são *simbólicos* [e] [...] criam [...] estrutura e permanência [...]".
[51] B. Stubenrauch, Pneumatologie, 139.
[52] Cf. T. Pröpper, Theologische Anthropologie I, 60s., que escolheu como ponto de partida para sua antropologia teológica a estranha resposta de Deus "Eu estarei contigo" à pergunta de Moisés pela identidade "Quem sou eu para fazer sair do Egito os israelitas?".

realização da fidelidade de Deus à sua promessa. Ambos os momentos, no entanto, ainda devem ser descritos mais detalhadamente.

Em primeiro lugar, a certeza que é epicleticamente alegada não é nenhuma que seria alcançada de modo que as dúvidas desaparecessem. É uma certeza (*certitudo*) que não pode ser explicada pelo paradigma da segurança (*securitas*). A segurança elimina aquela confiança que está em jogo na certeza do atendimento. A certeza buscada é — e retomo, mais uma vez, a já citada formulação de Gerhard Sauter —, em conexão com a esperança, confiança que se realiza no livre assentimento a uma realidade "que já se antecipou a todas as nossas questões e provas".[53] Este ato de consentimento está implícito na oração epiclética. Na medida em que não se pode falar de uma certeza de Deus fora da epiclese, a mais elevada forma histórica da certeza de Deus é epiclética.[54] Em segundo lugar, o atendimento do pedido epiclético pela presença de Deus está biblicamente asseverado como promessa de Deus. Esta promessa encontra sua manifestação do Primeiro Testamento na revelação do nome de Deus no livro do Êxodo (Ex 3,14). No Novo Testamento, encontra sua manifestação na teologia de Paulo, para quem o dom do Espírito significa vocação à filiação, à herança e à amizade (cf. Rm 8,16s).

Com a partida de Cristo e com o envio do Espírito, os fiéis são constituídos co-herdeiros de Cristo, conforme o testemunho bíblico. O Espírito Santo, como o Espírito que vivifica e concede participação na vida eterna de Deus, garante esta herança. Ele conduz à verdade de que o crucificado foi ressuscitado por Deus; com outras palavras, Deus provou sua fidelidade àquele que, aos olhos das pessoas, foi um fracassado. "O Espírito Santo é a primeira participação na herança que devemos receber, a redenção, mediante a qual nos tornamos propriedade de Deus para o seu louvor e glória", assim se expressa o autor da Carta aos Efésios (Ef 1,14). O dom do Espírito, segundo Paulo, consiste na promessa

---

[53] G. Sauter, Ekstatische Gewißheit oder vergewissernde Sicherung?, 200.
[54] Para o debate atual, cf. I. U. Dalferth, S. Peng-Keller (ed.), Gottvertrauen, principalmente a contribuição de E.-M. Faber nesse volume.

da nova vida como filhos de Deus e co-herdeiros de Cristo. O Espírito Santo é a origem da adoção filial.[55]

O teor da promessa, portanto, tem uma formulação que tematiza ao mesmo tempo a razão da promessa: "Aquele que ressuscitou Jesus Cristo dentre os mortos dará vida também a vossos corpos mortais, mediante o seu Espírito que habita em vós" (Rm 8,11). A verdade teológica alegada nesta formulação é a fidelidade de Deus. O Deus que se mostrou fiel em relação a Jesus mostrar-se-á fiel em relação a todas as pessoas. Biblicamente, a verdade significa precisamente essa fidelidade. "Na Bíblia, a verdade não é primeiramente o contrário da mentira, tampouco a consonância entre realidade e conhecimento; ao contrário, ela designa a fidelidade, a firmeza e a confiabilidade de uma pessoa, principalmente de Deus. A verdade de Deus, que 'é para sempre'" (Sl 117,2), é sua fidelidade a suas promessas. Por conseguinte, pode-se não apenas conhecer a verdade, mas também "praticar a verdade" (Jo 3,21).[56] Em seu estudo sobre a pneumatologia do Evangelho de João — reconhecidamente científico-popular —, Felix Porsch acenou de maneira breve e concisa a essa importante questão.

O fundamento para a confiança na promessa da vida é a *comprovada* fidelidade de Deus: "A certeza da fé é a certeza da fidelidade de Deus e, portanto, também a certeza da permanência nessa fidelidade de Deus, não importa o que possa acontecer".[57] Em sua pneumatologia, Jürgen Moltmann retomou a tradicional doutrina teológica da *preservação* de Deus e a confirmou da seguinte maneira: "Não é a segurança que é por ela [a fidelidade do Deus triuno (inclusão minha)] fundamentada, mas a confiança: mesmo quando alguém se perde, não se perde para o Deus fiel. Ainda que alguém desista, Deus não desiste de ninguém".[58] Conforme essa suposição, o relacionamento é estável da parte de Deus; da parte do ser humano, permanece frágil. Justamente por isso apela-se para o Espírito Santo como disposição da confiança na fidelidade de

---

[55] Papa João Paulo II, Carta Encíclica *Dominum et vivificantem*, 52.
[56] F. Porsch, Anwalt der Glaubenden, 152.
[57] J. Moltmann, Der Geist des Lebens. Eine ganzheitliche Pneumatologie, München 1991, 171.
[58] Ibid. 170.

Deus. Biblicamente, isso é expresso com a designação metafórica do Espírito Santo como selo da promessa (Ef 1,13s).

A epiclese, portanto, pode ser especificada como a maneira pela qual as pessoas reivindicam a fidelidade de Deus e a ela podem confiar-se fundamentadamente. A diretividade da ação, identificável na epiclese, pode ser determinada como "confiante na fidelidade de Deus". A epiclese, como realidade da ação, é determinada pela certeza da confiança ou certeza do atendimento.

Do ponto de vista teológico-sistemático, com Thomas Pröpper, a noção de fidelidade de Deus pode ser designada como incondicionalidade do amor sob a escala do tempo. De acordo com Pröpper, a autorrevelação de Deus em Jesus Cristo como amor incondicionado, na qual o amante, "isto é, o próprio Deus e, como ele próprio está presente, ele mesmo nela se comunica",[59] implica a promessa de sua fidelidade. Com ela, o teólogo dogmático de Münster designa a peremptoriedade do amor que apareceu em Jesus Cristo e esclarece, ao mesmo tempo, a probabilidade da afirmação de um acontecimento histórico de importância definitiva. "A fidelidade outra coisa não é senão a incondicionalidade do amor, desde que seja considerado sob a escala do tempo. Esta é, portanto, a intuição fundamental: a peremptoriedade é o que está subentendido na incondicionalidade do amor".[60] Na obra de Jesus, "esta incondicionalidade é expressa na cortesia com que ele dedica o amor de Deus às pessoas sem nenhuma pré-condição. Ela continua mostrando-se na fidelidade decisiva com que ele se atém à sua missão e nisso se confia unicamente ao caminho e ao meio do amor, até a morte. Esta morte é o máximo que uma pessoa consegue realizar na incondicionada seriedade de seu amor [...]".[61] Quando Deus ressuscita Jesus dentre os mortos, "já confirmou pessoalmente a promessa de seu amor — pelo qual Jesus responde como já presente — por ele como sua testemunha originalmente cheia de poder, embora assassinada e, com isso, não apenas legitimou a identificação de seu amor humano com o próprio amor

---

[59] T. Pröpper, Theologische Anthropologie II, Freiburg i. Br. 2011, 1308.
[60] Ibid. 1309.
[61] Ibid. 1309s.

de Deus, mas, ao mesmo tempo, também já *provou* sua fidelidade na situação mais extrema imaginável".[62]

Esta prova da fidelidade encontra sua continuação no envio do Espírito.

> A autocomunicação histórica de Deus, a presença de seu amor, e, neste, ele próprio, inclui tanto o envio do Filho quanto o dom de seu Espírito — e, sem dúvida, de tal modo que, somente mediante ambos, ela é perfeita e alcança de maneira perceptível e eficaz sua meta: as pessoas historicamente existentes, criaturas à imagem de Deus e escolhidas desde sempre. Com efeito, na história de Jesus, ela obtém sua determinação real, definitiva; mediante o Espírito, sua presença permanente.[63]

Pröpper pensa a relação entre o envio do Filho e o dom de seu Espírito com as categorias da determinação objetiva e da apropriação subjetiva. Quanto à ideia da fidelidade como *indicador temporal* do amor incondicional, isso não parece ser muito consequente. Seria mais lógico compreender a fidelidade de Deus como continuidade do amor que foi manifestado em Jesus e a ele ao longo da história. Assim, dever-se-ia entender a autorrevelação de Deus no Espírito como a presença do amor divino não no sentido de apropriação subjetiva dele, o que coloca Pröpper diante do problema da diferenciação entre esta apropriação e o consentimento real dado pelo ser humano, o qual pertence à fé, mas que deve ser diferençado da obra do Espírito.[64] Ao contrário, com ela se poderia determinar a continuidade da promessa de fidelidade divina ao longo da história como obra do Espírito. Neste contexto de determinação, o Espírito poderia ser identificado como a atenção de Deus pelas pessoas individualmente diferentes e, portanto, como a unidade diacrônica e sincrônica da humanidade. A pessoa percebida por Deus é a pessoa que chega à sua verdade.

Quando Thomas Pröpper descreve Jesus como "a presença real do amor de Deus para com as pessoas, portanto, em sentido estritamente

---

[62] Ibid. 1310.
[63] Ibid. 1344.
[64] Cf. o esclarecimento, ibid. 1338.

formal, autorrevelação, autocomunicação e autopresentificação",[65] com isso ele omite o momento da ausência do glorificado, o que, segundo o Cristo joanino, é pressuposição e causa para a vinda do Espírito, na medida em que a partida de Jesus como condição para o envio do Espírito, e, ademais, em certo sentido, a saber, que, na morte de cruz, a pró-existência de Jesus se completa, que é vista como *razão* soteriológica para o envio do Espírito.

> A Redenção realizada pelo Filho nas dimensões da história terrena do homem — consumada quando da sua "partida", por meio da Cruz e da Ressurreição — é, ao mesmo tempo, transmitida ao Espírito Santo com todo o seu poder salvífico: transmitida Àquele que "receberá do que é meu" (Jo 16,14). As palavras do texto joanino indicam que, segundo o desígnio divino, a "partida" de Cristo é condição indispensável para o "envio" e para a vinda do Espírito Santo; mas dizem também que começa, então, uma nova autocomunicação salvífica de Deus no Espírito Santo.[66]

De um lado, a partir da ausência do glorificado, a unicidade histórica de Jesus, que, em determinado momento, em determinado lugar, revelou Deus como amor, abre-se em sua importância soteriológica e, de outro, o envio do Espírito como daquele que é visível, que revela a continuidade da história do amor de Deus para com as pessoas e que leva à plenitude o que aconteceu antes, definitivamente, na história e no destino de Jesus. Neste sentido, deve-se concordar com o parecer de Ulrich Wilckens, que atribui ao Espírito no Evangelho de João a "função central, insubstituivelmente importante" de recordar "*a relação com a história* de toda ação salvífica e de toda revelação de Deus, de acordo com a tradição de fé de Israel".[67]

Esta mútua condicionalidade da autorrevelação de Deus em Jesus e no Espírito já deve ser reivindicada para os primeiros discípulos e dis-

---

[65] Ibid. 1308.
[66] Papa João Paulo II, Carta Encíclica *Dominum et vivificantem*, 11.
[67] U. Wilckens, Gott, der Drei-Eine. Zur Trinitätstheologie der johanneischen Schriften, in: E. Düsing, W. Neuer, H.-D. Klein (ed.), Geist und Heiliger Geist. Philosophische und theologische Modelle von Paulus und Johannes bis Barth und Balthasar (Geist und Seele, 6), Würzburg 2009, 23-41, 36.

cípulas de Jesus, incluindo-se Maria e os apóstolos. A continuidade na confissão de Jesus como o Cristo ressuscitado e seu anúncio se devem à recepção do Espírito. Precisamente neste sentido, Otto A. Dilschneider reformulou pneumatologicamente a continuidade entre o Jesus histórico e o Cristo querigmático. Exatamente neste sentido, o *continuum* que une o Jesus histórico e o Cristo proclamado no testemunho do anunciador em uma "identidade pneumática"[68] pôde ser determinado como diretividade marcada pelo Espírito na ação do anunciador. O modelo estático, no qual o Espírito Santo simplesmente realiza a apropriação subjetiva da salvação realizada objetivamente em Jesus, fica, assim, de longe superado.

Consequências eclesiológicas

O Espírito "opera" a presença de Deus na medida em que lembra Jesus Cristo como o ausente. Neste caso, a Igreja, como lugar pneumatológico da presença de Deus, ou seja, como "templo do Espírito Santo", deve tornar-se pobre ao permitir que Jesus Cristo se vá. Somente assim ela corresponderia à lógica econômico-salvífica de Deus que, segundo Hans Urs von Balthasar, deve ser compreendida como *kénosis* radical. Somente assim ela corresponderia ao desafio franciscano de uma Igreja pobre para os pobres, algo de que se tratará mais detalhadamente adiante, também a partir de sua origem teológica.[69] O desafio orienta-se teologicamente contra a autoafirmação autorreferencial da Igreja de ser, em sua visibilidade, a continuação da encarnação;[70] de fato, esta alegação impede que ela, mediante a força do Espírito, justamente de modo epiclético, reconheça sua condição de pecadora e sua diferença em relação a Jesus Cristo (segundo Jo 16,11). Mesmo que Jesus Cristo

---

[68] O. A. Dilschneider, Die Geistvergessenheit der Theologie, 263.
[69] Este aspecto será desenvolvido no tópico 4.1.
[70] Esta afirmação, de múltiplo efeito contínuo, reporta-se a uma intuição de J. A. Möhler. "Assim, a Igreja visível [...] é o Filho de Deus a aparecer continuamente entre as pessoas sob forma humana, sempre a renovar-se, rejuvenescendo-se eternamente; é a contínua encarnação dele, tal como também nas Sagradas Escrituras os fiéis são chamados de corpo de Cristo." J. A. Möhler, Symbolik oder Darstellung der dogmatischen Gegensätze der Katholiken und Protestanten nach ihren öffentlichen Bekenntnisschriften, edição aos cuidados de J. M. Raich, Malsfeld 2011/12, 175 (§ 36).

seja a verdade em pessoa, isso não pode ser imediatamente aplicado à ação eclesial pelo representante de Cristo, pois a pessoa de Jesus Cristo não está imediatamente presente, nem intervindo pessoalmente, mas ausente. Somente na invocação do Espírito é que a Igreja pode ter a certeza da presença de Deus, determinada pelo envio de Jesus e pelo dom de seu Espírito. Precisamente nisto consistiria a tarefa dos ministros espirituais na Igreja: confirmar a certeza do atendimento às pessoas que clamam por Deus. No entanto, esta certeza da promessa que garante a recepção do Espírito Santo deve ser sempre de novo suplicada. É uma certeza no modo epiclético.

Orientada por meio da disposição da certeza da promessa, a oração anamnésico-epiclética da Igreja determina a ação da Igreja. Como apresentei detalhadamente em minha eclesiologia, ela é essencial para o anúncio, para a celebração dos sacramentos e também para a ação diaconal.[71] É igualmente fundamental para a compreensão eclesiológica da tradição cristã. O grande ecumenista Lukas Vischer, em um artigo redigido em 1967, chamou a atenção para este aspecto na medida em que ele conecta a questão da continuidade na Igreja com seu caráter epiclético. Vischer parte do princípio de que nenhuma Igreja pode negar seu passado, mas que as Igrejas, juntas, devem expor-se à ação do Espírito a fim de encontrar a unidade. "Sob este ponto de vista, nenhuma pode pretender ser a portadora da continuidade. Todas elas só podem unificar-se através de um 'ato epiclético' [...], e isso é perfeitamente razoável quando esta confiabilidade de Deus se expressa mediante o sinal da sucessão."[72] Para Vischer, a sucessão, como sinal, recebe seu sentido somente da continuidade que reside na promessa da fidelidade de Deus.

> O Espírito, de fato, é dado à Igreja, a fim de que, pelo seu poder, toda a comunidade do Povo de Deus, por mais ramificada que seja na sua diversidade, se mantenha na esperança: naquela esperança em que já "fomos salvos". É a esperança escatológica, a esperança da realização

---

[71] Cf. Y. Congar, Der Heilige Geist, 454-495; M. BÖHNKE, Kirche in der Glaubenskrise, 150-219.
[72] L. Vischer, Epiklese, Zeichen der Einheit, der Erneuerung und des Aufbruchs, in: id., Ökumenische Skizzen. Zwölf Beiträge, Frankfurt a.M. 1972, 46-57, 56.

definitiva em Deus, a esperança do Reino eterno, que atua pela participação na vida trinitária. O Espírito Santo, concedido aos Apóstolos como Consolador, é o guarda e o animador desta esperança no coração da Igreja.[73]

A questão da continuidade, portanto, além disso é colocada escatologicamente em foco mediante a esperança da realização. Nesta perspectiva, o Espírito dispõe a ação e a vida humana em direção à perfeição.

Perspectivas ecumênicas

Em razão de a declaração de Vischer implicar um consenso ecumênico sobre a importância da epiclese para a ação eclesial e para a Igreja,[74] é preciso tratar brevemente do estado da discussão ecumênica em torno desta questão. Indiscutível é sua orientação para a oração de petição de Jesus, para o pedido do discurso de despedida do Cristo joanino. Todos os que creem devem ser um, "como tu, Pai, estás em mim e eu em ti, que eles sejam um em nós" (Jo 17,21). Conforme Ulrich Wilckens, "o que Jesus expõe na parte conclusiva de sua oração (17,20-26), explicando o v. 19, deve ser compreendido, portanto, como ação do Espírito na Igreja".[75] Tal consenso ecumênico parece possível hoje.

Assim, o teólogo ortodoxo Nikos Nissiotis compreende a Igreja em sua forma de implementação como essencialmente epiclética: "A Igreja

---

[73] Papa João Paulo II, Carta Encíclica *Dominum et vivificantem*, 66.
[74] Cf. Y. Congar, Der Heilige Geist, 468-498; L. Scherzberg, Der epikletische Charakter der Kirche. Erinnerung an eine ökumenische Vision, in: C. Büchner et al. (ed.), Kommunikation ist möglich. Theologische, ökumenische und interreligiöse Lernprozesse. FS für B. J. Hilberath, Mainz 2013, 258-272, tematiza a influência de N. Nissiotis sobre o trabalho da Comissão de Fé e Ordem e sobre o Documento de Lima sobre o Batismo, Eucaristia e Ministério, de 1982 (DwÜ 1, 545-585); cf. N. Nissiotis, Berufen zur Einheit oder Die epikletische Bedeutung der kirchlichen Gemeinschaft e L. Vischer, Epiklese. Zeichen der Einheit, der Erneuerung und des Aufbruchs. O documento da Comissão Mista Internacional para o Diálogo Teológico entre a Igreja Católica e as Igrejas Ortodoxas Orientais, München 1982: O mistério da Igreja e da Eucaristia à luz do mistério da Santa Trindade, in: DwÜ 2, Paderborn – Frankfurt a. M. 1992, 531-541, não tem em vista Scherzberg. Aí a Igreja é compreendida a partir da "condição da epiclese, da invocação do Espírito Santo" (533). Ela omite, ademais, o estado atual da questão descrito em seguida.
[75] U. Wilckens, Gott, der Drei-Eine, 39.

é, de certa maneira, o apelo permanente ao Pai, pedindo-lhe o Espírito Santo em virtude da salvação dada em Cristo. Esta é, provavelmente, a melhor definição de Igreja, caso precisemos realmente de uma".[76] Lukas Vischer e Yves Congar declararam-se favoráveis ao reconhecimento da tese do caráter epiclético da Igreja também pelas Igrejas do Ocidente. Walter Kasper compartilha este desejo. Ele chamou a atenção para a estrutura epiclética como o caráter fundamental de comunhão da Igreja, sem, porém, desenvolver isso em detalhes. Ele detém-se na mera afirmação: "A Igreja, como um todo, no final das contas tem uma estrutura epiclética".[77] Bertram Stubenrauch retomou recentemente a ideia de descrever a natureza da Igreja a partir da realização epiclética. Ele escreve, constata e incita ao mesmo tempo: "A vida da Igreja, em seu conjunto, deve ser compreendida epicleticamente [...]".[78]

Destarte, não surpreende que também uma formulação no Documento da Comissão Mista Internacional para o Diálogo Teológico entre a Igreja Católica e as Igrejas Ortodoxas Orientais, de 1982, sobre "O mistério da Igreja e da Eucaristia à luz do mistério da Santa Trindade", tenha acenado para o potencial ecumênico da compreensão epiclética da Igreja. Partindo-se da epiclese eucarística, no documento chama-se a atenção para o caráter epiclético da Igreja:

> O Espírito transforma os dons sagrados no corpo e no sangue de Cristo (*metábole*) para que se complete o crescimento do corpo, que é a Igreja. No mesmo sentido, toda a celebração é uma epiclese que, porém, em determinados momentos se expressa mais claramente. A Igreja está incessantemente em estado de epiclese, de invocação do Espírito Santo.[79]

---

[76] Cf. N. Nissiotis, Berufen zur Einheit, 303.
[77] W. Kasper, Die Kirche Jesu Christi – Auf dem Weg zu einer Communio-Ekklesiologie, in: Id., Die Kirche Jesu Christi. Schriften zur Ekklesiologie I (WKGS 11), Freiburg i. Br. 2008, 15-120, 77.
[78] B. Stubenrauch, Anrufung des Geistes / Epiklese, in: W. Beinert, id. (ed.), Neues Lexikon der katholischen Dogmatik, Freiburg i. Br. 2012, 62-65, 64.
[79] Das Geheimnis der Kirche und der Eucharistie im Licht des Geheimnisses der Heiligen Dreifaltigkeit ["O mistério da Igreja e da Eucaristia à luz do mistério da Santa Trindade"], 533. O Sínodo de Jerusalém, de 1672, já tematizou para as Igrejas ortodoxas a estrutura epiclética da Igreja e dos sacramentos. Cf. W. HRYNIEWICZ, Epiklese IV. In der Theologie der Ostkirche, in: LThK3, vol. 4, 1995, 1312-1313, 1313.

Neste texto, o caráter da Igreja é determinado a partir da celebração da Eucaristia e da epiclese eucarística do Espírito.[80] Com isto é dito: "A Igreja vive da Eucaristia".[81] Esta é ação e representação da Igreja ao mesmo tempo. No entanto, o conceito de "estado de epiclese", usado no documento supracitado, não parece ser especialmente adequado para expressar esse contexto. Ele indica uma situação eclesial estática e, por isso, provavelmente, foi uma escolha bastante infeliz. A questão é compreender dinamicamente a epiclese como forma de ação e de autoridade da Igreja. Ela caracteriza a postura dos fiéis, determina a ação da Igreja e denota a forma pela qual a Igreja pode reivindicar a autoridade de Deus para sua ação.

Contudo, na euforia ecumênica, não se deve ignorar que a compreensão da epiclese na Ortodoxia apresenta diferenças em relação àquela das Igrejas do Ocidente.[82] Por outro lado, estas não parecem ser insuperáveis. Athanasios Vletsis descreveu de modo preciso e circunspecto o estado teológico da discussão neste sentido. Ele considera que a disputa em torno da epiclese está substancialmente superada. Existe um consenso básico de que a epiclese é fundamental para a realização sacramental: "A transformação dos dons na Eucaristia, mas também toda realização sacramental na Igreja, não acontece sem a invocação/epiclese do Espírito Santo".[83]

Athanasios Vletsis fundamenta sua opinião com a referência a dois documentos teológicos menos conhecidos de data mais recente. No Documento sobre os Sacramentos (Mistérios) da Igreja e a Comunhão dos Santos, da Comissão Conjunta da Metrópole greco-ortodoxa da Alemanha e da Conferência dos Bispos Alemães, de 2006, está escrito:

---

[80] Cf. G. Rouwhorst, Eucharistie als Pfingstfest. Frühsyrische Epiklesen, in: GuL 88 (2015), 83-92; S. Petzolt, Die Heilig-Geist-Bitte (Epiklese) in den alten Hochgebeten, in: Erbe und Auftrag 67 (1991), 305-310; id., Die Heilig-Geist-Bitte (Epiklese) in den neuen Hochgebeten, in: Erbe und Auftrag 67 (1991), 467-469.

[81] Papa João Paulo II, Enzyklika De eucharistia eiusque necessitudine cum ecclesia Ecclesia de Eucharistia vom 17. April 2003, in: AAS 95 (2003), 433-475, dt. VAS 159, Nr. 1, 5.

[82] Cf. B. Stubenrauch, Pneumatologie, 114.

[83] A. Vletsis, Vom Geist der Gemeinschaft zum Geist der Vielfalt von Personen? Orthodoxe Pneumatologie in Bewegung, in: MThZ 62 (2011), 356-370, 358s.

Assim, a Eucaristia também acontece como memória do agir salvífico de Cristo no Espírito Santo, mediante o qual a obra salvífica é manifestada e completada nas pessoas. Como dom da graça a ser constantemente reatualizado, este acontecimento salvífico da Eucaristia é "epiclese" e se realiza de modo adequado sob palavras especiais do pedido pela ação do Espírito Santo. Dessa forma, já na tradição apostólica de Hipólito († 235) se suplica: "Que possas enviar teu Espírito Santo sobre a oferenda de tua santa Igreja". A anáfora de Crisóstomo pede: "Envia teu Espírito Santo sobre nós e sobre os dons que estão diante de nós", suplica sua transformação (μεταβολή) e atribui esta explicitamente à ação do Espírito Santo com as palavras: "Enquanto os (pão e vinho) transformas mediante teu Espírito Santo". De modo igual, suplicam também os pedidos de transformação das novas Orações Eucarísticas romanas (II-IV) "a santificação dos dons por meio do Espírito Santo". Anamnese e epiclese estão mutuamente relacionadas de modo inseparável. Por isso, a proclamação das palavras do Senhor e a invocação epiclética são componentes indispensáveis do evento eucarístico.[84]

Para o diálogo luterano-ortodoxo, ele remete ao Documento da XIII Sessão Plenária da Comissão Conjunta Luterano-Ortodoxa sobre o Mistério da Igreja, de novembro de 2006, que apresenta o estado atual da discussão:

> Ortodoxos e luteranos creem que as mudanças (inglês: *changes*) que acontecem na Eucaristia são operadas pelo Espírito Santo. Os ortodoxos incluem expressamente na celebração litúrgica da Eucaristia toda a economia salvífica, que encontra seu ápice nas palavras da instituição, da anamnese, da epiclese e da santa comunhão. Para os luteranos, a obra de Cristo é igualmente pressuposta em sua totalidade e representada liturgicamente na liturgia da Ceia do Senhor como um todo, embora menos detalhadamente. Luteranos e ortodoxos creem que a Eucaristia não deve ser separada de todo o mistério da salvação.[85]

---

[84] Os Sacramentos (Mistérios) da Igreja e a Comunhão dos Santos. Documento da Comissão Conjunta da Metrópole greco-ortodoxa da Alemanha e da Conferência dos Bispos Alemães (= Documentos de trabalho, n. 203). Publicado pelo Secretariado da Conferência dos Bispos Alemães, Bonn 2006, 14.

[85] O Mistério da Igreja. XIII Sessão Plenária da Comissão Conjunta Luterano-Ortodoxa 2-9 de novembro de 2006. Bratislava, República Eslovaca. Fonte: http://blogs.helsinki.fi/ristosaarinen/z3/ (13.01.2016), Nr. 5.

Consequências pneumatológicas

Nikos Nissiotis não emprestou expressão apenas à visão de uma compreensão epiclética da Igreja, mas, além disso, também à visão "de uma teologia do Espírito Santo baseada em uma prática epiclética".[86] Em uma formulação maravilhosa, ele fala de uma "pneumatologia epiclética".[87] Portanto, ele desenvolve também a pneumatologia a partir da epiclese. No entanto, Nissiotis não encontra o fundamento da pneumatologia e da eclesiologia apenas na tradição litúrgica. Ao contrário, ele alude ao testemunho bíblico, que também fundamenta e traz a tradição litúrgica da epiclese: principalmente Jo 14,26, Jl 3,2-5 e Rm 10-12-13. A prática litúrgica da epiclese, em particular, não se apoia exclusivamente na pressuposição da recepção do Espírito, da qual Paulo parte com extrema naturalidade, mas encontra também uma base na teologia joanina do Espírito, como, por exemplo, em Jo 4,24: "Deus é Espírito e os que o adoram devem adorá-lo em Espírito e em verdade". Isso abre a compreensão da pneumatologia a partir da epiclese. Wilhelm Stählin incorporou cristologicamente esta compreensão ao explicitar: "[...] se o Espírito que habita e age em nós é o Espírito de Jesus Cristo, então a oração no Espírito e na verdade não é senão a oração 'em nome de Jesus', à qual o próprio Senhor prometeu o atendimento (Jo 16,23; cf. Rm 8,26)".[88] Segue-se o importante esclarecimento de que a oração no Espírito, assim compreendida, não poderia ser interpretada como mera interioridade, culminando no veredicto: "A 'mera interioridade' da adoração a Deus é a adoração de imagens com sinais invertidos".[89] A oração que pede o Espírito pressupõe a recepção do Espírito e, portanto, é oração no Espírito. É oração pública, desde muito tempo, comprovada prática litúrgica pública da Igreja.

Esta prática biblicamente fundamentada influenciou, portanto, na Igreja antiga, desde seus primórdios, o desenvolvimento da doutrina eclesial. Segundo G. Kretschmar, pode-se falar "de um duplo efeito da

---

[86] N. Nissiotis, Berufen zur Einheit, 309.
[87] Ibid. 310.
[88] W. Stählin, Die Bitte um den Heiligen Geist, Stuttgart 1969, 39.
[89] Ibid.

liturgia no desenvolvimento da doutrina cristã".[90] De um lado, a liturgia tinha uma função conservadora; de outro, estimulava um avanço contínuo na doutrina: "[...] que as organizações eclesiais e o rito litúrgico são expressamente introduzidos no processo de comprovação dogmática, encontramos primeiramente em Basílio".[91] Segundo Kretschmar, o mesmo procedimento exerce um papel no Ocidente, mas também em Agostinho. Por outro lado, na Igreja antiga, a doutrina eclesial também teria influenciado a liturgia, por exemplo, pelo fato de a doxologia, como forma de rezar, ter sido fundamentada na teologia da Trindade.

A respeito da realidade da ação da epiclese, estas observações devem ser suficientes. Em resumo, pode-se dizer com Medard Kehl: a presença de Deus no Espírito "só pode, de fato, ser percebida e acolhida na certeza da confiança na fidelidade da promessa de Deus sempre de novo como dom da comunicação".[92]

2.2.2 Parrésia

Da mesma maneira que a epiclese pode ser compreendida como expressão constitutiva do dirigir-se a Deus na consciência da promessa e como sinal de espiritualidade, assim também a parrésia pode ser compreendida como expressão essencial e distintiva da ação profética no mundo.[93] Tal como a epiclese, também a parrésia, consoante o testemunho bíblico, pressupõe a recepção do Espírito. Ademais, no livro dos Atos dos Apóstolos, a oração epiclética precede a parrésia — também isto une uma à outra:[94] "Tendo eles assim orado, tremeu o lugar onde se achavam reunidos. E todos ficaram repletos do Espírito Santo, continuando a anunciar com intrepidez a palavra de Deus" (At 4,31). Com outras palavras, a parrésia fundamenta-se na efusão com o Espíri-

---

[90] G. Kretschmar, Der Heilige Geist in der Geschichte. Grundzüge frühchristlicher Pneumatologie, in: W. Kasper (ed.), Gegenwart des Geistes. Aspekte der Pneumatologie (QD 85), Freiburg i. Br. 1979, 92-130, 120.
[91] Ibid. 121.
[92] M. Kehl, Kirche – Sakrament des Geistes, in: W. KASPER (ed.), Gegenwart des Geistes. Aspekte der Pneumatologie (QD 85), Freiburg i. Br. 1979, 155-180, 161.
[93] Cf. N. Nissiotis, Berufen zur Einheit, 313.
[94] Para a compreensão bíblica e antiga da parrésia cf. K. Erlemann, Unfassbar?, 130ss.

to Santo, a qual convulsiona a postura até então vigente. Ela caracteriza o anúncio da palavra de Deus como uma ação determinada por profunda convicção.

Parrésia e diferença

A parrésia, isto é, o discurso franco, aberto e público,[95] abre e implementa a diferença. No direcionamento para a verdade do que é o conteúdo do anúncio, ela cria distância para o dado factual. A atitude da parrésia é, portanto, a perspectiva dos outros e do outro. Ela tematiza o Espírito como "verdade entre nós", escreve Hermann Steinkamp, que, com esta compreensão, ligou-a à prática da parrésia na antiguidade, na qual se tratava de orientação para o autocuidado ou "prática na autonomia (a 'prática da liberdade')" por toda a vida.[96] Esta "verdade entre nós" encontra-se como o dizer incondicional da verdade na relação consigo mesmo, bem como na relação com os outros, com o mundo e com Deus. A parrésia deve, portanto, desenvolver-se em todos esses campos.

Como outra perspectiva *contraposta a mim mesmo*, ela tematiza o Espírito na experiência da verdade da consciência que conduz a uma vida autêntica. O Cristo joanino anuncia a vinda do Espírito com as seguintes palavras: "E, quando ele vier, estabelecerá (e revelará) a culpabilidade do mundo a respeito do pecado, da justiça e do julgamento: do pecado, porque não creem em mim; da justiça, porque vou para o Pai e não mais me vereis; do julgamento, porque o Príncipe deste mundo está julgado" (Jo 16,8). A propósito, o papa João Paulo II, na Encíclica *Dominum et vivificantem*, explicou que o desvelamento e a conversão do pecado implicam um juízo interior da consciência.[97] Para considerar algo como pecado, a instância da consciência[98] é indispensável. "O

---

[95] Cf. M. Böhnke, „... und kannst zu Gott dein Angesicht erheben". Theologische Anmerkungen zur Bedeutung der freimütigen Rede (παρρησία) und ihrer Bestimmung als Gabe des Geistes, in: id., E. DIRSCHERL, H. GASPER (ed.), „... damit auch ihr Gemeinschaft habt" (1 Joh 1,3). Wider die Privatisierung des Glaubens. FS für W. Breuning (ODS 2), Osnabrück 2000, 131-150.
[96] H. Steinkamp, Parrhesia-Praxis, 235.
[97] Cf. Papa João Paulo II, Carta Encíclica *Dominum et vivificantem*, 27ss.
[98] Para a explicação cientificamente justificada do conceito de consciência, cf. S. Schaede, T. Moos (ed.), Das Gewissen (Religion und Aufklärung, 24), Tübingen 2015.

'convencer quanto ao pecado', sob o influxo do Espírito da verdade de que fala o Evangelho, não pode realizar-se no homem por outro meio que não seja o da consciência."[99] A consciência, como lugar da distinção entre o bem e o mal, é o lugar da verdade no coração do ser humano. Tornando-se "luz dos corações" — isto é, das consciências —, o Espírito Santo "convence quanto ao pecado", ou seja, leva o homem a conhecer o seu mal e, ao mesmo tempo, orienta-o para o bem".[100] A encíclica, portanto, designa a presença do Espírito nos corações das pessoas como "dom da verdade da consciência".[101] Portanto, ela reivindica a consciência — que Immanuel Kant descreveu como "a consciência de um tribunal interno no ser humano[102]" — como "lugar do encontro com Deus".[103] Portanto, para a encíclica, "a consciência é o 'santuário íntimo' onde 'a voz de Deus se faz ouvir'".[104] A ela o ser humano se abre no pedido de perdão, que, por sua vez, pressupõe uma conversão dos corações, que quer dizer arrependimento: "Mediante esta conversão no Espírito Santo, o homem abre-se ao perdão e à remissão dos pecados".[105] A disposição, como aquela que, neste agir, o Espírito pode ser identificado, é descrita como ação de um coração puro (Sl 73,1). A diretividade da ação determinada espiritualmente se mostra na diferença em relação ao passado e a si mesmo. A integridade ou o coração puro são expressão de uma vida autêntica e da verdade da consciência. A "prática do direito e da justiça" (Gn 18,19) exige o coração puro (Mt 5,8.20–6,34). Em sentido inverso, isso significa: somente quem pratica o direito e a justiça está na pureza consigo mesmo.

A compreensão e o reconhecimento magisteriais da obrigatoriedade da consciência apontam para a indispensabilidade desta instância para a formulação da verdade da fé. Ela fundamenta teologicamente a

---

[99] Papa João Paulo II, Carta Encíclica *Dominum et Vivificantem*, 43.
[100] Ibid. 42.
[101] Ibid. 31.
[102] I. Kant, Metaphysik der Sitten (Werkausgabe, vol. 8), Frankfurt a.M. 1977, 572.
[103] E. Schockenhoff, Wie gewiss ist das Gewissen? Eine ethische Orientierung, Freiburg i. Br. 2003, 158.
[104] Papa João Paulo II, Carta Encíclica *Dominum et Vivificantem*, 43.
[105] Ibid. 45.

tese da validade intraeclesial do princípio de subsidiariedade,[106] isto é, o primado da pessoa em relação à instituição, e desmascara o monopólio da pretensão da verdade por parte do mesmo magistério da Igreja como perigosa ideologia que opera contrariamente à instância da consciência e pretende liquidar o dom da verdade da consciência e, portanto, o sentido da fé dos fiéis. O esquecimento do Espírito do código das leis eclesiásticas, o *Codex Iuris Canonici* de 1983, que ocultou o sentido do sentido da fé dos fiéis, mostra que o esquecimento institucional do Espírito pode absolutamente assumir traços pneumatômacos.[107]

Ademais, a parrésia tematiza como *perspectiva diferente* o Espírito como acesso da razão ao evento da revelação, para o que principalmente Hans-Jürgen Verweyen já chamou a atenção em sua teologia fundamental. Verweyen utiliza a noção de parrésia em duplo sentido, ou seja, em primeiro lugar como a permeabilidade do processo de tradição ao evento cristológico da entrega, e em segundo lugar como a franqueza que aí se mostra incondicional e exigente do Logos da esperança em sua racional fundamentação definitiva. O professor emérito de Freiburg, especialista em teologia fundamental, designa parrésia a própria franqueza incondicional para a pessoa libertada de seu pecado na fé, que permite à fé, por si mesma, compreender a adequação à razão e o reconhecimento de um sentido definitivo.[108] A reflexão sobre as condições de possibilidade de um sentido definitivo é a "preocupação" pela "espinha dorsal" da atitude da parrésia,[109] sem, contudo, ser dependente desta em seu esforço de justificação. Com a parrésia, a orientação à ver-

---

[106] Cf. M. Böhnke, Theologische Anmerkungen zur Geltung des Subsidiaritätsprinzips in der Kirche, in: T. Schüller, M. Zumbült (ed.), Iustitia est (Beiheft zum Münsterischen Kommentar zum CIC, 70), Essen 2014, 105-120.

[107] Cf. M. Böhnke, Gerichtetheit im Handeln, Wahrheit des Gewissens, Berufung zur Freundschaft und Gewissheit der Erlösung. Dimensionen des sensus fidei, in: T. Söding (ed.), Der Spürsinn des Gottesvolkes. Eine Diskussion mit der Internationalen Theologischen Kommission (QD 281), Freiburg i. Br. 2016, 285-302.

[108] H. Verweyen, Gottes letztes Wort. Grundriss der Fundamentaltheologie, Düsseldorf 21991 (32000), 97.

[109] Ibid. 101. A este respeito, mais detalhadamente, cf. M. Böhnke, „... und kannst zu Gott dein Angesicht erheben", 137-145.

dade, que se mostra mediante a diferença e o distanciamento, pode ser compreendida na relação entre revelação e razão.

Interpessoalmente, esta franqueza da parrésia significa, conforme Steinkamp, mais uma vez, "que eu quero o outro como sujeito, não como objeto de minhas intenções [...]. Parrésia é ação comunicativa, não instrumental!".[110] "'Dizer o que é verdadeiro' ao outro visa ao seu tornar-se-sujeito [...]".[111] Para isso, o outro é necessário em "mútuo empoderamento".[112] Hermann Steinkamp separa a verdade entre nós, que na antiga autopreocupação estaria reciprocamente em risco, da verdade eterna sobre nós, que seria anunciada assimetricamente no cuidado pastoral, acima de tudo na confissão. Ele situa ambas diametralmente opostas uma à outra.[113] Com isso, ele desconstrói a legitimação de um poder pastoral por meio de uma, como quer que seja, relação com uma verdade hipostatizada sobre nós. Ainda que, cristologicamente, a verdade sobre nós seja reformulada como verdade para nós, isto não altera sua função legitimadora do poder pastoral.

Contudo, este confronto não aparece de maneira alguma obrigatório. Pode-se indagar criticamente se a reformulação pneumatológica da verdade sobre nós e para nós, identificada teológica e cristologicamente como verdade entre nós, poderia remediar a assimetria na prática. Pelo menos teoricamente, poder-se-ia considerar isso possível até mesmo a partir do próprio Steinkamp. Com efeito, ele pressupõe que a verdade entre nós é mais do que a verdade de ambos. Para ele, ela é como a Invocada "efetuada pelo Espírito".[114] Por razões humanas, dificilmente se poderia negar anuência à verdade sobre nós, teologicamente justificada, e à verdade para nós, cristologicamente fundamentada, se esta pudesse ser reformulada pneumatologicamente como verdade entre nós. O Espírito, como dom da verdade entre nós, pode ser compreendido, neste

---

[110] H. Steinkamp, Parrhesia-Praxis, 237 mit Bezug auf M. Foucault, Das Wahrsprechen des Anderen. Zwei Vorlesungen 1983/84, Frankfurt a.M. 1988.
[111] Ibid.
[112] Ibid. 238.
[113] Ibid. 239.
[114] Ibid. 247.

sentido, como o estar-direcionados, juntos, à personalidade, ao diálogo e à comunicação.

Consequências eclesiológicas

Em seu discurso por ocasião da comemoração do Cinquentenário da Instituição do Sínodo dos Bispos, em Roma, no dia 17 de outubro de 2015, o papa Francisco parece ter aberto o caminho para tal reformulação. Ele fala que a Igreja ouvinte deveria partir da distinção entre uma Igreja docente e uma Igreja discente e deveria subordinar o magistério eclesiástico à mútua escuta e à escuta comunitária do Espírito. Com suas observações proféticas, Francisco compreende o papado não como domínio sobre a Igreja, mas como serviço. Ele recorre à imagem da pedra, com a qual o senhorio petrino sobre a Igreja é tradicionalmente fundamentado, e inverte-a: quando a Igreja for construída sobre a pedra, ela domina a pedra. Tal compreensão profética do papado como ministério da escuta, que se reporta ao sentido da fé dos fiéis e que se compreende como serviço a eles, aponta mais para o terceiro milênio do que sua predominante compreensão como magistério. Contudo, o texto que visa promover uma compreensão sinodal da Igreja e o discurso sincero em todos os níveis da Igreja não está isento de refrações, pelo menos não no lugar em que se adota classicamente a doutrina da unidade da Igreja mediante a unidade do colégio dos bispos cum et *sub* Petro. Não deveria ser *in* Petrum? Francisco escreve: "Jesus constituiu a Igreja, colocando no seu vértice o Colégio Apostólico, *no* [grifo meu] qual o apóstolo Pedro é a 'rocha' (Mt 16,18), aquele que deve 'confirmar' os irmãos na fé (cf. Lc 22,32)". Por meio de tal formulação, a colegialidade do episcopado sofre uma clara revalorização. Ou até mesmo *super* Petrum? ["acima de Pedro"]. Em seguida Francisco prossegue: "Mas nesta Igreja, como numa pirâmide invertida, o vértice encontra-se abaixo da base. Por isso, aqueles que exercem a autoridade chamam-se 'ministros', porque, segundo o significado original da palavra, são os menores no meio de todos".[115]

Ora, ninguém poderá tirar nem do papa nem dos bispos a responsabilidade de dever anunciar autêntica e abertamente, como testemunhas de Cristo, a fé. Sem este testemunho não existe a Igreja. Contudo, dever-se-ia ponderar se esse testemunho deveria estar vinculado à constituição sinodal e à sua estrutura subsidiária. Pelo menos em alemão, a palavrinha *unter* ["abaixo de, debaixo de, por baixo de, sob"] não precisa ser interpretada necessariamente do ponto de vista hierárquico; de preferência, pode ser interpretada de modo sinodal, no sentido de estar-entre-as-pessoas (cf. Lc 24,29). Para uma compreensão isenta de contradições da posição do papa Francisco, dever-se-á pressupor uma interpretação não hierárquica da palavrinha *unter*. O papa é alguém que gosta de estar *unter* ["entre"] as pessoas.

As Igrejas ortodoxas conseguem tal compreensão do papado mediante o fato de que podem reconhecer o papa como chefe da Igreja quando a ele não cabe nenhuma competência legislativa ou de direção nas dioceses particulares;[116] ele é, portanto, *primus inter pares* e, ademais, leva-se em consideração que decisões de sínodos são tão inapeláveis quanto diretivas de um bispo ou de um papa. Para os concílios ecumênicos, na verdade, isto representa uma obviedade que ocasionalmente, porém, precisa ser lembrada novamente.

Somente em referência ao pensamento de uma Igreja ouvinte seria possível, além disso, reformular não de modo paternalista, mas como verdade entre nós, a promessa bíblica de que o Espírito é o pai dos pobres, "porque [nesta perspectiva — inclusão minha] também o reba-

---

[115] P. Franziskus, Synodalität für das 3. Jahrtausend, in: http://de.radiovaticana.va/news/2015/10/17/papstansprache_synodalit%C3%A4t_f%C3%BCr_das_3_jahrtausend/1180030 (02.03.2016). (para a versão em português, cf. http://w2.vatican.va/content/francesco/pt/speeches/2015/october/documents/papa-francesco_20151017_50-anniversario-sinodo.html).

[116] Cf. o Documento da XIV Assembleia Geral da Comissão Mista Internacional para o Diálogo Teológico entre a Igreja Católica e as Igrejas Ortodoxas Orientais "Sinodalidade e primazia durante o primeiro milênio: rumo a um comum entendimento a serviço da unidade da Igreja", Chieti, 21 de setembro de 2016, in: http://ecclesia.org.br/news/2013/wp-content/uploads/2016/10/sinodalidade-e-primazia-no-primeiro-milenio.pdf.

nho tem sua própria 'intuição' para os novos caminhos que o Senhor expõe à sua Igreja".[117] Ademais, caso se una o aspecto da Igreja ouvinte com o axioma da fé que busca o discernimento, a comunidade dos fiéis pode continuar a determinar-se como Igreja buscadora e questionadora. Neste franco processo de questionamento e busca cabe ao ministério episcopal um papel subsidiário.

Com o gesto do lava-pés, a viagem a Lampedusa, bem como com o convite aos presidiários e aos sem-teto, o papa Francisco mostrou simbolicamente a quem se volta o ministério na Igreja e a quem a Igreja deve servir. A corajosa reforma efetuada no estilo do exercício do ministério papal, contrariamente aos costumes vaticanos, põe em prática a intuição de que a fidelidade de Deus se verifica nos perdidos, ou seja, naqueles que foram empurrados, por nós ou por outros, à perda social, política, econômica ou religiosa. Segundo Lc 4,16, a parrésia aparece como força sociocrítica que expressa integralmente a verdade das circunstâncias sociais com aquela autoridade apostólica que se alicerça, por sua vez, na parrésia.[118]

Crítica social

A pneumatologia da libertação começa aqui. José Comblin chama a atenção para dois elementos que se tornaram importantes para ela: em primeiro lugar, que o Espírito, segundo a *Gaudium et spes* (38,1), move as pessoas a esforçarem-se por uma configuração humana da vida mediante transformações sociais, políticas e econômicas, graças à ciência, à técnica e ao trabalho,[119] e, em segundo lugar, que a "fé [operada pelo Espírito — inclusão minha] [é] a fonte da vida, a qual confere força também ao corpo".[120] De maneira complementar, Leonardo Boff realça como específico do Espírito o fato de que anunciará às pessoas as coisas futuras (Jo 16,13). Para Boff, "as coisas futuras" se realizam na suplicada vinda do Espírito, que renova a face da terra: "Se o Espírito não

---

[117] Ibid.
[118] Cf. B. Stubenrauch, Pneumatologie, 96.
[119] Cf. J. Comblin, Der Heilige Geist, 71.
[120] Ibid. 101.

vier, então viveremos exatamente a mesma situação descrita pelo profeta Ezequiel no capítulo 37: a terra coberta de cadáveres, ossos dispersos por toda parte".[121]

O papa Francisco, por sua vez, na *Evangelii gaudium*, profeticamente e com franqueza apostólica fez uma crítica radical ao sistema capitalista: "Esta economia mata".[122] Perde-se o agudo sentido profético destas palavras, caso se queira compreendê-las como perícia econômica. Embora eu, como não especialista, não seja capaz de avaliar isso de maneira conclusiva, é provável que a declaração seja economicamente pouco significativa ou até mesmo absurda do ponto de vista técnico. Contudo, ela tematiza um estado de coisas que deve ser considerado criticamente sob o ponto de vista humanitário, a saber, aquele segundo o qual os fluxos do capital são conduzidos para onde com eles se pode ganhar a maior parte do dinheiro e não para onde o capital seria urgentemente necessário para mitigar o sofrimento dos pobres, dos refugiados e dos adolescentes sem formação. Na medida em que chamam a atenção para isso, as palavras comunicam uma verdade profética sobre as consequências de uma lógica econômica, e que, como crítica social a um sistema social que privilegia apenas poucos — visto globalmente —, quer tornar-se verdade entre nós a partir do ponto de vista dos perdidos. Isto não se evidencia quando se menospreza o caráter profético-sincero do discurso do papa Francisco, que visa à humanização dos modelos econômicos e convida a seu desenvolvimento, e desacreditam-no como "economista-amador" que não deve ser levado a sério, que não se quer ver como alguém que ameaça os modelos capitalistas que visam primariamente ao crescimento da própria riqueza. Ao papa não interessa a doutrina econômica; importam-lhe as pessoas perdidas para o sistema capitalista, os outros; interessa-lhe o discurso profético que conclama à autorrealização deles e ao agir solidário (cf. At 4,13.19).

---

[121] L. Boff, Der Heilige Geist, 277.
[122] P. Francisco, Exortação Apostólica *Evangelii gaudium*, in: https://w2.vatican.va/content/francesco/pt/apost_exhortations/documents/papa-francesco_esortazione-ap_20131124_evangelii--gaudium.html 53; cf. M. Dobrinski, Diese Wirtschaft tötet, München 2014.

Leonardo Boff tematizou a promessa voltada para essa crítica social reportando-se à visão de Ezequiel: "Contudo, quando ele [o Espírito — inclusão minha] vem, então os corpos mortos despertam para nova vida e o deserto se transmuda em vergel. Aos pobres é feita justiça, os doentes recuperam a saúde e os pecadores, aos quais todos nós pertencemos, recebem perdão e graça".[123] A afirmação de Boff está cheia de esperança profética que promete vida, justiça, saúde e perdão às pessoas em sua existência espiritual, corporal, social e global, afligida pela contingência. Neste contexto, o Espírito, como diretividade crítico-social e solidária de um discurso profeticamente sincero, como disposição mediante a incondicional dignidade, pode ser compreendido como verdade dos outros.

Do mesmo modo que a pneumatologia da libertação, vem à luz a obra crítico-social do Espírito no sincero empenho por justiça, paz e integridade da criação. Esta indicação deve ser relacionada principalmente ao Processo Conciliar por Justiça, Paz e Integridade da criação, ao qual convocou o Conselho Mundial das Igrejas em sua Assembleia Geral de 1983 em Vancouver.

> Com isso se deu início a um movimento global de reforma para uma "reversão ao futuro" com o objetivo de analisar e superar a degradação ambiental, a injustiça e a discórdia. A Agenda 21, um catálogo de tarefas para o século 21, determinado pela Conferência das Nações Unidas sobre Meio Ambiente e Desenvolvimento, em 1992, é essencialmente apoiada pelo processo conciliar.[124]

O papa Francisco dedicou ao tema sua mais recente encíclica *Laudato si'*, na qual ele denuncia o "uso irresponsável e [...] o abuso dos bens" da terra, e aponta um "percurso ético e espiritual" para a ação ecológica. "Esquecemo-nos de que nós mesmos somos terra (cf. Gn 2,7)."[125] Sob este signo de uma teologia da criação, o papa orienta-se

---

[123] L. Boff, Der Heilige Geist, 277.
[124] Evangelische Kirche im Rheinland (ed.), Konziliarer Prozess für Gerechtigkeit, Frieden und Bewahrung der Schöpfung, in: http://www.ekir.de/www/ ueber-uns/konziliarer-prozess.php. Texte zum konziliaren Prozess finden sich unter: http://oikoumene.net/home/ (01.03.2016).
[125] Cf. Papa Francisco, Carta Encíclica *Laudato Si'*, sobre o cuidado da casa comum, in: http:// w2.vatican.va/content/francesco/pt/encyclicals/documents/papa-francesco_20150524_encicli-

para a ideia da unidade da humanidade, a qual exige um trato responsável com o planeta no qual vivemos, uma "espiritualidade da solidariedade global",[126] uma disposição para a prontidão da conversão e do cuidado.

A prática social da parrésia demonstra — para mencionar pelo menos outro importante campo do discurso sincero, mesmo que não possa ser desenvolvido aqui — na teologia feminista, diferentemente das relações sociais dominantes sensíveis às questões de gênero, sua força orientada à justiça de gênero. Também neste campo, confirma-se a interpretação da parrésia como diretividade para a verdade entre nós.

Em todos estes campos da ação humana, o discurso franco é visto teologicamente como gesto fundamental da comunicação profética que traz inteiramente em si sua autoridade. "A autoridade do profeta fundamenta-se nesta parrésia com a qual ele faz valer a verdade de Deus contra a 'mentira', toca o desalojado e o renegado, a fim de abrir o futuro de Deus às pessoas."[127] A mensagem profética é testemunhada pela existência dos profetas, a qual é identificada pelo modelo da independência institucional, da imediatidade pessoal de Deus e da crítica intransigente das condições sociais em nome de Deus.[128]

Na *relação com Deus* realiza-se a parrésia na liberdade da oração (Jó 22,23-27). A oração que, nos Atos dos Apóstolos, como já se mencionou, foi caracterizada como pressuposição do discurso franco, indica, no entanto, a postura comunicativa daquele que é livre para com Deus. Conforme 1Jo 3,24, esta parrésia é dada com a presença do Espírito em nós. "Parrésia para Deus é lá onde Deus, no Espírito, inabita aqueles

---

ca-laudato-si.html. Cf. Zentrum für interdisziplinäre Nachhaltigkeitsforschung (ed.), „Ganzheitliche Ökologie". Diskussionsbeiträge zur Enzyklika Laudato si' von Papst Franziskus (ZIN Diskussionspapiere 01/2015), in: https://www.uni-muenster.de/imperia/md/content/fuchs/zin/05publikationen/zin_diskussionspapiere_1_enzyklika_ lauda to_si.pdf (12.09.2016).
[126] Ibid. 240.
[127] J. Werbick, Propheten, Prophetie, III. Systematisch-theologisch und IV. Praktisch-theologisch, in: LThK3, vol. 8, 1999, 633-635, 634s.
[128] F.-L. Hossfeld, Propheten, Prophetie, II. Biblisch: 1. Altes Testament, in: LThK3, vol. 8, 1999, 628-632, 631. E. Zenger, Eigenart und Bedeutung der Prophetie Israels, in: Id. et al., Einleitung in das Alte Testament (Kohlhammer Studienbücher Theologie, 1.1), Stuttgart ³1995, 371-381, vê na imediatidade de Deus o critério decisivo; cf. 377.

que observam o mandamento de Jesus. Tal παρρησια expressa-se na oração a Deus, que ele atende (1Jo 3,22; 1Jo 5,14) [...]."[129]

"A *parrésia*, a coragem confiante, que deixou para trás todo temor e com a qual nos é permitido encontrar Deus, é o selo da liberdade que recebemos com o Espírito Santo",[130] escreve Wilhelm Stählin. Por fim, segundo o Cristo joanino do discurso de adeus, os discípulos de Jesus recebem a verdade messiânica plena somente mediante o Espírito da Verdade (Jo 16,13). "A parrésia de Jesus é dada, portanto, com a presença do Glorificado no Espírito."[131]

Resumo

Nesta abundância de facetas, torna-se evidente a importância fundamental do testemunho franco, aberto e público da experiência do Espírito como Espírito, que comunicativamente se orienta à verdade do outro. No discurso cheio de inabalável esperança daqueles que são puros de coração, a verdade é dita com confiante franqueza, verdade para uma vida do outro autodeterminada. Posicionando-se contra o poder do factual e contra a indiferença, bem como contra o nadar com a corrente da opinião dominante de igual modo, o falar a verdade do outro como determinação crítica da realidade da ação pode ser compreendido como revelação da presença divina determinada pelo Espírito.

2.2.3 DOXOLOGIA

A doxologia — que Thomas Söding caracterizou eloquentemente como "discurso de glorificação" — é discurso de resposta. Ela dá resposta "à manifestação da glória divina" e é, como "ato de adoração, expressão da autoentrega a Deus".[132]

O discurso de glorificação pressupõe teologicamente a recepção do Espírito. Ao mesmo tempo, ele aponta muito além, a saber, para o escatológico estar-cheio-do-Espírito, o qual consegue sua expressão evi-

---

[129] H. SCHLIER, παρρησια, in: ThWNT V, 1954, 869-884, 879.
[130] W. Stählin, Die Bitte um den Heiligen Geist, 54; com referência a 1Jo 4,17.
[131] H. SCHLIER, παρρησια, 879.
[132] J. Drumm, Doxologie III. Systematisch-theologisch, in: LThK3, vol. 3, 1995, 356.

dente na glorificação de Deus, isto é, na doxologia, paradigmaticamente no grito de júbilo de Jesus, cheio do Espírito, segundo Lc 10,21:

> Naquele momento, ele exultou de alegria sob a ação do Espírito Santo e disse: "Eu te louvo, ó Pai, Senhor do céu e da terra, porque ocultaste essas coisas aos sábios e entendidos, e as revelaste aos pequeninos".

Leonardo Boff comentou este versículo: "Um dos dons do Espírito é a alegria pela ação de Deus, que dá preferência aos pequeninos e aos anônimos. Jesus experimentou esta alegria do Espírito".[133]

A doxologia, portanto, de um lado, é "uma forma elementar de linguagem de oração bíblica"[134] (Lc 1,67s; Cl 3,16; Ef 5,18-20); de outro, ela subjaz na confissão trinitária. Joachim Drumm, referindo-se sobretudo a Basílio de Cesareia, chamou a atenção para este segundo aspecto extremamente importante da doxologia no desenvolvimento doutrinal da Igreja antiga: "As doxologias da Igreja antiga são testemunhos excelentes para o desenvolvimento da teologia trinitária".[135]

No âmbito de uma pneumatologia prática, ambos os aspectos exigem atenção: em primeiro lugar, a doxologia como forma elementar da linguagem orante e, em segundo lugar, a importância das doxologias triádicas[136] em sentido mais estrito para a formulação da doutrina trinitária de Deus.

A doxologia como forma elementar da linguagem orante

Wolfhart Pannenberg, citando Rudolf Bultmann, colocou no centro de sua pneumatologia o dom escatológico do Espírito antecipado no discurso da glorificação. Ele compreende a doxologia "logicamente como ambivalência, escatologicamente como antecipação".[137] "Entre os traços comuns da compreensão cristã primitiva do Espírito, encontra-se

---

[133] L. Boff, Der Heilige Geist, 105.
[134] T. Söding, Doxologie I. Biblisch, in: LThK3, vol. 3, 1995, 354-355, 354.
[135] J. Drumm, Doxologie II. Historisch-theologisch, in: LThK3, vol. 3, 1995, 355-356, 355.
[136] Cf. F. Dünzl, Pneuma. Funktionen des theologischen Begriffs in frühchristlicher Literatur (JbAC Erg., vol. 30), Münster 2000, 124-128.
[137] J. Drumm, Doxologie II, 356 unter Verweis auf W. Pannenberg, Grundfragen systematischer Theologie. Gesammelte Aufsätze, vol. 1, Göttingen 31979, 181-201.

principalmente aquele segundo o qual *o dom do* πνεῦμα [sic!] *é um dom escatológico,* que sua atuação na comunidade é um acontecimento escatológico".[138] Em uma passagem do texto imensamente densa, que deve ser citada a propósito no final deste capítulo, Pannenberg esclarece ao mesmo tempo a estrutura trinitária da ação escatológica do Espírito, a qual, segundo ele, não é satisfatoriamente compreendida com o conceito de dom. Em seu agir, o Espírito é "a atividade criadora da geração da vida e do movimento";[139] acima de tudo, em seu dinamismo, ele compartilha a si mesmo com aqueles que ele move e vivifica.

Neste sentido, a doxologia pode ser vista como uma atitude de oração com orientação escatológica. O dom escatológico do Espírito determina a ação como antecipação da plenitude da salvação. No louvor, cada ser humano, bem como a Igreja, testemunha antecipadamente a experiência escatológica do estar-cheio do Espírito. A doxologia "é [...] indicação inequívoca da presença divina e, ao mesmo tempo, símbolo de uma última inacessibilidade".[140]

O Evangelho segundo João considera a cruz como hora da glorificação do Filho pelo Pai. Na oração sumo sacerdotal (Jo 17,1-26), o Cristo joanino tematiza a glorificação como conhecimento da unidade do Pai e do Filho na mútua doação e recíproca inabitação. O Espírito, assim preconiza Jo 16,14, glorificará o Cristo depois de sua exaltação, de seu retorno ao Pai (cf. Jo 7,39; 20,22), "porque ele receberá do que é meu e vos anunciará". Consoante o pensamento joanino, a glorificação é compreendida como revelação da glória de Deus, mediante o que o conceito de glória representa a visibilidade do invisível. Deus "comunica-se a si mesmo de preferência na visibilidade, sem, no entanto, re-

---

[138] W. Pannenberg, Die Vollendung der Heilsökonomie Gottes durch den Geist, in: E. Düsing, W. Neuer, H.-D. Klein (ed.), Geist und Heiliger Geist. Philosophische und theologische Modelle von Paulus und Johannes bis Barth und Balthasar (Geist und Seele, 6), Würzburg 2009, 105-122, 111.
[139] Ibid.
[140] A formulação de A. Schüle, Geist als Manifestation des Göttlichen. Überlegungen zur Thronwagenvision Ezechiels und zum priesterschriftlichen Schöpfungsbericht, in: G. Etzelmüller, H. Springhart (ed.), Gottes Geist und menschlicher Geist, Leipzig 2013, 131-140, 134, pode ser inteiramente transferida para este contexto.

nunciar à sua invisibilidade fundamental. A visibilidade é um momento característico na invisibilidade de Deus".[141]

Hans Urs von Balthasar interpretou o conceito de glória através da transcendentalidade do *pulchrum*, do belo.[142] Giorgio Agamben contradisse a associação que von Balthasar faz entre a glória e a noção do belo. Para ele, a glória é uma categoria econômica que exprime o senhorio. O lugar em que aparece a glória, segundo Agamben, é a realização litúrgica da glorificação.[143] Nela, não se desfaz racionalmente a diferença entre *teologia* e *economia*, a tensão entre Trindade imanente e Trindade econômica. Ao contrário, ela é atualizada "de maneira litúrgica".[144] Apesar da justificada crítica que Reinhard Hoeps fez ao conceito de Agamben e sua excessiva repulsa da estética teológica de Hans Urs von Balthasar, com ele se pode considerar a liturgia como o "lugar genuíno e o modelo teológico de representação da glória",[145] certamente uma liturgia que supera o "abismo entre o domínio absoluto de Deus e a economia histórico-salvífica",[146] distância que não se consegue vencer discursivamente. Tal liturgia encontra-se sob a promessa do Espírito revelador da glória de Deus; ela só é concebível como cheia do Espírito; do contrário, gira em torno de si mesma — como em Agamben. O Espírito, porém, glorifica (mostra, revela) o Pai na medida em que recebe de Cristo e o anuncia (Jo 16,14). O Cristo joanino fundamenta a declaração no v. 15 mediante sua imediatidade em relação ao Pai: "Tudo o que o Pai tem é meu". Segundo esta lógica, o encontro com Deus se realiza por meio da autorrevelação de Deus como Jesus Cristo e no Espírito, que é o aparecer do invisível, nisso que ele recebe de Jesus Cristo. Para aqueles

---

[141] R. Hoeps, Figuren der Herrlichkeit. Zur Ästhetik der Sichtbarkeit Gottes, in: S. Wendel, T. Schärtl (ed.), Gott – Selbst – Bewusstsein. Eine Auseinandersetzung mit der philosophischen Theologie Klaus Müllers, Regensburg 2015, 69-86, 74. Obra fundamental do ponto de vista exegético: T. Wagner, Gottes Herrlichkeit. Bedeutung und Verwendung des Begriffs *kābôb* im Alten Testament (VTS 151), Leiden – Boston 2012.
[142] Cf. Ibid. 75s., ademais: H. U. von Balthasar, Herrlichkeit. Eine theologische Ästhetik, Einsiedeln 1961ss.
[143] Cf. Ibid. 78; além disso: G. AGAMBEN, Herrschaft und Herrlichkeit. Zur theologischen Genealogie von Ökonomie und Regierung, Frankfurt a. M. 2010.
[144] Ibid. 79.
[145] Ibid. 81.
[146] Ibid.

aos quais cabe o anúncio, não se trata de um jogo de contas de vidro. Na medida em que eles se harmonizam no louvor, tornam-se filhos de Deus, herdeiros da promessa de Abraão (Gl 3,29). No Espírito, são glorificados com Cristo.

Em razão do dito sobre o Paráclito, Udo Schnelle designou o evangelista João como o "teólogo do Espírito": "Em João, hermenêutica e pneumatologia estão causativamente ligadas uma à outra, pois somente o Espírito conserva o verdadeiro conhecimento de Jesus Cristo na anamnese pós-pascal".[147] Assim, a glória do Filho está direcionada à hermenêutica pneumatológica. Na doxologia, ela é a expressão do estar-cheio do Espírito por parte dos orantes doxologicamente sintonizados.

Júbilo, dom das línguas, música e mística

O júbilo pode ser visto como uma forma particularmente intensa de louvor. "No júbilo, a exuberância da alegria cria sua expressão", escreve Wilhelm Stählin.[148] Entre teólogos — ainda que principalmente em círculos sociais —, a expressão "sóbria embriaguez do Espírito",[149] usada pela Igreja primitiva, alcançou certo renome. Como pano de fundo, encontra-se a recomendação da Carta aos Efésios, segundo a qual é melhor deixar-se embriagar com o Espírito do que com vinho (Ef 5,18) e assim exprimir a alegria no Espírito.

Wilhelm Stählin e Alex Stock lançam uma ponte para a música sobre o grito de júbilo, o Aleluia. "A antiga música sacra conhecia o 'Jubilus', uma melodia prolongada em uma sílaba como expressão da exuberância, que não carece de mais nenhuma palavra, e a que nenhuma palavra a mais poderia satisfazer."[150] Para Stählin, isto é um exemplo de como "a música consegue romper o recipiente da linguagem humana

---

[147] U. Schnelle, Das Evangelium nach Johannes (ThHK 4), Leipzig 32004 (52016), 273; cf. M. Hasitschka, M. Stare, Der „Heilige Geist" im Johannesevangelium, in: W. Sandler (ed.), Ein Hauch von Gott. Die Präsenz des Heiligen Geistes in Kirche und Welt (Theologische Trends, 21), Innsbruck 2012, 49-78, 63.
[148] W. Stählin, Die Bitte um den Heiligen Geist, 57.
[149] Ibid. 58.
[150] Ibid. 87. Cf. A. Stock, Poetische Dogmatik. Gotteslehre, vol. 2: Namen, 56-62.

[...]".[151] Ela "pode (e deve!) impedir que a palavra falada seja tomada como mera comunicação objetiva apenas da mente pensante, em vez de penetrar nas profundezas do coração".[152]

Escatologicamente, o louvor é representado como hino de glória celestial. É expressão da alegria pelo "dom [escatológico] da certeza da redenção",[153] que o papa João Paulo II, em sua Encíclica *Dominum et vivificantem*, colocou ao lado do "dom da verdade da consciência".

Em relação ao aspecto supralinguístico, o fenômeno do falar em línguas assemelha-se à música, a qual — principalmente na concepção do romantismo primitivo– "[tem] seu reino especial, justamente lá onde a linguagem necessariamente falha".[154] No "dom das línguas" — segundo Hans Gasper,[155] este é o conceito adequado para glossolalia ou discurso das línguas —, o Espírito não é objeto do discurso, mas o ser humano é inteiramente instrumento do Espírito, comparável ao tocar um violino, quando todo o corpo humano se une ao instrumento e, assim, torna-se uma caixa de ressonância.

No pentecostalismo, o dom das línguas equivale à expressão da santidade transmitida mediante o batismo no Espírito. Nele, a presença do Espírito alcança uma intensidade que também poderia ser reformulada teologicamente como o "dom da certeza da redenção".

De igual modo, a experiência mística pode ser compreendida como uma antecipação da plenitude escatológica do Espírito. Ela representa uma forma extraordinária da experiência do Espírito, que presumivelmente não acontece com todos os fiéis. Ao mesmo tempo, segundo Rahner, a possibilidade de qualquer experiência de Deus, inclusive a mística, repousa na *visio beatifica*. Por conseguinte, a famosa frase de Karl Rahner, segundo a qual "o cristão do futuro ou será místico ou não será cristão",[156] deve ser compreendida como uma declaração que rei-

---

[151] W. Stählin, Die Bitte um den Heiligen Geist, 87.
[152] Ibid. 85.
[153] Papa João Paulo II, Carta Encíclica *Dominum et vivificantem*, 31.
[154] W. Stählin, Die Bitte um den Heiligen Geist, 87.
[155] H. Gasper, Ein Segen für die Kirche?, 367.
[156] K. Rahner, Zur Theologie und Spiritualität der Pfarrseelsorge, in: Id., STh XIV, Zürich et al. 1980, 148-165, 161.

vindica ser válida para todos os fiéis. Com esta frase, Rahner considera decisiva a experiência de Deus, da qual se pode falar doxologicamente. Ele já havia explicitado anteriormente a razão para isso:

> [...] o homem piedoso de amanhã será "místico", alguém que "experimentou" algo, ou já não será piedoso, porque a piedade de amanhã já não será acompanhada por uma convicção unânime, evidente e pública e por um costume religioso generalizado, que previamente se haviam tornado experiência e decisão pessoais; a costumeira educação religiosa, até agora, portanto, consegue ser apenas um adestramento secundário para a instituição religiosa.[157]

Misticamente, é o Espírito que já agora consegue sondar as profundezas de Deus para além de todas as convenções sociais e orienta o místico para uma vida em Deus. No entanto, conforme já foi explicado, a imediatidade da experiência de Deus, reivindicada misticamente, não é manifestamente generalizável. Ela representa um privilégio espiritual dos místicos e místicas para o louvor do Deus cada vez maior. Este estado de coisas protege a Igreja de uma usurpação institucional do Espírito.

Para os fiéis comuns, valem as apreensões de W. J. Hoye: "O que caracteriza a existência no mundo histórico não é a experiência de Deus, mas o desejo da experiência de Deus".[158]

Possivelmente por isso — inteiramente no sentido de uma "mística dos olhos abertos" (J. B. Metz) — é que Josef Wohlmuth, baseando-se em Rm 8,26, interpretou messianicamente a ação do Espírito, mediante o qual nos tornamos filhos de Deus e co-herdeiros de Cristo, ao mesmo tempo como gemido inexprimível no qual as experiências de sofrimento deste mundo são suportadas pela constante afabilidade de Deus em seu Espírito. Paulo "faz das experiências de sofrimento dos amados de Deus a base de uma 'piedade mundana' que, na oração, na qual o Espírito de Deus assume nossa fraqueza, não pode ser experimentada de

---

[157] K. Rahner, Frömmigkeit früher und heute, in: id., STh VII, Zürich et al. 1966, 11-31, 22s.
[158] W. J. Hoye, Gotteserfahrung?, 249.

maneira mais profunda".[159] De modo consistente, a exegese de Rm 8,26 — conforme Wohlmuth — salientou "que lá onde a linguagem brota das dores de parto do cosmo, é expressão da esperança e do anseio por plenitude. A oração não vive de resignação, mas de esperança".[160]

A doxologia, o louvor de Deus, é historicamente determinada por essa inescapável ambiguidade. No discurso sensível à teodiceia, o louvor escatológico é um não saber histórico a respeito do conteúdo de nossa oração, que é conduzida pelo gemido inexprimível do Espírito, mediante o qual nossa súplica foi atendida em esperança.

A doxologia como forma fundamental da confissão trinitária

Com isso, chegamos a tratar do segundo aspecto: a importância da doxologia para a formulação da doutrina trinitária. Ela deve ser considerada do ponto de vista da história do dogma, bem como da teologia sistemática.

Em relação à pneumatologia, do ponto de vista da história do dogma, o que conta é que, ao lado da fórmula batismal, a doxologia foi o fundamento para a formulação teológica da doutrina do Espírito Santo. No artigo do credo niceno-constantinopolitano, a confissão do Espírito Santo "*vem expressa mediante locuções bíblicas e recurso à doxologia*".[161] Como geralmente é sabido, Basílio de Cesareia, na primeira parte de seu escrito *De Spiritu Sancto*,[162] elaborou a fundamentação bíblica e a legitimidade de diversas fórmulas doxológicas — *no* Espírito, *pelo* Filho e *mais* o Espírito *com* o Filho. "Com a primeira (em — pelo), a comunidade agradece pela graça recebida do Pai, pelo Filho, no Espírito; com a segunda (mais — com; também e — e; cf. Mt 28,19), ela louva a mesma dignidade e honra."[163] Sobre esta base, Basílio desenvolveu a teologia

---

[159] J. Wohlmuth, Gottes Heiliger Geist – ausgegossen in die Herzen der Menschen, in: E. Düsing, W. Neuer, H.-D. Klein (ed.), Geist und Heiliger Geist. Philosophische und theologische Modelle von Paulus und Johannes bis Barth und Balthasar (Geist und Seele, 6), Würzburg 2009, 153-172, 166.
[160] Ibid. 167.
[161] B. J. Hilberath, Pneumatologie, 119. Grifo no original.
[162] Basílio de Cesareia, De spiritu sancto.
[163] B. J. Hilberath, Pneumatologie, 117.

do Espírito Santo. Desta forma, mais do que qualquer outro tratado teológico, ela está imediatamente ligada à doxologia.

A pneumatologia teológico-sistemática estrutura-se sobre tal fundamento. Wolfhart Pannenberg, a cujo esquema pneumatológico se faz referência no que se segue, desenvolveu-a do ponto de vista teológico-trinitário. Em sua primeira linha de raciocínio, trata-se do Espírito do Pai e do Filho, e da ação conjunta de ambos na ressurreição de Jesus; em uma segunda, portanto, trata-se da inclusão escatológica dos fiéis nesse acontecimento. Destarte, de um lado, Paulo fala do Espírito do Pai: "...do Espírito daquele que ressuscitou Jesus dentre os mortos (Rm 8,11) e que, em razão de também habitar nos fiéis, é, para eles, garantia de sua futura ressurreição",[164] a fim de dar a entender que Jesus não venceu a morte simplesmente em razão do Espírito que o Pai lhe concedeu, isto é, que ele não ressuscitou dos mortos mediante o poder do Espírito que lhe foi dado. "Portanto, pode-se entender que, em sua morte, ele entregou ao Pai o Espírito."[165] Por outro lado, "e sem detrimento disso, o Espírito procedente do Pai, que já fora concedido a Jesus em sua atividade terrena, é o poder de Deus (1Cor 6,14), mediante o qual Deus o ressuscitou dos mortos (cf. Rm 6,4), assim como ele ressuscitará também aqueles que estão ligados a Jesus na fé, mediante o Espírito que lhes foi dado".[166]

Com tais formulações, interessa a Pannenberg afirmar evidentemente a identidade do Espírito daquele que ressuscitou Jesus dentre os mortos com o Espírito que foi concedido pelo Pai a Jesus já durante o período de sua vida. Esta identidade fundamenta-se na saída do Pai e é estendida a todos os fiéis. O Espírito mediante o qual Jesus foi ressuscitado dos mortos é-lhes prometido como penhor para a futura ressurreição dos mortos. Mais uma vez Pannenberg, desta feita com uma citação mais longa, criando o contexto teológico-sistemático:

> O dom do Espírito aos fiéis [...] é transmitido mediante o fato de que os fiéis, ligados ao Filho revelado em Jesus Cristo por meio da fé e do

---
[164] W. Pannenberg, Die Vollendung der Heilsökonomie Gottes durch den Geist, 114.
[165] Ibid.
[166] Ibid.

batismo, tornam-se membros de seu corpo, de modo que a filiação em relação ao Pai pode aparecer também neles como participação na filiação de Jesus e, portanto, na vida intratrinitária de Deus, na recepção do Espírito através do Filho e em seu retorno ao Pai. Este último realiza-se na glorificação do Pai, como o Deus revelado através de seu Filho, por meio da oração e do louvor, e como no relacionamento de Jesus com o Pai, assim também, no caso dos fiéis, a glorificação do Pai mediante o Filho encontra sua correspondência na glorificação do Filho mediante o Pai (Jo 17,4s). Os fiéis, nos quais Jesus é glorificado como o Filho (Jo 17,10), através deste são introduzidos em seu relacionamento com o Pai e, com isso, também na glória que ele recebe do Pai (Jo 17,22). No ato da glorificação de Jesus como Filho, que glorifica ao mesmo tempo também o Pai no Filho, os fiéis participam da comunhão do Filho com o Pai e, portanto, na glória de Deus através da qual a própria vida deles será transformada em comunhão eterna com o Deus eterno. Em Jesus, como diz Paulo, contemplamos a glória do Senhor (isto é, do Pai) "como num espelho e somos transfigurados nessa mesma imagem, de uma glória à outra, tal como pelo Senhor, pelo Espírito (é dado)" (2Cor 3,18).

A singularidade do dom escatológico do Espírito consiste, portanto, em que, através da concessão do Espírito para posse permanente, abre-se aos fiéis a participação na vida eterna de Deus e, conseguintemente, também sua ressurreição para uma nova vida na comunhão com Deus está garantida. Isto se fundamenta no fato de que o Espírito é comunicado mediante o Filho encarnado em Jesus Cristo e, certamente, de tal modo que, com a fé em Jesus, a participação em sua filiação é comunicada e recebida ao mesmo tempo. Dessa forma, a comunicação do dom do Espírito por meio do Filho e seu conteúdo escatológico como participação na vida de Deus que vence a morte são inseparáveis.[167]

O Espírito aqui é compreendido como a disposição do ser-em. A diretividade do discurso de glorificação visa à participação na vida trinitária de Deus.

---

[167] Ibid. 115. Confesso, reconhecido e admirado, que eu não teria conseguido expressar-me com essa qualidade e, por isso, escolhi esta abrangente citação em cujo centro se encontra a glorificação como categoria trinitária que vence a morte.

2.2.4 Apreensão[168]

Partindo da pressuposição do dogmatismo do Espírito na ação, teoricamente o Espírito de Deus pode ser identificado em todas as ações realizadas, e isto significa: não somente no agir dos fiéis ou da Igreja. Na busca do Espírito de Deus fora do agir eclesial, a oportunidade se oferece principalmente quando se trata da corporificação do Espírito, daquele ser-apreendido pelo Espírito que encontra sua expressão ilustrativa em movimento vívido e corporal. No caso do ser-apreendido pelo Espírito e, nisso, pelo Espírito de Deus, tal como é narrado a respeito dos profetas no Antigo Testamento (Ex 15,20s; 1Sm 10,5-6; 19,18-24; 2Sm 6,14.21), trata-se de uma pneumatologia prática que gostaria de salientar o aspecto da apreensão. No entanto, no que se segue, escolhe-se na teologia um caminho altamente inusitado para tratar do fenômeno do ser-apreendido pelo Espírito.

Na mais fugaz de todas as formas artísticas, a dança, pode-se representar esta apreensão e, certamente, porque não seria possível através de palavras. Por isso, à guisa de exemplo, a seguir se fará referência ao teatro de dança de Pina Bausch, da cidade de Wuppertal. Para o autor, que ensina teologia em Wuppertal, isso não é assim tão estranho. No entanto, é preciso que se diga precavida e explicitamente com antecedência, que a referência ao teatro de dança de Wuppertal acontece sem a pretensão de querer fazer exigências teológicas ao grandioso trabalho artístico de Pina Bausch.

Em vez disso, a abordagem de uma "pneumatologia apreensível", inspirada no teatro de dança de Wuppertal, deve ser aprofundada teologicamente em suas consequências em um segundo passo. Partindo-se da estética do teatro de dança de Wuppertal e em referência às descrições da apreensibilidade profética, em última consequência — natu-

---

[168] Do latim tardio *sacire*, "apreender". Cf. J. Splett, Gott-ergriffen. Grundkapitel einer Religionsanthropologie (Edition Cardo, LXXV), Köln ⁴2006, 13-15; id., „Zeugnis vom Licht". Philosophie als Wahrheitsdienst, in: H.-G. NISSING (ed.), Der Mensch als Weg zu Gott. Das Projekt Anthropo-Theologie bei Jörg Splett. Philosophisches Symposion der Thomas-Morus-Akademie Bensberg (Wortmeldungen, 8), München 2007, 11-32, 24. Segundo Splett (Gott-ergrifen, 14), o conceito de apreensão foi difundido por Reinhard Lauth (R. Lauth, Ethik in ihrer Grundlage aus Prinzipien entfaltet, Stuttgart – Berlin 1969 (²2004), 31).

ralmente, pois, só no quarto capítulo conclusivo (4.3) — trata-se de determinar a unidade em Deus não ontológico-substancialmente, mas pneumatologicamente como apreensibilidade recíproca do Pai e do Filho. Quando a doutrina trinitária é desenvolvida a partir da pneumatologia — e não o contrário, como até agora, continuamente e em detrimento da pneumatologia —, a unidade em Deus não é verificável como a de um princípio ou de um ser — considerando-se a diferença ontológica como limite que não pode ser superado a partir do finito —, mas somente como uma unidade no Espírito. O "em" joanino, mesmo quando relacionado ao mútuo ser-em do Pai e do Filho, deve ser compreendido tendo como pano de fundo a apreensibilidade profética. Por isso, também o tema da mística, na medida em que não tematiza somente a diretividade para Deus, mas também a unificação com Deus, o estar-em do ser humano em Deus, deve ser retomado criticamente.

Contudo, antes de mais nada, em primeiro lugar é preciso explicar o que significa ser-apreendido como assertividade antropológica. Em segundo lugar, é preciso investigar se e de que modo uma referência à dança como expressão e representação da apreensibilidade pode ser estabelecida e legitimada bíblico-teologicamente antes de, em terceiro lugar, ressaltar a compreensão da dança no teatro de dança de Pina Bausch e de apresentar sua relação com o ser-apreendido.

Num quarto passo, depois disso, devem-se tematizar, sob o aspecto teológico-pneumático, os pontos de contato e as correspondências antes de que, por fim e em consequência do que foi explicado anteriormente, deva ser considerada ainda a corporeidade do Espírito. Um projeto bastante ambicioso.

Compreensão do ser-apreendido

Jörg Splett, que introduziu o conceito de apreensão no discurso filosófico-teológico, compreende o ser-apreendido como processo medial, como algo "que não se pode 'fazer' de modo autônomo-ativo, a que, contudo, também não se entrega de modo meramente passivo, pois pode-se recusar".[169] Ele descreve o processo medial apelando ao "deixai-vos reconciliar com Deus", de 2Cor 5,20, como "deixar-se-apreender".[170] No entanto, este deixar-se-apreender, segundo Splett, significa um processo humano universalmente válido, que diz respeito às pessoas em toda a sua existência. Teresa Berger diferenciou um pouco mais este processo do ser-apreendido e o caracterizou como determinado por um duplo movimento: "Sair-para-fora-de-si" [sic!] e "ser-ocupado-por" [sic!].[171]

Para Splett, o deixar-se-apreender é uma realização elementar; tematiza a prática autônoma: "Deixar-se apreender. Isto é — antes de ativo e passivo — a própria realização da liberdade [...]".[172] Uma vida consciente exige uma compreensão do ser-apreendido.

A tradição veterotestamentária

A tradição do Antigo Testamento conhece relatos nos quais se descreve que e como profetas são apreendidos pelo Espírito (cf., por ex., 1Sm 19,18-24). Neles se descreve que profetas, apreendidos pelo Espírito, em êxtase, saem de si e se deixam ocupar por Deus. O mesmo duplo movimento é delineado por Lucas no relato de Pentecostes (At 2). Neste duplo movimento do ser-apreendido, profetas e apóstolos tornam-se meios do anúncio de Deus. R. Neu escreve no Léxico Bíblico:

> No Antigo Testamento, a recepção do Espírito geralmente é descrita com a fórmula חלץ חור (ṣālach ruach): "O Espírito penetrou em/atravessou XY". O conceito deixa claro que o Espírito divino se enfia no corpo da pessoa em questão e apodera-se dele. Este Espírito, que mantém "a posse" do corpo do meio/profeta, usa também suas aptidões físicas e "fala através" de sua boca. A tradição das "últimas palavras de Davi",

---

[169] J. Splett, Gottes Dreieinigkeit denken? Zu Möglichkeiten trinitarischerTheologie zwischen Augustinus und Richard v. St.-Victor, in: E. Düsing, W. Neuer, H.-D. Klein (ed.), Geist und Heiliger Geist. Philosophische und theologische Modelle von Paulus und Johannes bis Barth und Balthasar (Geist und Seele, 6), Würzburg 2009, 87-104, 100.
[170] Ibid.
[171] T. Berger, Liturgie und Tanz. Anthropologische Aspekte, historische Daten, theologische Perspektiven (pietas liturgica, Studia 1), St. Ottilien 1985, 20.
[172] J. Splett, „Zeugnis vom Licht", 24.

em 2Sm 23,1-7, presumivelmente um dos mais antigos relatos do Antigo Testamento sobre uma experiência auditiva de revelação, ilustra este processo. Os versículos 2Sm 23,1b-3a descreem a recepção de uma palavra profética: "Oráculo de Davi, filho de Jessé, oráculo do homem que foi exaltado, do ungido do Deus de Jacó, do cantor dos cânticos de Israel. O Espírito de Iahweh falou por meio de mim, a sua palavra está na minha língua. O Deus de Israel falou, a Rocha de Israel me disse". Segundo esta representação, não se pode fazer nenhuma distinção entre a recepção da mensagem e sua transmissão: o profeta é apreendido pelo Espírito de Deus, torna-se seu instrumento, e o Espírito fala através de sua boca. Estas ocorrências, que no processo analítico devem ser diferençadas, formam uma unidade no evento da recepção da palavra. A palavra divina sobrevém ao profeta como um poder que o invade. Conforme esta mais antiga compreensão da recepção da palavra, não faz parte da tarefa do profeta refletir e interpretar a mensagem recebida antes de transmiti-la. Ao contrário, o Espírito divino serve-se do profeta como um instrumento a fim de tornar perceptíveis suas intenções. O profeta pode apenas falar o que Deus lhe põe na boca (Nm 22,38).[173]

A apreensibilidade profética diz respeito àquele que, por meio dela, torna-se meio do Espírito, não apenas intelectualmente. Ela exprime-se não somente na palavra. Ela penetra-o e move-o em sua existência corporal. Em 1Sm 19,18-24, isto é expresso mediante a dança.

Um segundo relato bíblico, e provavelmente mais antigo, baseado em circunstâncias semelhantes, é a narrativa sobre a dança de Maria (Ex 15,20.21). O texto é importante "porque Êxodo 15, na tradição judaica, serve como texto básico para o fenômeno da inspiração coletiva: não Maria somente, mas todo o povo, homens e mulheres, estavam cheios do Espírito Santo [...]. A dança transmite o dom do Espírito e inspira [...]".[174]

No Antigo Testamento, a dança parece ser uma possibilidade de expressar o ser-apreendido como sair-de-si e ser-ocupado por Deus. Por

---

[173] R. Neu, Art. Audition, in: https://www.bibelwissenschaft.de/wibilex/dasbibellexikon/lexikon/sachwort/anzeigen/details/audition/ch/4f86c054eb215935 7aae6793c46b88f1/ (16.02.2016).
[174] M. Klinghardt, Tanz und Offenbarung. Praxis und Theologie des gottesdienstlichen Tanzes im frühen Christentum, in: Spes Christiana 15-16 (2004-2005), 9-34, 21.

outro lado, o dançar não é a única possibilidade mediante a qual a apreensibilidade pode ser expressa e representada. Ser-apreendido, por sua vez, não é a única característica pela qual, no Antigo Testamento, o poder de expressão e de representação da dança pode ser descrito. Assim, Teresa Berer trata a alegria, a festividade e o senso de comunidade como outras características da dança.[175] Também Heinz-Josef Fabry compreendeu a dança no Antigo Testamento, que é descrita sobretudo como dança de colheita, de vitória e de bodas, como expressão da festa e da alegria.[176]

Michaela Geiger, no âmbito de sua interpretação da perícope sobre a dança de Maria, distingue quatro dimensões no poder de expressão e de representação da dança. Em primeiro lugar, a dança deveria ser compreendida como parte da interpretação ritual da realidade: o simples fato de dançar expressa alegria, pois a "dança [...], na Bíblia Hebraica", segundo Geiger,

> é uma antítese à tristeza:
> A alegria desapareceu de nosso coração,
> Converteu-se em luto a nossa dança (Lm 5,15).
> Transformaste o meu luto em dança,
> Tiraste meu pano grosseiro e me cingiste de alegria (Sl 30,12).[177]

Em segundo lugar, no Antigo Testamento, a dança está a serviço da adoração e da veneração de Deus (Jr 51,29 e Sl 114,7). Contudo, já no Antigo Testamento a adoração a Deus por meio da dança deve ter sido controversa: é o que indica a crítica de Micol à dança de Davi (2Sm 6,20s).[178] Por isso é que Fabry julga mais comedidamente do que Gei-

---

[175] T. Berger, Tanz, 21.
[176] Cf. H.-J. Fabry, Der Tanz im alttestamentlichen Judentum, in: Choreae 3 (1996), 37-44, 44.
[177] M. Geiger, Mirjams Tanz am Schilfmeer als literarischer Schlüssel für das Frauen-Tanz-Motiv – Eine kanonische Lektüre, in: id., R. KESSLE (ed.), Musik, Tanz und Gott. Ton-Spuren durch das Alte Testament (SBS 207), Stuttgart 2007, 55-75, 58.
[178] Cf. O. Keel, Davids „Tanz" vor der Lade, in: BiKi 51 (1996), 11-14, 13; ademais: S. Bodemann, Der musizierende und tanzende David in der italienischen Malerei des 16. und 17. Jahrhunderts (Tholos, 8), Münster 2015, que sugere que, na representação pictórica, o modelo apologético de explicação, segundo o qual a dança de Davi deveria ser compreendida como ato de humildade e de temor de Deus, tornou-se "extremamente importante" (34).

ger. Ele compreende a dança de Davi diante da arca como procissão. Ao mesmo tempo, ele mostra inconfundivelmente que, a partir dos elementos contidos no Antigo Testamento, não se pode desenvolver "nenhuma teologia positiva da dança litúrgica".[179] Geiger, em contrapartida, quer compreender a dança de Maria como ato festivo da adoração a Deus. Em sua opinião, isto está indicado pela caracterização de Maria como profetisa em Ex 15,20.[180]

Em terceiro lugar, Michaela Geiger sublinha a importância da dança em situações limites. É vista como elemento ritual formativo em situações de transição. "Mediante a configuração ritual da alegria na dança e no louvor, torna-se visível o novo status de povo livre."[181] Em ambos, o povo assumiu o êxodo mediante a partida para o deserto de Sur (Ex 15,22).

Em quarto lugar, de acordo com Geiger, a dança estabeleceu comunicação "entre indivíduos, entre indivíduos e espaço, entre movimento interior e exterior, bem como entre diversos modos de tempo. A atuação de Maria cria uma situação comunicativa [...]".[182]

Na perspectiva teológico-sistemática, perante as interpretações exegeticamente multifacetadas e às vezes controversas da dança no Antigo Testamento, talvez já não se poderá apegar-se ao fato de que, na compreensão bíblica, a apreensibilidade seja uma, embora de forma alguma a única característica que possa ser expressa mediante a dança.

---

[179] Cf. H.-J. Fabry, Der Tanz im alttestamentlichen Judentum, 43. A discussão em torno da dança como ato da adoração a Deus na história da teologia é apresentada por S. Bodemann, Der musizierende und tanzende David in der italienischen Malerei des 16. und 17. Jahrhunderts, 35-40.

[180] M. Geiger, Mirjams Tanz am Schilfmeer 58. Para a teologia rabínica, a ideia de uma íntima conexão entre profecia e o Espírito Santo é essencial. Cf. K. E. Grözinger, Musik und Gesang in der Theologie der frühen jüdischen Literatur. Talmud, Midrasch, Mystik (Texte und Studien zum Antiken Judentum, 3), Tübingen 1982, 102. Referindo-se a P. Schäfer, Die Vorstellung vom Heiligen Geist in der rabbinischen Literatur (Studien zum AT und NT, 28), München 1972, 66, Grözinger constata que, no caso de canções executadas profeticamente, ou seja, cantadas no Espírito, trata-se menos de revelação de texto do que de "um louvor de Deus", "que transcende as capacidades humanas e só pode ser operado pelo próprio Deus". (106). No Novo Testamento, encontram-se o cântico de Zacarias (Lc 1,67ss) e o de Simeão (Lc 2,25ss).

[181] M. Geiger, Mirjams Tanz am Schilfmeer, 61.

[182] Ibid.

Em sentido inverso, dá-se algo semelhante. A dança não é a única forma na qual se possa expressar a apreensibilidade.

Pode-se confirmar esta descoberta do ponto de vista da fenomenologia da religião. Para o eminente estudioso holandês do fenômeno das religiões Geradus van der Leeuw, o louvor, o balbuciar e o silenciar, bem como a dança, expressam a apreensibilidade.[183] Quanto ao louvor, já se falou de modo geral. Van der Leeuw liga o balbuciar à glossolalia. Também disso já se tratou. Ele conecta o silenciar à mística. A esse respeito, um pouco mais perto do fim do capítulo. Quanto à conexão entre apreensibilidade e dança, deve-se observar, do ponto de vista da fenomenologia da religião, que nem toda forma de dança que conhecemos consegue expressar a apreensibilidade. De um lado, parecem pouco apropriados o balé clássico e, por assim dizer, a dança de salão clássica, com suas formas e sequências de passos fortemente pré-estabelecidas.[184] Por outro, igualmente pouco adequadas parecem as formas de dança litúrgica ou sacral praticadas por alguns grupos entusiastas.

O teatro de dança de Pina Bausch

Levando em conta tudo isso, no que se segue gostaria de expor por que considero que a dança contemporânea, tal como se desenvolveu no teatro de dança de Pina Bausch desde os anos setenta do século passado e está constantemente em evolução, é expressão paradigmática para uma "pneumatologia apreensível". Em minha opinião, fora da moldura litúrgica e eclesial, Pina Bausch, com seu teatro de dança, conseguiu transmitir que a dança e, portanto, o corpo em movimento podem ser compreendidos como gesto da apreensibilidade do Espírito.

Pina Bausch queria falar a respeito do ser humano dançando. Ela desenvolveu suas partes de modo processual. As dançarinas e dançarinos envolveram-se na coreografia e não apenas realizaram movimentos. Agindo assim, eles romperam a barreira formalista do balé clássico e

---

[183] Cf. G. v. d. Leeuw, Phänomenologie der Religion, Tübingen ²1956 (31970), 488-494.
[184] Cf. A. Kolb, Art. Ausdruckstanz, in: A. HARTMANN, M. WOITAS (ed.), Das große Tanzlexikon. Tanzkulturen – Epochen – Personen – Werke, Laaber 2016, 33-36.

rasgaram as fronteiras entre os ramos da arte representativa. Ademais, Pina Bausch envolveu criativamente, de modo artístico, o espaço e os figurinos. Solos modificados (turfa, água, ruas) trouxeram a natureza e a urbanidade para o palco e — em parte tomados emprestados ao cotidiano — os movimentos dos dançarinos e dançarinas expostos a essas resistências.

A conexão entre emoção e movimento é central no teatro de dança de Pina Bausch. Na medida em que as dançarinas e os dançarinos se movem com a mais alta precisão, experimentam a circunstância que o movimento deve expressar com a máxima intensidade. Neste sentido, a performance de seu teatro de dança, que Pina Bausch desenvolveu orientando-se pela *modern dance* americana e pela dança expressionista alemã, encontra-se sob a aspiração de deixar-se tornar uma forma elementar de experiências vitais.

> De Wuppertal saiu uma revolução que emancipou universalmente e redefiniu a dança. O teatro de dança avançou para um ramo próprio, que influenciou coreógrafos internacionalmente e também mostrou impactos no drama e no balé clássico. O sucesso mundial repousava no fato de que Pina Bausch estava fazendo de uma necessidade universal seu tema central: a necessidade de amor, de proximidade e de proteção. Para isso, ela desenvolveu uma forma aberta de trabalho que poderia absorver as mais diversas influências culturais. Em reiteradas novas excursões poéticas, ela investigava o que mais nos aproxima de nossa necessidade de amor e o que dela nos afasta. É um teatro universal que não ensina ou sabe melhor do que o espectador, mas que cria experiências: que tornam feliz ou que entristecem, suaves ou desafiadoras, e sempre de novo cômicas e bizarras. São imagens móveis e comoventes das paisagens interiores que sondam com mais precisão a situação emocional humana e nela jamais desiste da esperança de que o anseio pelo amor possa ser apaziguado. A esperança é uma chave para esta obra quanto à proximidade à realidade, pois as peças se relacionam sempre a algo que todo espectador conhece e pode experimentar no próprio corpo.[185]

---

[185] N. Servos, Tanztheater Wuppertal, in: http://www.pina-bausch.de/tanztheater/ index.php (01.03.2016); cf. Id., Pina Bausch. Tanztheater, München 32012.

E mais ainda se diz na interpretação promocional-benevolente de Norbert Servos:

> Com sua opção pelos sentimentos humanos elementares, os medos e as necessidades, bem como os desejos e anseios, o teatro de dança de Wuppertal é não apenas compreendido em todo o mundo, como também desencadeia uma revolução coreográfica internacional. O segredo deste sucesso pode estar no fato de que o teatro de dança de Pina Bausch arrisca um olhar sincero sobre a realidade e, ao mesmo tempo, convida ao sonho. Leva a sério o espectador em sua vida cotidiana e fortalece imediatamente sua esperança de que tudo pode mudar para melhor. Para tanto, porém, ele próprio é convocado a assumir a responsabilidade. Os homens e as mulheres nas peças de Pina Bausch só podem testar com toda exatidão e honestidade o que aproxima cada um da felicidade e o que o afasta dela; eles não oferecem receitas prontas. No entanto, sempre despedem seu público na certeza de que — em todos os altos e baixos — a vida pode ser bem-sucedida. [...] Tal como as peças, o palco e os figurinos espelham o cotidiano, ultrapassando-o, porém, rumo a uma beleza e uma leveza oníricas. No começo, ainda se prefere ignorar o humor e a beleza; embora esta se encontre no feio aparente, no decurso dos anos é sempre mais bem compreendida. Paulatinamente se torna claro o que está em jogo no teatro de dança: não se trata de provocação, mas sim — nas palavras de Pina Bausch — "de algo em que nos podemos encontrar". [...] Não é um teatro que pretende ensinar, mas sim um teatro que deseja provocar uma experiência elementar da vida, que todo espectador é convidado a partilhar com as dançarinas e os dançarinos.[186]

Processualidade e participação determinam a compreensão do teatro de dança. A precisão dos movimentos possibilita a participação unânime dos espectadores. O que deve ser expresso só adquire relevo na máxima precisão. A determinação do movimento possibilita a coerência do acontecimento.

No testemunho pessoal de Pina Bausch, no teatro de dança "se trata de algo em que nos podemos encontrar". Ela "não se interessa em

---

[186] N. Servos, Pina Bausch. Tanzend vom Menschen sprechen, in: http:// www.pina-bausch.de/pina_bausch/index.php?text=lang (01.03.2016).

como as pessoas se movem, mas no que as move".[187] Ela quer "encontrar uma linguagem para a vida".[188] Uma fenomenologia da dança deve orientar-se por isso. Ela está continuamente voltada para o testemunho pessoal cinestético, ou seja, para a performance do teatro de dança.

Perante isso, a mera teoria é ignorante. É-se obrigado a "abrir-se ao *sentido energético* da dança",[189] deixar-se tocar e encantar pelo acontecimento. Atenção e afetividade determinam a disposição do espectador que aí se encontra com as dançarinas e os dançarinos, que ele cinesteticamente não apenas percebe, mas sente. "O Espírito deve ligar-se ao corpo *no sentir*; do mesmo modo, uma percepção ou sensação dependem da presença espiritual da pessoa",[190] escreve Miriam Fischer que, apoiando-se na fenomenologia da corporeidade de Hermann Schmitz, sublinha a apreensibilidade como uma característica para a compreensão da dança. "O espaço corporal irradia sempre atmosferas [a estreiteza, a amplitude no movimento da contração e da expansão; inclusão minha], 'que a pessoa afetada apreende como corporalmente palpável' [...]."[191] Assim, ela confere plausibilidade à sua tese relacionada à dança, segundo a qual "existe no ser humano [...] uma *forma de espiritualidade* que se dá no sensual, e à qual o ser humano tem acesso na *experiência estética*",[192] que não seria arquivável e também não poderia ser apreendida abstratamente.

> A *dança como fenômeno do movimento* parece recusar-se ser fixada em conceitos ou em outros códigos. A transmissão e o arquivamento da dança representam, respectivamente, [...] um grande problema. A au-

---

[187] P. Bausch, citado conforme: http://www.bundeskunsthalle.de/ausstellungen/pina-bausch.html (01.03.2016).
[188] P. Bausch, citado conforme: http://www.pinabausch.org/de/news/pina-bauschfellowship (03.11.2016). Cf. a descrição concreta da prática do teatro de dança baseada na peça "Café Müller", por M. Denana, Ästhetik des Tanzes. Zur Anthropologie des tanzenden Körpers (tanzpraktischer Exkurs 4 zu Pina Bauschs Café Müller), Bielefeld 2014, 252-259.
[189] M. Fischer, Vom Sinn des Tanzes oder: Zum Problem des Verstehens von Tanz, in: M. GroS-Sheim, S. Volke (ed.), Gefühl, Geste, Gesicht. Zur Phänomenologie des Ausdrucks (Neue Phänomenologie, 13), Freiburg i. Br. – München 2010, 234-260, 242. Grifo no original aqui e no restante.
[190] Ibid. 240.
[191] Ibid. 258.
[192] Ibid. 239.

sência da dança nos arquivos e museus de uma cultura, mas também o estudo científico da dança, inexistente durante longo período e até hoje escasso, deixa-se mui provavelmente explicar em razão disso.[193]

A "compreensão da dança" mediante um "ser-apreendido e ser-afetado gerais" (Schmitz)"[194] designa, em contrapartida, uma chave hermenêutica para a compreensão também da declaração de Pina Bausch sobre querer encontrar-nos naquilo que nos move.

Esta autodescrição pode e deve ser compreendida em primeiro lugar antropologicamente: o teatro de dança de Pina Bausch exprime a vida humana de modo multifacetado e intensivo em suas peças e coreografias também em dimensões nas quais a linguagem falha.

Abordagens teológicas

A intenção condutora do teatro de dança de Wuppertal, de que a performance artística é algo em que nos podemos encontrar, pode ser interpretada pneumatologicamente — mesmo que Pina Bausch, talvez, não possa compreendê-lo. Com esta tese — seja dito, mais uma vez, expressamente —, não pretendo instrumentalizar ou fazer exigências teológicas ao grandioso trabalho artístico de Pina Bausch. Muito pelo contrário. Com este trabalho, a teologia pode aprender a conhecer melhor a presença do Espírito; o mesmo pode Pina Bausch fazer com a teologia.

O objeto da interpretação pneumatológica do teatro de dança de Pina Bausch é a dança como forma de arte performática fugaz e aberta à religião. Aliás, é preciso pressupor que a "dança [...] pode ser descrita como *aberta à religião*".[195] Através desta pressuposição, que deve ainda

---

[193] Ibid. 234s. Cf., porém, M. Wagenbach, Pina Bausch Foundation (ed.), Tanz erben. Pina lädt ein, Bielefeld 2014. As contribuições da antologia dedicam-se fundamentalmente e de maneira inovadora ao tema de um arquivamento da dança, mediante o qual o arquivo é compreendido como uma oficina do futuro. Novas formas para tornar o legado de Pina Bausch presente e experimentável foram buscadas também pelo Bundeskunsthalle ["Salão de Arte da Alemanha"] com a exposição "Pina Bausch e o Teatro de Dança" (de 04.03-24.07 de 2016).
[194] M. Fischer, Vom Sinn des Tanzes, 259.
[195] G. Fermor, Tanz II. Praktisch-theologisch, in: TRE XXXII, 2001, 647-655, 648. Grifo no original. Cf. M. Hartmann, „Mensch, lerne tanzen". Theologische Blicke auf das Phänomen

ser justificada em seguida, o teatro de dança não é de forma alguma usado em sentido religioso ou sacralizado. Na interpretação pneumatológica, também conta o indispensável respeito diante da artisticamente autônoma "dança como forma artística do *agir performático*",[196] mas igualmente se trata da libertadora força profética e poética desta dança. E a própria Pina Bausch oferece um ponto de contato com esta opinião. Ela tematiza a dimensão da esperança, traduzível para o campo religioso, como "certeza de que — em todos os altos e baixos — a vida pode ser bem-sucedida".[197]

Tal como o olhar sincero sobre a realidade humana, a dimensão da esperança é essencial para que alguém possa encontrar-se em um acontecimento que é significativo para a vida. No entanto, os conteúdos da esperança são esboçados limitadoramente contra a provocação e a doutrinação: positivamente, trata-se de respeito, partilha de experiências elementares, alegria e esperanças, tristeza e medo, generosidade e placidez, elegância e reconciliação, coragem e confiança, paz e mútua compreensão.

> O trabalho, tão controverso inicialmente, evoluiu definitivamente para um teatro mundial, capaz de assumir em si todos os matizes culturais e tratar cada ser humano com o mesmo respeito. Não é um teatro que pretende ensinar, mas um teatro que deseja provocar uma experiência elementar da vida, que todo espectador é convidado a partilhar com as dançarinas e os dançarinos. Este teatro mundial é generoso, sereno na percepção do mundo e extremamente elegante no trato com seu público. Oferece-lhe a oportunidade de reconciliar-se com a vida e de confiar em sua própria energia vital e em sua própria força. Como mediador entre as culturas, é um mensageiro da paz e da mútua compreensão.[198]

Nisto, a própria Pina Bausch dá a entender que uma interpretação de sua obra aberta à religião não deve necessariamente representar uma dissociação.

[] Tanz, in: GuL 88 (2015), 188-198. Hartmann refere-se expressamente a P. Bausch.
[196] Ibid.
[197] N. Servos, in: http://www.pina-bausch.de/pina_bausch/index.php?text= lang (18.11.2014).
[198] Ibid.

A declaração de Pina Bausch de que a dança é "algo em que nos podemos encontrar", quando lida como declaração aberta à religião, encontra, ademais, um paralelo na preocupação de Paul Tillich a respeito do que necessariamente nos é importante comunicar. Tal pretensão pode ser legitimada mais uma vez através de uma afirmação que corresponde à autocompreensão do teatro de dança de que nada lhe é estranho — portanto, também a dimensão religiosa não o é.

Além disso, de uma perspectiva histórica, pode-se demonstrar que a coreografia da moderna dança expressionista se deixou inspirar por temas bíblicos. "There is hardly a modern dance choreographer of note who was not at one time or another inspired by the Bible. Exponents of the Central European *Ausdruckstanz*, such as Harald Kreutzberg, Rosalia Chladek, Gertrud Kraus, or Kurt Jooss treated biblical themes, as did their American counterparts" ["Praticamente não há nenhum importante coreógrafo de dança moderna que em um momento ou outro não tenha sido inspirado pela Bíblia. Ilustres representantes da *Dança Expressionista* da Europa Central, como Harald Kreutzberg, Rosalia Chlade, Gertrud Kraus ou Kurt Jooss lidaram com temas bíblicos, assim como o fizeram seus colegas americanos"].[199] Em seu artigo "Biblical Criteria in Dance: Modern Dance as Prophetic Form" ["Critérios bíblicos na dança: dança moderna como forma profética"], Doug Adams e Judith Rock designam a comunicação como o argumento decisivo para a abertura da dança à religião. Eles fazem referência a John Martin, antigo crítico de dança do *The New York Times*, e escrevem: "John Martin, [...] elaborated in 1933 that modern dance was not a dance for spectacular display or self-expression, but attempted to communicate personal authentic experiences connected with a basic truth about human beings and reality" ["Em 1933, John Martin, [...] explicou que a dança moderna não era uma dança para a exibição espetacular ou autoexpressão; ela buscava transmitir autênticas experiências

---

[199] G. Manor, Dancing the Good Book – An Overview, in: Choreography and Dance 2 (1992), 1-12, 3. Grifo no original.

pessoais ligadas a uma verdade básica a respeito dos seres humanos e da realidade"].[200]

Por conseguinte, na dança expressionista moderna não se trata de autorrealização extática ou de purificação esotérica dos sentimentos; ao contrário, é questão de comunicação. De acordo com Abraham Heschel, a quem os autores se reportam, isto corresponde ao comportamento dos profetas.[201] Consoante a opinião de Adams e de Rock, na qualidade de comunicação a respeito de intuições fundamentais sobre a verdade da existência humana, uma forma profética denota a moderna dança expressionista: "Modern dance began as a prophetic form in that its purpose was the communication of personal authentic experience by means of new symbols, new forms, and new ways of moving" ["A dança moderna começou como uma forma profética na medida em que seu propósito era a comunicação de autêntica experiência pessoal por meio de novos símbolos, novas formas e novas maneiras de mover-se"].[202]

A teoria de base para Adams e Rock é, mais uma vez, a já supramencionada posição do teólogo Paul Tillich. Tillich, cujo entendimento da religião, segundo suas próprias indicações, foi profundamente influenciado pela moderna dança expressionista segundo Mary Wigman,[203] distinguiu entre uma religiosidade em sentido amplo e outra em sentido mais estrito. A religiosidade em sentido amplo é comunicada por via da expressão (*style* ["estilo"]), ao passo que a religiosidade em sentido mais estrito seria comunicada por via do conteúdo.[204] Assim sendo, a dança expressionista pode ser compreendida com Tillich como comunicação sobre o "que nos importa absolutamente".[205] Conseguintemente, pode-se admitir o exercício de mútua influência.

---

[200] D. Adams, J. Rock, Biblical Criteria in Dance: Modern Dance as Prophetic Form, in: Choreography and Dance 2 (1992), 13-18, 14s.
[201] Ibid.
[202] Ibid. 15.
[203] Cf. P. Tillich, Tanz und Religion, in: Id., Impressionen und Reflexionen. Ein Lebensbild in Aufsätzen, Reden und Stellungnahmen (GW XIII), R. Albrecht (ed.), Stuttgart 1972, 134-137, 134.
[204] Cf. D. Adams, J. Rock, Biblical Criteria in Dance, 13.
[205] Cf. P. Tillich, Tanz und Religion.

Um exemplo elementar para uma compreensão pneumatológica ainda mais profundamente penetrante da dança como dom do Espírito foi dado pelo coreógrafo M. Graham: "Graham found the genesis of movement in the act of breathing — the source of human life — beginning as the biblical narrative begins with the gift of breath to the human body and its consequences" ["Graham descobriu a origem do movimento no ato de respirar — a fonte da vida humana —, começando como a narrativa bíblica começa: com o dom do sopro ao corpo humano e suas consequências"].[206]

Além disso, para uma abordagem pneumatológica em sentido mais estrito da obra de Pina Bausch, parece-me ajudar a avançar uma observação que M. Klinghardt pôs em jogo como resumo de sua análise da dança na Didaqué e nas Acta. Com seu julgamento, ele corresponde à autocompreensão do teatro de dança, na medida em que compreende a dança como modo intensivo da recepção do Espírito: "Os textos sobre a inspiração mediante a dança deixam claro que esta inspiradora experiência do Espírito é consequência de que as pessoas se incorporam à dança coral [...]".[207] A dança é vista por ele como figuração que conduz à liberdade do Espírito. "Os testemunhos mostraram que a dança não expressa, em primeira linha, sentimentos religiosos ou a consciência religiosa (isto é, traz algo interior para fora e torna-o visível), mas comunica de maneira especial esta experiência religiosa e assim provoca inspiração e revelação."[208]

Esta tese, teologicamente densa, mas inteiramente em correspondência com a intenção de Pina Bausch, encontra uma confirmação adicional, pelo menos indireta, na interpretação rabínica da já comentada perícope do Êxodo na qual se trata da divindade que se revela no Mar dos Juncos (Ex 14,13–15,21) e que termina com a dança de Maria. Contudo, ela vai de encontro à prática comum. De acordo com Peter Schäfer, o Midrash compreende a instrução de Moisés ao povo — "Não

---

[206] D. Adams, J. Rock, Biblical Criteria in Dance, 15.
[207] M. Klinghardt, Tanz und Offenbarung, 30. No entanto, se a revelação pode ser "alcançada" pela dança, é teologicamente mais do que questionável.
[208] Ibid.

temais; *posicionai-vos* e vede o auxílio do Senhor (que ele hoje vos fará. Porque, tal como hoje vedes os egípcios, já não os vereis na eternidade) (Ex 14,13)" — da seguinte maneira: "Os israelitas disseram-lhe (a Moisés): Quando? Moisés respondeu-lhes: Hoje repousa o Espírito Santo sobre vós, pois, por toda parte onde se diz *estar-de-pé*, indica-se do Espírito Santo, como está escrito: Vi o Senhor, que estava de pé junto ao altar etc. (Am 9,1)".[209] No caso, há três momentos notáveis: em primeiro lugar, que o Espírito de Deus repousa sobre todo o povo; em segundo, que ele está associado à presença de Deus na ação histórica, e em terceiro, que uma expressão corporal é vista como lugar da presença de Deus:

> j Sot [o Talmude de Jerusalém; inclusão minha] e paralelos usam o termo "Shekinah" para a divindade que se revela no Mar dos Juncos. Daí se deverá concluir que, concretamente, a manifesta presença da *Shekinah* no Mar dos Juncos "inspirou" os israelitas. O povo cantou a canção do mar, de certo modo, como "resposta" à vista da *Shekinah*. Nisso se exprime uma relação entre o Espírito Santo e a *Shekinah* — para não dizer uma dependência do Espírito Santo em relação à *Shekinah* —, tal como, de outra maneira, somente no santuário é possível. A revelação no Mar dos Juncos é o único, talvez o único lugar possível, fora do santuário, no qual esta relação entre a *Shekinah* e o Espírito Santo torna-se tangível.[210]

Resumidamente, encontra-se em Peter Schäfer: "Junto ao Mar dos Juncos, a manifesta (isto é, visível a todos os israelitas) presença da *Shekinah* possibilitou o canto da Canção do Mar [...]".[211]

Corporeidade do Espírito

No gesto da dança — compreendida em perspectiva pneumatológica —, o Espírito de Deus torna-se manifesto como uma realidade que apreende todo o ser humano. A figura de linguagem bíblica do "corpo como templo do Espírito" (1Cor 6,19) exprime isso, bem como a ideia joanina de encarnação. De acordo com Jo 4,24, "o Espírito de

---
[209] P. Schäfer, Die Vorstellung vom Heiligen Geist, 65s. Grifo no original.
[210] Ibid. 66.
[211] Ibid. 141.

Deus que habita e age em nós quer também atuar e expressar-se na vida corporal e pressiona para a realização corporal. Corporeidade, não espiritualização, [...]".[212] Em um poema cuja formulação central deve ser citada aqui, Madeleine Delbrêl expressou isso linguisticamente de maneira maravilhosa:

> Concede-nos viver nossa existência [...]
> Como uma dança,
> Nos braços de tua graça....[213]

Em perspectiva antropológica, com sua determinação da relação entre corpo e vida consciente, Saskia Wendel correspondeu a isso. De saída, ela rejeita qualquer dualismo entre corpo e Espírito: "Vida consciente expressa-se também como corpo; o corpo é figura, forma de expressão, modo de existência, 'símbolo' de uma vida consciente".[214] Reportando-se a aquisições que se devem principalmente a resultados de pesquisa fenomenológica,[215] Wenden elabora a unidade diferenciada entre corpo e vida, a qual deve ser utilizada pneumatologicamente, mesmo que aqui não possa ser reproduzida em detalhes.

Leonardo Boff concretizou em sua pneumatologia a intuição fundamental de Wendel do corpo como figura, ou seja, forma de expressão de uma vida consciente, na medida em que escreve: "Especialmente na dança e no balé, o corpo torna-se forma de expressão do Espírito".[216] Fenomenologicamente, ele toma duas características da dança que podem ser lidas antropologicamente como gesto da vida consciente e compreendidas pneumatologicamente como presença do Espírito: o

---

[212] W. Stählin, Die Bitte um den Heiligen Geist, 23.
[213] Citado segundo O. Georgens, Predigt beim Frauengottesdienst zum 100. Geburtstag von Madeleine Delbrêl am 24. Oktober 2004, in: http://cms.bistumspeyer. de/madeleine-delbrel/index.php?mySID=e9000e66c61658d5fdad2ce9ed 157162&cat_id=23734 (25.09.2016).
[214] S. Wendel, Gott Heiliger Geist – der störende Dritte?, in: ThG 56 (2013), 133-142, 135. Cf. T. Pröpper, Theologische Anthropologie I, 581s.
[215] Cf., por ex., B. Waldenfels, Leibhaftiger Tanz – Im Blick der Phänomenologie, in: https:// www.goethe.de/de/kul/tut/gen/tan/20364432.html (01.03.2016); uma boa visão geral sobre a discussão fenomenológica é oferecida por M. Staudigl (ed.), Gelebter Leib – verkörpertes Leben. Neue Beiträge zur Phänomenologie der Leiblichkeit, Würzburg 2012.
[216] L. Boff, Der Heilige Geist, 252.

movimento e o silêncio: "Ele [o Espírito; inclusão minha] é por natureza energia, movimento, emoção interior, entusiasmo e uma força misteriosa [...] Ele é silencioso".[217] Ele é o silêncio em variado discurso e fica ao lado dos que guardam silêncio.

Ser-apreendido e a mística mais uma vez

A partir daqui, é pertinente, uma vez mais, um olhar sobre a mística. Em referência a uma observação de Gerardus van der Leeew, acima já se constatou que do ser-apreendido pelo Espírito, que abre a vida para Deus, resulta um acesso à compreensão da mística. Sua tese em torno da fenomenologia da religião encontra em Bertram Stubenrauch sua confirmação teológica.[218] Van der Leeuw ligou a mística ao silêncio, que Leonardo Boff mencionou juntamente com a dança e em consequência da dança, e com isso situou-o no horizonte da teologia negativa. Com isto, ele resiste ao perigo da mistura entre ser humano e Deus que ultrapassa as fronteiras da linguagem. De que outra maneira se deveria conservar o *vis-à-vis* do Espírito na apreensibilidade extática? O perigo de desfazer o *vis-à-vis* do Espírito e interpretar a mística no paradigma do monismo ontológico e, com isso, enfraquecer a tradição da teologia negativa, bem como as tradições da mística da cruz, é real. É necessário, portanto, um posicionamento crítico em relação à pneumatologia de Klaus Müller, que defendeu tal ponto de vista. Escreve ele: a pneumatologia

> cumpre para ele [trata-se de D. Henrich, cuja posição Müller assume; inclusão minha] o papel de uma espécie de mística institucionalizada [sic!] que, em tensão com a ideia teísta da diferença entre Deus e o mundo no horizonte da unidade intradivina das pessoas, faz realçar a íntima coesão entre criador e criatura e, em última instância, uma internamente diferenciada (dito em linguagem moderna: panenteísta) unidade-universal. Daí também se esclarece por que as metáforas para a descrição teológica

---
[217] Ibid. 254.
[218] Cf. B. Stubenrauch, Pneumatologie, 69.

da experiência do Espírito são de caráter não pessoal em sua esmagadora maioria.[219]

Para Klaus Müller, o único ponto de referência desta última afirmação são as metáforas na pneumatologia de Jürgen Moltmann. Este dificilmente se sentiria compreendido por Müller, visto que apresentou expressamente uma doutrina trinitária social e acima de tudo sensível à teodiceia. Em todo caso, esta afirmação do filósofo de Münster não é defendida pela corrente principal da pesquisa pneumatológica, que desde Matthias Joseph Scheeben, cuida de enfatizar a singularidade do Espírito e menos a natureza espiritual de Deus. Sem o citar nominalmente, Michael Welker alfineta a ideia de unidade-universal no volume temático do Anuário de Teologia Bíblica, que também inclui o artigo de Müller. Segundo ele, mediante estas formas de pensamentos simplistas, "o pensar e o experimentar são intensamente deformados e mantidos a distância da plenitude da verdadeira vida e de suas possibilidades de configuração".[220] Welker enxerga o perigo ligado à ideia reducionista da unidade-universal de Müller: "Uma ideia reducionista desse tipo pode, em conexão com a produção de fortes emoções, ofuscar pessoas de maneira altamente perigosa e fazê-las alinhar-se a mundivisões ingênuas ou a ideologias agressivas".[221] No entanto, já do ponto de vista ético, o panenteísmo deve perguntar-se como quer assegurar intelectualmente o propósito individual da pessoa e sua dignidade, determinada, segundo Kant, pela autonomia racional. Ademais, a posição de Müller enfraquece a distinção corrente na história da teologia, desde Pedro Lombardo, entre os atributos pessoais do Espírito e seus efeitos no sentido de uma diferenciação entre graça incriada e graça criada. Uma ideia panenteísta do Espírito retrocede aquém do nível de reflexão já alcançado na história da teologia.

---

[219] K. Müller, Heiliger Geist und philosophisches Denken – Über unerwartete Ab- und Anwesenheiten, in: JBTh 24 (2009), 245-268, 266.
[220] M. Welker, Menschlicher Geist und Gottes Geist, in: JBTh 24 (2009), 235-244, 238.
[221] Ibid.

Na reflexão pneumatológica da prática mística, ao contrário, o ser-apreendido deveria ser tematizado pessoalmente como inabitação do Espírito, que ultrapassa uma ação de Deus apropriada ao Espírito no ser humano. Ser-apreendido como inabitação do Espírito significa, segundo Rm 8, que as pessoas são inabitadas por uma força que as *transforma* (e não apenas evolutiva ou emergente, mas comunicativa),[222] na qual o Espírito que inabita é reivindicado como o outro permanente: a presença do Espírito como força comunicativa da fidelidade de Deus para além da morte. Como força de esperança na ressurreição, ela move as pessoas, mediante o consentimento interior, a empenhar-se pela vida de outras pessoas.

Não é primeiramente o conhecimento do caráter pessoal da realidade do Espírito que nos impede de uma compreensão panenteísta da mística. Dela já preserva a percepção do misticamente inelutável caráter epiclético da vivência da fé: "Precisamos sempre e em qualquer circunstância suplicar o dom do Espírito Santo; somente 'temos' o Espírito Santo na medida em que suplicamos por ele".[223] No lugar da unidade imediata e intuitiva, respectivamente, a unificação com o absoluto, entra a diretividade da ação, que preserva a diferença, mediante a epiclese. Talvez, também por isso — observe-se incidentalmente —, apesar de toda a expressividade do corpo, dever-se-ia renunciar liturgicamente à dança, deixar como estar quanto à forma do estar diante de Deus expressa pela epiclese e considerar a imposição da mão como gesto suficientemente representativo da transmissão sacramental do Espírito (1Tm 4,14).

Ser-apreendido e liberdade

Contudo, o aceno à dança — e ao silêncio — é antropologicamente indispensável como reflexão limítrofe da liberdade: quando liberdade

---

[222] Cf. S. Vollenweider, Der Geist Gottes als Selbst der Glaubenden. Überlegungen zu einem ontologischen Problem in der paulinischen Anthropologie, in: ZThK 93 (1996), 163-192. Segundo Vollenweider, "*in nuce* ['em resumo'], em Paulo existem raízes de uma compreensão pessoal do Espírito Santo". C. Henning, Die evangelische Lehre vom Heiligen Geist, 315.

[223] Esta já é a tese principal de W. Stählin, Die Bitte um den Heiligen Geist, 109; para o desenvolvimento desta tese por Stählin, cf. ibid. 110s.

significa que o ser humano pode reagir a tudo e a todos, então ele se comporta como ser obrigado à liberdade, mesmo que seja para si mesmo. Contudo, ele pode comportar-se de tal modo em relação a si mesmo que ele se esquece de si próprio, por exemplo, no silêncio meditativo ou na dança, em que o esquecer-se-de-si-mesmo, com outra expressão, significa o mesmo que o deixar-se-apreender, isto é, a experiência da contingência e da diferença, ao mesmo tempo.

Esperar contra toda esperança não pode ser pensado diferentemente. Praticamente não se pode acrescentar nada às palavras que Ernst Bloch assentou por escrito em sua obra principal *O princípio-esperança* sobre a dança:

> A dança permite mover-se de modo completamente diferente de como se faz durante o dia, pelo menos no dia a dia; ela imita o que o cotidiano perdeu ou também jamais possuiu. Ela alarga o passo do desejo rumo a uma existência movimentada mais bela, capta-a no olho, no ouvido, em todo o corpo e de tal sorte como se já estivesse ali. Leve, jovial ou austero, em qualquer circunstância, o corpo começa aqui diferente, entra em outra coisa.[224]

De acordo com Bloch, esquecer-se-de-si significa entrar em outro. Esta experiência pode ser reformulada como liberdade libertada: a liberdade que é libertada no autoesquecimento para não precisar reagir, não sente medo diante do conhecimento da própria contingência. A liberdade libertada pode formalmente fazer jus à dialética do indispensável, visto que ela, como autoesquecimento e entrada-em-outra-coisa, une o estar-lançado da liberdade à possibilidade do dizer-eu. Neste sentido, a dança é expressão da alegria!

---

[224] E. Bloch, Das Prinzip Hoffnung, Frankfurt a.M. 1959, 457; cf. C. Rivuzumwami, „Gott gab uns freien Raum". Von der Raumerfahrung in der Bewegung, in: J. Moltmann, (ed.), Wo ist Gott? Gottesräume – Lebensräume, Neukirchen-Vluyn 2002, 55-64, especialmente 59-64.

Na dimensão da apreensibilidade, a ideia de unidade orienta-se para a esperança. A certeza reside na intensidade do momento mais do que na conformidade com a lei, que não admite surpresas. Dito de outra maneira: a verdade do amor é a unidade garantida pela fidelidade como esperança.

3. Posições

Depois da análise estrutural daquelas ações para as quais se afirma explicitamente ou se reivindica implicitamente uma diretividade pelo Espírito de Deus, agora se deve abrir um acesso à particularidade do Espírito Santo, cuja presença se pressupôs nessas realizações. O que pode ser identificado como o que lhe é próprio, o que o caracteriza, o que o distingue?

A característica do Espírito

Na literatura teológica especializada, a característica do Espírito é comumente parafraseada com o conceito de dom e/ou de pessoa. Fala-se de uma personalidade do Espírito em conexão com a ideia de dom, na medida em que ele é não apenas um dom para uma pessoa, mas, como dom, é, ele mesmo, uma pessoa;[1] ademais, neste sentido, ele é tematizado como doador do dom, portanto, como sujeito do dar. Como doador do dom, que é, ele próprio, uma pessoa, o Espírito Santo comunica a si mesmo. A partir da realização desta autocomunicação, em referência a Klaus Hemmerle, ele poderia ser compreendido como dar-se,[2] como um dar que se doa.

A esta suposição que repousa na conclusão de que um dom — e, ainda mais, um dom-de-si — pressupõe um doador, está ligada uma mudança de via teológica que traz consigo um sério problema teológico.

---

[1] Cf. Papa João Paulo II, Carta Encíclica *Dominum et vivificantem*, 24.
[2] Cf. K. Hemmerle, Thesen zu einer trinitarischen Ontologie, 38s.

Efetivamente, na teologia trinitária clássica dos Padres da Igreja antiga, bem como dos teólogos medievais, a pessoa não foi determinada pela noção de subjetividade e pelas características a ela ligadas, das quais as mais importantes deveriam ser o livre-arbítrio, a autoconsciência e a relação. Na compreensão antiga e medieval de pessoa, o determinante é, ao contrário, uma característica incomunicável, com a qual, do ponto de vista da teologia trinitária, podia-se definir a diferenciação entre o Pai, o Filho e o Espírito. Caso se utilizem conceitos subjetivos para afirmar a personalidade do Espírito, bem como a das outras duas pessoas divinas, introduz-se na doutrina trinitária o conceito moderno de pessoa,[3] que pressupõe uma subjetividade autoconsciente e uma ação autodeterminada, que torna concebível o dar ou também o dar-se, expondo-se, assim, à acusação de triteísmo.

Por essa razão, Karl Rahner e Karl Barth rejeitaram o uso teológico-trinitário do conceito moderno de pessoa. Eles compreenderam o Deus uno, que subsiste em três modos distintos de subsistência, como um sujeito de ação que se autocomunica. Jürgen Moltmann, Gisbert Greshake e outros, ao contrário, defenderam veementemente tornar frutífero o conceito moderno de pessoa do ponto de vista teológico-trinitário, e apresentaram esboços de uma teologia trinitária social, ou seja, comunal, segundo a qual a autocomunicação divina conhece mais de um sujeito da ação. Na virada do século, a discussão a esse respeito intensificou-se e degenerou-se em uma disputa faccional. Ela persistiu.[4]

---

[3] Não é possível reproduzir aqui a discussão filosófica. De acordo com ela, uma definição de pessoa universalmente válida parece praticamente impossível. Em todo caso, podem-se denominar pontos axiais: a afinidade e a diferença entre a noção de sujeito e a compreensão do si-mesmo; a robustez do conceito de pessoa perante a crítica do sujeito, bem como a percepção de que o conceito transcende aquele do ser humano e não pode ser usado apenas antropologicamente. Cf. D. Sturma (ed.), Person. Philosophiegeschichte – Theoretische Philosophie – Praktische Philosophie, Paderborn 2001; F. Kannetzky, H. Tegtmeyer (ed.), Personalität. Studien zu einem Schlüsselbegriff der Philosophie (Leipziger Schriften zur Philosophie), Leipzig 2007; I. Römer, M. Wunsch (ed.), Person. Anthropologische, phänomenologische und analytische Perspektiven (Ethica, 26), Münster 2013. Uma visão teológica geral, sensível ao problema, é oferecida por G. Essen, Person – ein philosophisch-theologischer Schlüsselbegriff in der dogmatischen Diskussion, in: ThRv 94 (1998), 243-254.

[4] Cf. M. Striet, Spekulative Verfremdung? Trinitätstheologie in der Diskussion, in: HerKorr 56 (2002), 202-207; H. Vorgrimler, Randständiges Dasein des dreieinigen Gottes? Zur praktischen und spirituellen Dimension der Trinitätslehre, in: StZ 220 (2002), 545-552; G. Greshake,

No tópico 4.3, devo retornar a essa discussão e tentar esboçar uma saída pneumatológica. No entanto, até lá, existe ainda um longo caminho a percorrer.

Teologicamente — deve-se primeiramente registrar aqui —, a referência ao conceito moderno de pessoa é, portanto, altamente controversa. Permanecerá controvertível enquanto não se considerar que o evento da autocomunicação ou do dar-se exige pensar a autoconsciência da subjetividade diferentemente do modo do ter-se, que lembra o pensamento substancialista. Autoconsciência não é nenhuma posse. Klaus Hemmerle, com a observação de que o dar-se contém o que dá, abre o acesso a esta intuição e a um ponto de vista alternativo da autoconsciência, que deriva do evento da autocomunicação.

A frase decisiva de Hemmerle é a seguinte: "O Dar não retém o que tem, mas contém o que dá"[5]. O que o Dar tem, isto é, seu conteúdo adequado, é sua consumação: dar. Ele não pode apegar-se a isso sem que não pareça autocontraditório. Conseguintemente, ele não pode realizar-se no segurar — a ser compreendido literalmente —, mas tão somente no dar — a ser igualmente entendido ao pé da letra. Quando o Dar se dá, por outro lado a consumação — e somente a consumação — contém o Dar, visto que ele entra totalmente em sua consumação. O Dar que se dá pressupõe um exterior. Para sua plausibilidade, ele precisa do outro como destinatário de seu dar-se. No processo do dar-se, esse outro, como destinatário do dar-se, é incluído essencialmente no movimento que institui a relação do dar-se. Na ressonância que o dar-se encontra no destinatário, o dar recebe-se novamente como realidade do outro. Para a determinação da subjetividade autoconsciente a partir do evento da autocomunicação, as exposições subsequentes se deixam orientar por esta perspectiva.

Streit um die Trinität: ein Diskussionsbeitrag von Gisbert Greshake, in: HerKorr 56 (2002), 534-537; H. Filser, Trinität und Person. Ein Grundproblem und ein aktueller Streitpunkt der christlichen Gottrede, in: C. Böttigheimer, Id. (ed.), Kircheneinheit und Weltverantwortung. FS für P. Neuner, Regensburg 2006, 141-168; ademais: C. Theobald, „Gott ist Beziehung". Zu einigen neueren Annäherungen an das Geheimnis der Trinität, in: Conc(D) 37 (2001), 34-45.

[5] K. Hemmerle, Thesen zu einer trinitarischen Ontologie, 47.

Desta perspectiva, conclui-se que a dupla decisão preliminar de considerar o dom do Espírito como pessoal e de compreender a personalidade do Espírito subjetivamente é exigida e apoiada pela compreensão que o Concílio Vaticano II tem da revelação. Na Constituição Dogmática sobre a revelação divina, *Dei verbum*, o magistério eclesial estabeleceu uma compreensão pessoal da autorrevelação trinitária de Deus. No caso, os padres conciliares valeram-se da forma de pensar do personalismo dialógico, tal como foi concebida principalmente por Ferdinand Ebner em seus fragmentos pneumatológicos.[6] Não deixa de haver certa ironia no fato de Ebner ter desenvolvido sua forma dialógica de pensar em radical crítica ao pensamento substancialista, mas também ao pensamento subjetivista moderno.

Ele criticou a ontologia da substância com a seguinte formulação: "O eu é nada. Eu sou"; criticou o pensar subjetivista com o mote do "isolamento-do-eu", que corresponde ao ter-se, bem como à reserva em relação ao tu.[7] Segundo Ebner, a pessoa deve ser compreendida *dialogicamente*. Para ele, é pertinente: "Eu sou. Eu estou na palavra, mas através de ti".

Mediante a compreensão dialógica pessoal da autorrevelação trinitária de Deus, na *Dei verbum* não foi rejeitado primariamente o pensamento substancialista ou o pensamento subjetivista comprometido com o isolamento-do-eu; antes, foi dissolvida a até então dominante compreensão teórico-instrutiva da revelação por uma compreensão pessoal da revelação.[8] Doravante, o relacionamento ocupa o lugar da informação como categoria decisiva, a autocomunicacão no lugar da comunicação de fatos e circunstâncias. Aliás, a palavra-chave *aggiornamento* não quer dizer outra coisa: o direcionamento da doutrina cristã

---

[6] Cf. F. Ebner, Das Wort und die geistigen Realitäten. PneumatologischeFragmente, edição a cargo de R. Hörmann, Wien 2009. J. R. Chapel, Das Wort im Sakramentder Beichte, in: E. Bidese, R. Hörmann, S. Zucal (ed.), Pneumatologie als Grammatik der Subjektivität: Ferdinand Ebner (Austria: Forschung und Wissenschaft, Philosophie, 15), Münster 2012, 187-198, 192s.
[7] Cf. C. Brentari, Ebner als Diagnostiker des linguistischen Verfalls, in: E. Bidese, R. Hörmann, S. Zucal (ed.), Pneumatologie als Grammatik der Subjektivität, 49-58, 52s.
[8] Cf. M. Seckler, Der Begriff der Offenbarung, in: W. Kern, H. J. Pottmeyer, id. (ed.), Handbuch der Fundamentaltheologie, vol. 2: Traktat Offenbarung, Tübingen – Basel ²2000, 41-61, 45 e 47s.

às realizações pessoais ou interpessoais. A pertinente e reiteradamente repetida passagem do segundo capítulo da constituição dogmática sobre a revelação divina reza:

> Aprouve a Deus, em sua bondade e sabedoria, revelar-se a si mesmo e tornar conhecido o mistério da sua vontade (cf. Ef 1,9), pelo qual os homens, por intermédio do Cristo, Verbo feito carne, e no Espírito Santo, têm acesso ao Pai e se tornam participantes da natureza divina (cf. Ef 2,18; 2Pd 1,4). Mediante esta revelação, portanto, o Deus invisível (cf. Cl 1,15; 1Tm 1,17), levado por seu grande amor, fala aos homens como a amigos (cf. Ex 33,11; Jo 15,14-15) e com eles se entretém (cf. Br 3,38), para os convidar à comunhão consigo e nelas os receber (DV 2).

Na dinâmica deste desenvolvimento, "rumo a uma compreensão participativo-comunicativa da revelação",[9] o Espírito Santo já não pode ser visto em primeiro lugar, do ponto de vista teórico-instrutivo, como dom de Deus que concede capacidades sobrenaturais ou que opera maravilhas. Ao contrário, o Espírito Santo deve ser visto como aquele que determina adverbialmente a ação e o autocomportamento da pessoa, orientando-a, "levado por seu grande amor", à amizade com os outros, ao convívio. Segundo a *Dei verbum*, do ponto de vista da teologia da revelação, o Espírito é autodoação *comunicativa*: o estar entre as pessoas, atestado de modo definitivo em Jesus Cristo, a livre autodeterminação de Deus de não querer ser Deus sem as pessoas. Quem traz em si o Espírito de Deus como disposição, isto é, quem está familiarizado com o Espírito na diretividade comunicativa de seu agir e de seu comportamento, está em Deus, na medida em que ele está nas pessoas.

O Espírito como autodoação comunicativa

Com a determinação do Espírito como autodoação comunicativa, o momento da determinação adverbial da ação social, elaborado no capítulo anterior, pode ser retomado. Como um dom que determina a realidade da ação social, identificado e biblicamente fundamentado,

---

[9] E. Arens, Von der Instruktion zur Interaktion, 177.

podem ser reivindicadas: na recepção epiclética, a fidelidade; na parresiástica pureza de coração, a certeza da verdade; na realização doxológica, a certeza da redenção; na encenação estética da apreensibilidade, o ser-permeado. Nestas peculiaridades, no capítulo precedente se pôde apontar concretamente a relevância teológico-pneumática da realidade da ação social.

A experiência da autodoação do Espírito está ligada a este *em* que acabamos de escrever em cursivo como parte da realidade da ação. Por conseguinte, a personalidade do Espírito deve também ser deduzida a partir deste *em* cênico. Não deve ser situada fora do acontecimento da autodoação.

A dedução da personalidade do Espírito acontece mediante a demonstração de que os mencionados dons da fidelidade, da certeza da verdade e da certeza da redenção e do ser-permeado não devem ser vistos como objetivos. Devem ser compreendidos pessoalmente como disposições determinantes da ação. Eles implicam, na medida em que são compreendidos como autocomunicação — e a fidelidade, por exemplo, tal como o amor, não podem absolutamente ser compreendidos de maneira diferente —, a presença pessoal de um doador no acontecimento.

Para o esclarecimento da tese daí resultante, segundo a qual o Espírito Santo deve ser compreendido pessoalmente como autodoação comunicativa, pode-se, mais uma vez, fazer uma conexão com o fenômeno do ser-apreendido. Como típico do ser-apreendido, pode-se ressaltar que a realidade da ação é determinada pelo fato de que alguém aparece simultaneamente como sujeito da ação e meio do Espírito. Neste sentido, a realidade da ação não é estática. Deve ser compreendida como realidade dinâmica, na qual o sujeito da ação, no ser-apreendido, age como meio do Espírito, sem que a índole de sujeito seja por isso restringida ou dissolvida. A propósito, caracterizamos a apreensibilidade como um duplo movimento: como "sair-para-fora-de-si [sic!]" e "ser-ocupado-por [sic!]".[10] Contudo, o que acontece ao sujeito quando o sair-para-fora-de-si e o ser-ocupado-por são conectados? Então, aquele

---

[10] T. Berger, Liturgie und Tanz, 20.

que sai de si não retorna para si simplesmente, por assim dizer, como se nada tivesse acontecido. O "exterior", para o qual o sair está voltado, aponta para outro, pelo qual ele, em sua ação, deixa-se ocupar. Por meio desse conscientizar-se do outro, ele se torna seu meio, visto que este encontra outra ressonância no si-mesmo e participa inteiramente da determinação de suas ações, sem que tais ações cessem de ser suas ações, ações deste sujeito.

Necessidade e dificuldades de uma compreensão pessoal do Espírito

A particularidade pessoal do Espírito que, segundo as exposições feitas até aqui, pode ser compreendida como o outro inerente, com isso ainda não está suficientemente compreendida. Do ponto de vista da teologia da revelação, deve ser um pouco mais determinada a partir da pessoalidade de Jesus Cristo. Esta tese, com a qual se deve igualmente refutar a objeção de que a pneumatologia prática joga a cristologia contra a pneumatologia, pode ser fundamentada mediante um argumento simples. Se, digamos, Jesus Cristo é a historicamente insuperável autorrevelação de Deus, isto também se aplica em relação à personalidade. Por conseguinte, o Espírito só pode glorificar a Jesus Cristo como pessoa.

A exigida correspondência pessoal do Espírito a Jesus Cristo é satisfeita mediante o fato de que o Espírito, no Evangelho de João, é caracterizado como o outro Paráclito. É outro, mas pessoa, tal como Jesus Cristo. Consoante o Cristo joanino, somente quando compreendido como pessoa é que o Espírito pode "receber do que é meu e vos anunciar" (cf. Jo 16,14). A formulação "receber do que é meu", quando "o que é meu" é autodesignação de Jesus como pessoa, pneumatologicamente apropriada, só pode ser pensada personalisticamente.

Em uma compreensão não pessoal do Espírito, por conseguinte, tanto a ideia de definitividade da autorrevelação de Deus em Jesus Cristo quanto a ideia da presença de Cristo no Espírito Santo seriam descartadas.

A tese segundo a qual a peculiaridade pessoal do Espírito Santo deveria ser reconstruída partindo-se da e em correspondência à personalidade de Jesus foi sugerida indiretamente pelo magistério no contexto eclesiológico. Para sua fundamentação, pode-se fazer referência à *Lumen gentium* (8,1). A respeito da complexa realidade da Igreja, ali se diz que

> é por isso, mediante uma não medíocre analogia, comparada ao mistério do Verbo encarnado. Pois, como a natureza assumida indissoluvelmente unida a Ele serve ao verbo Divino como órgão vivo de salvação, semelhantemente o organismo social da Igreja serve ao Espírito de Cristo, que o vivifica para o aumento do corpo (cf. Ef 4,16).

Nesta declaração, o Espírito de Cristo é apresentado como sujeito de quem o organismo social da Igreja está a serviço para a construção do Reino de Deus entre as pessoas. O relacionamento do Espírito com o organismo social da Igreja é estabelecido em analogia com o relacionamento do Logos com a admitida natureza humana e, portanto, não se enfatiza apenas a semelhança de ambos os relacionamentos, mas também a dessemelhança ainda maior.

Heribert Mühlen e seu discípulo Thomas Freyer sublinharam que, através desta analogia, o papel independente do Espírito Santo estaria magisterialmente fundamentado e certificado. O Concílio Vaticano II não entendeu cristocentricamente a Igreja como meio salvífico e como continuação da encarnação. Os padres conciliares a teriam visto pneumatocentricamente em conexão com o Espírito Santo. Por essa razão, já em 1963, Mühlen designou o Espírito Santo como "nós em pessoa". *"Seja intratrinitariamente, seja econômico-salvificamente, uma função própria do Espírito Santo é ligar pessoas entre si: ele é o 'nós' em pessoa."*[11] Mühlen diferencia dois modos no relacionar-se pessoal: "'Eu-tu' e 'nós'. O atributo característico do modo originário 'eu-tu' é a reciprocidade; o do modo originário 'nós'" é a comunhão de relacionamentos".[12] Referindo-se a Jo 17,21, Mühlen assume o primeiro modo originário como o relacionamento mútuo entre o Pai e o Filho; o segundo, reportando-se ao "nós" joanino (14,23; 17,11 e 17,21) como o relacionamento entre o Pai e o Filho coletivo. "'Tu' diz-se *a* outra pessoa; 'nós', porém, diz-se so-

---

[11] H. Mühlen, Der Heilige Geist 1963, 240.
[12] Ibid. 167.

mente junto *com* ela."[13] Mühlen denomina o Espírito Santo "como um ato-nós do Pai e do Filho".[14] Portanto, a autocomunicação do Espírito Santo é uma autocomunicação do nós intratrinitário. Contudo, até agora, a definição do Espírito Santo como "nós em pessoa" não conseguiu estabelecer-se. Ela carece primeiramente de adaptação e, em segundo lugar, de interpretação.

Caso se deva manter a terminologia de que o Espírito Santo é o "nós em pessoa", então a personalidade do Espírito como ser-em, baseada nas reflexões empreendidas até agora, deveria ser reformulada a partir de eu e tu em nós, pelo que se poderia indicar com o nós já o Deus trinitário, já a Igreja em sua configuração histórica. Por conseguinte, o Espírito Santo seria a pessoa "nós-em", tal como o Filho divino seria a pessoa "Jesus-em". Contudo, linguisticamente, isto exigiria ainda mais adaptação do que a fórmula "nós-em-pessoa". Conseguintemente, deve-se buscar uma terminologia mais adequada para a caracterização da particularidade pessoal do Espírito Santo.

Michael Welker sugeriu uma proposta para isso. Ele compreendeu o Espírito Santo como "pessoa pública", como faixa de ressonância de Cristo, ou seja, como unidade das ressonâncias que a pró-existência de Jesus experimentou e experimenta na ação dos fiéis. Para isso, Welker valeu-se de que o conceito de Pessoa pode ser usado não apenas para indivíduos, mas também para estruturas sociais. Os conceitos correntes de pessoa jurídica ou de pessoa pública, com os quais se designa uma comunidade de pessoas como um sujeito, atestam este uso linguístico. Welker chamou a atenção para o fato de que o uso antropocêntrico da noção de pessoa atinge pneumatologicamente seus limites. Por sua definição do Espírito Santo como pessoa pública, no entanto, ele paga um algo preço: o da equivocação. Cristológica e pneumatologicamente, utilizam-se diversas noções de pessoa. O conceito de pessoa usado pneumatologicamente não é concebível sem a referência ao conceito cristológico, uma vez que o centro e a faixa de ressonância relacionam-

---

[13] Ibid. 15. Grifo no original.
[14] Ibid. 157.

-se mutuamente de modo complementar. Por isso, em última consequência, Welker defende uma linha cristocêntrica na pneumatologia. Poder-se-ia, talvez, chegar tão longe a ponto de afirmar que Cristo e o Espírito Santo, na concepção de Welker, não seriam realmente diferenciáveis um do outro, e simplesmente denominá-los dois aspectos da segunda pessoa divina.

Visto que Welker definiu programaticamente uma teologia realista do Espírito, ele não se envolve em linhas de pensamentos trinitário-teológicas, respectivamente, cristológicas especulativas, em cuja implementação a problemática de seu uso equivocado da noção de pessoa pudesse tornar-se evidente.

Os dois esboços de Heribert Mühlen e de Michael Welker conscientizam da dificuldade da dedução da particularidade do Espírito através da categoria de pessoa. Será preciso buscar outra solução — esta é a conclusão provisória.

Personalidade como determinação adverbial

A personalidade do Espírito, transmitida mediante o caráter comunicativo dos dons e da definitividade da autorrevelação de Deus em Jesus Cristo, diferentemente da do Pai e do Filho, pode ser expressa de modo não antropocêntrico, sem precisar diferençar entre centro e faixa de ressonância, nem tampouco fazer uso de um pronome pessoal. O Espírito Santo não se fez homem: nem "eu" nem "tu". Ele não é igualmente nem faixa de ressonância nem comunidade: não é nenhum 'nós'. Ele não tem em si nenhuma forma de revelação pessoal que se possa expressar em terminologia familiar. A personalidade do Espírito só pode ser expressa de modo adequado como uma determinação adverbial imanente da ação e do comportamento. Deve ser compreendido como o "levado por seu grande amor" (DV 2) que, imanente e ativamente, direciona o agir do eu para o outro, o tu e o agir do tu para o outro, o eu, como sua determinação. Ou, dito de forma menos complexa, mas para isso, com emoção metafórica: ele é a "confiabilidade em pessoa".

Fenomenologicamente, talvez se pudesse demonstrar a plausibilidade da caracterização adverbial do Espírito como um "estar-ao-lado" imanente ao acontecimento da seguinte maneira: quando alguém diz "eu estou ao teu lado, ou ao lado de vocês", ele quer dizer que está com seus pensamentos, seu coração ou também em espírito. O mesmo aplica-se quando se diz de alguém que ele se atém a alguma coisa. O estar-ao-lado é sempre um determinado comportar-se. É um comportar-se que é direcionado no Espírito. Quem está ao lado de algo ou de alguém, quem se incluiu, isso se dá no Espírito.

Em conformidade com isto, do ponto de vista da teologia da revelação, pode-se formular: no Espírito, Deus está *entre* as pessoas. O Espírito de Deus é prometido por Cristo como outro *con*-solador. Se Cristo está *no* Pai, encontra-se assim no Espírito. Quando o Ressuscitado, segundo Mateus, diz que está *con*-osco, isso se dá no Espírito (Mt 28,20).

Estar-ao-lado significa tanto fenomenologicamente quanto em sentido teológico estar solidariamente presente. Nesta acepção, o estar-ao-lado como determinação adverbial da ação e do autocomportamento abre um acesso à identidade escatologicamente determinada. Estar-ao-lado tematiza escatologicamente o Espírito como a íntegra e a crise da vida pessoal. Neste sentido, toda pneumatologia é prática.

A analogia com a pessoa de Jesus Cristo

A personalidade do Espírito Santo, compreendida como a determinação adverbial do estar-ao-lado, mostra-se, pois, segundo a *Lumen gentium* (8,1), do ponto de vista da economia da salvação, no fato de que ele, como o "levado por seu grande amor", modela o nós da Igreja, tal como a personalidade do Filho divino se apresenta no fato de que ele, como o amor de Deus revelado definitivamente no homem Jesus de Nazaré, determina a si mesmo: "[...] a pessoa do Filho de Deus é portadora e agente de toda a realidade vital de Cristo",[15] escreve Georg Essen, que se destacou pelo aspecto cristológico da problemática. Mais adiante, considerando o Jesus histórico, ele acrescenta: "Visto que o homem

---

[15] G. Essen, Die Offenbarung Gottes in Jesus Christus als dogmatisches Kriterium für die Terminologie der Trinitätslehre, 99.

Jesus é o Filho de Deus em pessoa, a própria pessoa divina, que se fez homem, deve ser concebida à maneira de um sujeito autoconsciente".[16]

A diferença entre a enipostasia cristológica e a compreensão da Igreja consiste na impecabilidade de Jesus. O Filho de Deus revela-se como — e não apenas em — Jesus Cristo. Em sentido inverso, Pannenberg formulou: "Como este homem, Jesus é o Filho de Deus". Segundo Essen, a "familiaridade — imediatamente implícita e evidente para nós — de Jesus com Deus, a quem ele chama de Pai, deve ser designada como a própria razão da determinação de sua identidade [...]. Que Jesus seja o Filho torna-se compreensível para nós, portanto, como implicação de seu relacionamento com o Pai".[17] Por conseguinte, Essen compreende "a íntima peculiaridade do relacionamento entre o humano e o divino em Jesus como a identidade pessoal do homem Jesus com o Filho eterno de Deus [...]".[18] Ele desenvolve o conceito trinitário de pessoa a partir da cristologia e atribui ao Filho, intratinitariamente, uma personalidade própria no confronto com o Pai. "O único Eu e sujeito em Cristo deve ser identificado com o Filho de Deus preexistente!"[19] No entanto, é questionável como esta identificação pode acontecer de outra forma que não no Espírito. Ao ponto de exclamação postulatório, que Essen colocou no final da frase, deve-se responder pneumatologicamente.

Ele próprio predeterminou o caminho para isso na primeira parte do supracitado artigo, na medida em que, referindo-se a Karl Rahner, chamou a atenção para o fato de que a ideia trinitária de Deus está "fundamentada a partir da autocomunicação do Pai por meio do Filho e no Espírito", e "a doutrina trinitária poderia ser designada como antecipação formal da Cristologia e da Pneumatologia".[20] Apesar desta intuição, no decorrer subsequente de suas exposições, Essen referiu-se apenas à cristologia. Ele nem desenvolveu como "a não derivável livre

---

[16] Ibid.
[17] Ibid. 96.
[18] Ibid.
[19] Ibid. 98.
[20] Ibid. 77.

presença da graça incriada no ser humano em um é a autorrevelação pessoal de Deus como Espírito",[21] nem refletiu sobre o relacionamento entre a autorrevelação de Deus por meio do Filho e no Espírito. Não obstante isso, é forçoso referir-se a suas reflexões, apresentadas com a máxima precisão. A este respeito, por um lado, é condutivo o entendimento da Carta aos Romanos, segundo o qual nós, mediante o Filho, no Espírito, nos tornamos filhos, ou seja, filhos e filhas de Deus Pai e, por outro, que a peculiaridade pessoal do Espírito, em relação à personalidade do Filho de Deus, deve ser afirmada.

Discernimentos exegéticos

Independentemente das reflexões de Essen, o estudioso do Novo Testamento Jörg Frey, de Zurique, defendeu a tese de que só se poderia falar de uma personalidade do Espírito Santo em relação à pessoa de Jesus.[22] Ele fundamentou esta tese exegeticamente bastante bem. Tem o seguinte teor: "O Espírito Santo só se torna 'pessoa' em relação à pessoa de Jesus, só no Novo Testamento" (132).

Segundo Frey, o caminho para tal compreensão pessoal do Espírito é indicado mediante várias etapas no Novo Testamento. No contexto de seu diversificado discurso sobre o Espírito, mediante "a 'paralelização' do Espírito com o Cristo exaltado", Paulo colocou um vestígio para um "discurso 'pessoal' cada vez mais forte sobre o Espírito Santo" (238). Dentre as inúmeras atestações, cite-se aqui apenas uma: "O Espírito 'habita' os fiéis (Rm 8,9.11), como também Cristo mora neles (Gl 2,22; Rm 8,10); o Espírito 'representa' os fiéis diante de Deus (Rm 8,26), bem como o Cristo exaltado intercede por eles (Rm 8,34; cf. Hb 7,25; 9,24; 1Jo 2,2)" (139).

Segundo Lucas, o Espírito Santo aparece como "sujeito autoatuante" (145) na missão cristã primitiva. "Em Lucas, esta *competência autônoma de ação* do Espírito Santo, contudo, é bem menos clara relacionada à pessoa

---

[21] Ibid. 75.
[22] J. Frey, Vom Windbrausen zum Geist Christi und zur trinitarischen Person, 132. As seguintes indicações de páginas que aparecem entre parênteses no texto referem-se a este artigo.

de Cristo do que em Paulo" (146), o que leva Frey à conclusão de que, "apesar do proeminente papel de sujeito na missão [...], a 'personalização' do Espírito em Lucas [é; inclusão minha] bem menos avançada do que antes, em Paulo" (146). Frey mostra evidências de uma incipiente emancipação do Espírito em Lucas, a qual poderia ser justificada mais apropriadamente com o conceito de hipostatização do que com a noção de personalização.

Somente em João "formulam-se amplamente os traços 'pessoais' do Espírito em *analogia com a pessoa de Jesus*" (149). No papel do outro Paráclito, o Espírito Santo apareceria como testemunha, lembrador e anunciador relacionado ao Exaltado, a glorificar Jesus mediante sua ação (cf. Jo 16,1-15). "No pensamento joanino, portanto, o Espírito Santo *aparece de maneira insuperável como pessoa*. [...] Ao mesmo tempo, o Espírito aparece em sua eficácia definitivamente como pessoa *divina*" (150) que representa pessoalmente o Cristo ausente. Concernente à diferenciação e correlação entre Espírito-Paráclito, Cristo exaltado e o Pai segundo Jo 16,13-15, Frey fala de um "pensamento prototrinitário" (151).

Sua conclusão soa da seguinte forma: *"Não é possível pensar 'cristãmente' o Espírito sem a referência à pessoa de Cristo e à sua história, na qual ele alcançou sua 'possibilidade de ser pessoa'"* (153).

Portanto, Frey apresenta o discurso do Espírito Santo como pessoa no modo como foi desenvolvido aqui, como bem fundamentado no Novo Testamento. Retrospectivamente, ele parte de um avanço no conhecimento dos escritos neotestamentários. Se o Espírito Santo só "alcançou" sua personalidade através deste progresso no conhecimento, ou se a personalidade só se tornou "conhecida" ou "manifesta" através da progressiva reflexão, é um questionamento que só se torna relevante quando a perspectiva econômico-salvífica do Novo Testamento é pensada sob a ótica da teologia sistemática. Também a esse respeito, certamente se encontram em Frey pontos de partida, particularmente onde ele parte da divindade da pessoa do Espírito enviado pelo Pai — e, segundo João, pelo Cristo também.

Divindade e imanência universal do Espírito

Obviamente, apenas no século IV, no contexto dos distúrbios arianos, é que se enfrentou a demonstração teológico-sistemática da divindade do Espírito. Atanásio de Alexandria, não menos por causa disso, pôde formular sua argumentação em favor da divindade do Espírito em paralelismo com a linha de pensamento já conhecida cristologicamente por ele. Em suas Cartas a Serapião,[23] ele repetiu pneumatologicamente o argumento soteriológico que se tornara cristologicamente decisivo em Niceia em favor da divindade do Filho, na medida em que ele designa o dom do Espírito como imagem do Filho, e igualmente o Filho como imagem do Pai. No entanto, permanece ininteligível e aberta a questão sobre a determinação do relacionamento entre divindade e imanência universal do Espírito sob o aspecto de sua personalidade.

O que está em jogo, no caso, pode-se explicar mediante uma renovada abordagem da pneumatologia de Klaus Müller. No volume temático do Anuário de Teologia Bíblica, dedicado ao Espírito Santo, em que foi publicado também o artigo de Frey, Klaus Müller cita consensualmente uma intuição de Alfred North Whitehead que se encontra em certa tensão com a exegeticamente bem fundamentada tese de Frey: "Ele [Whitehead; inclusão minha] está entre os poucos que compreenderam claramente que no desdobramento da teologia trinitária, no caso da ideia do Espírito Santo, não se tratou de traçar o perfil da noção de pessoa estendendo-se para além da cristologia, mas — de preferência em uma espécie de equilíbrio revisor da imagem teísta de um Deus pessoal contraposto ao mundo — de uma simultânea inabitação de Deus no mundo".[24]

Em minha opinião, somente na dissolução da tensão salientada por Müller entre o "in" não pessoal e o "contraposto" pessoal ao mundo é que se encontra a solução. De fato, o discurso sobre a personalidade do Espírito Santo torna-se precário se ela se deixa impelir para a alter-

---

[23] Atanásio de Alexandria, Epistulae ad Serapionem.
[24] K. Müller, Heiliger Geist und philosophisches Denken, 265. Segundo Frey, o ônus da prova exegética para a anuência a este veredicto de Whitehead cabe a Müller.

nativa entre a referência ao Cristo exaltado e a imanência universal. Esta personalidade do Espírito, comprovada do ponto de vista da teologia da revelação mediante a referência ao Exaltado, ele a concretiza de modo universalmente imanente na medida em que inclui as pessoas no relacionamento do Exaltado com o Pai e — na esperança — "torna-as" filhos de Deus. A partir da multiforme realidade pessoal dos filhos de Deus e de sua comunhão no Espírito é que se deve falar sobre a pessoa divina do Espírito — e isso absolutamente em correspondência com a união hipostática de Jesus Cristo — ou, dizendo-o de maneira ainda mais clara: deve-se partir da personalidade do Espírito tanto no que tange à sua divindade quanto à sua imanência universal. A propósito, aliás, deve-se observar quanto segue:

União entre Espírito e Igreja

Mediante a recepção do Espírito, transmitida no batismo, as pessoas — o nós da Igreja — são admitidas à comunhão do Espírito Santo. Diferentemente do relacionamento entre a pessoa de Jesus e a do Filho divino, portanto, o relacionamento da Igreja com o Espírito não se torna relacionamento de identidade. A estrutura social da Igreja, ou seja, a Igreja como pessoa pública ou — conforme o CIC/1983 a designa — como pessoa moral, não é órgão salvífico do Espírito, pois, ao contrário de Jesus de Nazaré, falta-lhe a indestrutível familiaridade com Deus. O que ela, em sua figura visível, é e faz não é a existência de Deus a revelar o próprio Espírito em nós. A união entre a Igreja e o Espírito não é hipostática. Trata-se de uma união epiclética.[25] Contudo, a Igreja está a caminho da plena comunhão com Deus. Escatologicamente, tendo por base a intuição paulina da condição de filhos de Deus no Espírito, pode-se falar de uma identificação do Espírito com os fiéis, a qual já se está articulando doxologicamente. Isto, por certo, é exatamente como na ideia de adoção e de herança que deixa em aberto a diferença entre criador e criatura; com outras palavras: o entusiasmo. Por causa desta identidade da Igreja com o Espírito historicamente inexistente, a

---

[25] Cf. M. Böhnke, Kirche in der Glaubenskrise, 141.

respeito da qual a referência contínua da Igreja à recepção do Espírito e à fidelidade de Deus não pode ser esquecida, só se pode falar da personalidade do Espírito em sentido pleno em chave escatológica, e isto significa, ao mesmo tempo, historicamente apenas sob a referência à personalidade do Filho. Por outro lado, a identidade da pessoa de Jesus com o Logos não pode ser afirmada senão no Espírito, ou seja, sob o apelo à herança escatológica da fidelidade de Deus, visto que também para Jesus o Espírito é a familiaridade com Deus, tal como ele a vive.

Personalidade do Deus de Israel

Antes que possa ser concluída do ponto de vista da teologia trinitária, esta linha de pensamento exige dizer ainda uma palavra sobre a personalidade do Deus de Israel, revelado como Pai pelo Filho, no Espírito. Na revelação do nome do Deus de Israel (Ex 3,14), ELE dá-se a conhecer pelo fato de que se caracteriza como aquele que é solidário em toda parte e, por essa razão, já será solidário aonde o universo e as pessoas possam chegar. Como "o Deus de Abraão, o Deus de Isaac e o Deus de Jacó", ELE é o Deus da presença atenciosa e indispensável para o mundo e para o ser humano. A revelada personalidade do Deus de Israel consiste em que ele sustenta o mundo e a humanidade.

No sentido da presença atenciosa e indispensável para o mundo e para o ser humano, portanto, a noção de pessoa pode ser usada de maneira cristológica, pneumatológica e patrológica em igual medida.

Confirmação teológico-trinitária

Sobre o fundamento até agora elaborado, podem-se empreender algumas determinações ulteriores do ponto de vista da teologia da Trindade. Contudo, as afirmações reunidas aqui, muito mais em sentido de um *mapa mental*, representam simplesmente opções para outras possíveis determinações. Pretendem mostrar novos caminhos. Não existe pretensão além disso.[26]

---

[26] As determinações teológico-trinitárias, resultantes da pneumatologia, serão desenvolvidas do ponto de vista da teologia sistemática no tópico 4.3.

Em referência à economia da salvação, sobre esta base se poderiam sugerir as seguintes propostas de formulação "a partir de baixo": pessoalmente, Jesus vive em união hipostática como o Filho divino; pessoalmente, a Igreja vive em união epiclética no Espírito divino; indiretamente, o Deus de Israel mostra-se como o Pai do Filho divino na ressurreição de Jesus dos mortos — em união pascal —, como o Senhor da vida e da morte, que sustenta o mundo e o ser humano.

E, na determinação teológico-trinitária do evento salvífico "de cima", pode-se formular: na obra salvífica da encarnação e da ressurreição, o Espírito Santo provém do Pai como a certeza de seu incondicionalmente atencioso humanitarismo, que se manifestou em Jesus Cristo e com o qual ele chama as pessoas para a comunhão eterna consigo. Com outras palavras: o estar-com do Filho no Pai e o estar-com do Pai no Filho acontece no Espírito Santo como a pessoa divina que torna acessível ao eu (do Pai) o eu (do Filho) como sua determinação, e ao eu do Filho o eu do Pai como sua origem.

Consequentemente, a partir de uma perspectiva pneumatológica "de dentro", em termos da teologia da Trindade se pode formular: o Espírito Santo é pessoa e se comunica pessoalmente como o estar-um-com-o-outro do Pai e do Filho. Como tal, ele é o determinante da relação.

Dito de outra maneira: o Espírito Santo é, como determinação adverbial do evento, a pessoa divina que revela ao eu e ao tu o estar-com-o-outro como a determinação escatológica deles em dinâmica comunicativa. Ele provém de Deus como determinação ativa do evento entre Pai e Filho. É enviado pelo Pai e recebido pelo Filho. Por meio do Filho, cujo estar-com-o-Pai se deve ao Espírito, é enviado às pessoas. Ele toma do Filho e testemunha às pessoas a identidade pessoal dele, na medida em que as constitui filhos de Deus e co-herdeiros do estar-com-o-Pai.

Ser-pessoa como estar-em-relação

A compreensão de pessoa subjacente aqui é, pois, inteiramente compatível com a visão moderna de pessoa como subjetividade autoconsciente. Segundo Henning, que se empenhou em sua pneumatologia pela determinação do Espírito como pessoa, para aquela devem ser vistas como significativas "*a consciência, a temporalidade, a autonomia racional e o fato* de que foram abandonadas".[27] Henning especifica o aspecto que ele mencionou por último no sentido de que o ser-pessoa como autocomportamento comunicativo significaria: "Ser-pessoa não significa nenhuma caracterização de um ser, mas um aspecto que um interlocutor da comunicação ganha para o outro e, mediado por isso, ganha para si no decorrer de um evento de comunicação. Ele se deixa firmar mais intimamente no relacionamento no qual os interlocutores da comunicação encontram-se em relação um ao outro e a si mesmos. O ser-pessoa constitui-se sobre essas relações e é, ao mesmo tempo, expressão do estar-em-relação".[28] Henning também adota, com outras palavras, a forma de pensar do personalismo dialógico para a determinação da personalidade do Espírito.

Temporalidade em Deus

Se, como Georg Essen mostrou de modo convincente, a noção de pessoa na cristologia e na doutrina trinitária encontra sua base de conhecimento na compreensão da pessoa do homem Jesus de Nazaré, e se, consequentemente, a noção trinitária de pessoa deve ser desenvolvida a partir da noção cristológica de pessoa, para a Trindade imanente deverá ser o momento de considerar especialmente a temporalidade em Deus. De uma perspectiva pneumatológica, porém, a tese mesma parece-me, neste sentido, sem problemas, na medida em que o momento da glorificação de Deus — do Filho pelo Pai e do Pai pelo Filho —, como acontecimento no Espírito, deixa aberta a possibilidade da temporalidade.[29] De fato, a glorificação inclui — falando novamente em termos econômico-salvíficos, pois não se pode falar razoavelmente de outro

---

[27] C. Henning, Die evangelische Lehre vom Heiligen Geist und seiner Person, 333. Grifo no original.
[28] Ibid. 322s.
[29] Cf. M. Remenyi, Auferstehung denken. Anwege, Grenzen und Modelle personaleschatologischer Theoriebildung, Freiburg i. Br. 2016, 635-685, esp. 669ss. Remenyi apresenta e discute diversas posições de modo abrangente e confiável.

modo — a humanidade como participante "na herança dos santos na luz" (Cl 1,12).

Resumo

O Espírito Santo é, assim se pode formular resumidamente, a pessoa divina que revela o outro ao eu como sua determinação escatológica. Neste sentido, o estar-ao-lado que indica comunhão é uma caracterização apropriada para a autorrevelação de Deus no Espírito Santo. O Espírito é revelação do estar-com-o-Pai do Filho bem como do estar-com-o-Filho do Pai. Ele é a revelação da presença solidária do eu ao lado do outro como sua determinação escatológica. Como outro consolador, ele garante às pessoas a fidelidade entre Pai e Filho como verdade escatológica da existência humana. Ele é o determinante ativo da diretividade do acontecimento,

– na qual o Pai e o Filho estão presentes um ao outro,
– na qual Deus permanece fiel às pessoas e
– na qual as pessoas podem estar junto de Deus.

Por força de sua assistência, a ação do ser humano orienta-se para a dignidade do outro. Conseguintemente, a santidade não é nenhum atributo a ser reivindicado pessoalmente, mas um atributo da comunidade.

4. Perspectivas

O Espírito pode ser visto no modelo da diretividade da ação como determinador da realidade. No mínimo ele abre perspectivas para uma compreensão da realidade na qual a realidade prática pode ser apresentada como pervagada por ele. Com esta reformulação da pneumatologia em termos da teoria da ação, abre-se não apenas uma nova perspectiva para a determinação da personalidade. Ela também traz consequências para a compreensão da Igreja, para a diretividade escatológica da história e para a doutrina da Trindade. Todas essas áreas temáticas já foram abordadas. As percepções que resultaram para elas através de uma pneumatologia prática devem ser mais uma vez, conclusivamente, apresentadas no contexto. No processo, corrige-se e se enriquece a perspectiva cristocêntrica predominante não apenas na eclesiologia, mas também na escatologia e na doutrina da Trindade, mediante uma abordagem pneumatológica. À guisa de exemplo, mostra-se como a eclesiologia, a escatologia[1] e a doutrina da Trindade poderiam ser concebidas a partir da automanifestação do Espírito e — igualmente a título de exemplo — qual o ganho que elas deveriam obter mediante tal abordagem.

---

[1] M. Remenyi, Auferstehung denken, 108-113, prova que a perspectiva cristocêntrica, prevalecente na hermenêutica das afirmações escatológicas desde Rahner e von Balthasar, continua a dominar.

4.1 Eclesiológica

Pobreza como implicação de uma percepção pneumatológica da Igreja

Eclesiologicamente,[2] a doutrina do envio do Espírito, ligada à partida de Jesus, é significativa para a compreensão da pobreza da Igreja, exigida pelo papa Francisco. O papa oriundo da Argentina exige uma Igreja pobre para os pobres. Contrariamente a isso, foram apresentadas diversas restrições. Entretanto, o papa não é absolutamente o primeiro apresentar a pobreza da Igreja como exigência moral.

Bem dentro da tradição dos movimentos pauperistas medievais, pouco antes da conclusão do Concílio Vaticano II, no dia 16 de novembro de 1965, quarenta bispos reuniram-se nas catacumbas, às portas de Roma, a fim de obrigarem-se a um pacto por uma Igreja servidora e pobre. Desse modo, eles recorreram a uma ideia do papa João XXIII em uma alocução que havia sido transmitida pelo rádio antes da abertura do Concílio, no dia 11 de setembro de 1962, mas que praticamente não encontraria nenhuma ressonância durante as deliberações do concílio e nos documentos conciliares. João XXIII, tal como Francisco, desejou uma Igreja dos pobres. É surpreendente constatar que Francisco, com seu estilo de vida e de ministério, assumiu pessoalmente, para si, vários dentre os treze compromissos voluntários formulados no pacto das catacumbas, ao qual, posteriormente, mais de 500 bispos ainda aderiram:[3] ele mora e se alimenta conscientemente de forma humilde, não quer aparecer como rico, não usa nenhuma peça de roupa chamativa nem cruz de ouro, sacrifica-se pelos pobres e prejudicados, reverencia-os e procura estar próximo a eles. Ao mesmo tempo, porém, ele apenas cumpre a obrigação de todos os clérigos em relação à pobreza, o terceiro voto da consagração, além do celibato e da obediência, quase esquecido sob o pontificado de seu predecessor.

---

[2] No que se segue, não se trata de uma fundamentação pneumatológica da doutrina da Igreja. Apresentei tal fundamentação em 2013: M. Böhnke, Kirche in der Glaubenskrise. As explanações feitas ali estão aqui subentendidas e complementadas.

[3] O texto está disponível em: http://www.pro-konzil.de/katakombenpakt-fur-eine-dienende-und-arme-kirche/ (01.04.2016).

4. Perspectivas

Como fundamento teológico para a opção pelos pobres, a que os bispos, em torno do cardeal Lercaro, se comprometeram com um voto, cita-se a opinião do papa João XXIII, segundo a qual "os pobres representam absolutamente a Igreja".[4] A ideia foi retomada pela teologia da libertação. Está presente em documentos dos bispos sul-americanos e até hoje atuante por meio de ambos; no entanto, até o momento não marcou eficazmente a prática do estilo de vida e de exercício do ministério episcopal.

Para isso, não existem apenas razões de poder político. Pelo menos uma razão teológica pode e deve ser mencionada no contexto da pneumatologia prática e deverá ser desenvolvida a seguir.[5] Ela liga-se à observação de que a representação da Igreja através dos pobres não é algo que possa desenvolver um poder que vincule os bispos, na medida em que e enquanto eles, como representantes de Cristo, a cabeça da Igreja, se sentirem legitimados e chamados a conduzir a Igreja e a dominar a Igreja. Com efeito, isto implica, irrevogavelmente, que eles, *de facto*, desprezam os pobres e não os levam em consideração. O potencial conflito desta constelação é evidente. Ele marcou significativamente as discussões em torno do rumo da Igreja nas últimas décadas.

Se a Igreja quiser tornar-se uma Igreja pobre para os pobres, teologicamente isto significa que ela deve deixar o Cristo partir (Jo 16,5-7). O apelo cristocêntrico à lógica da encarnação para fundamentar a presença de Cristo em sua Igreja e a autoridade plena do ministério episcopal deve ser complementado pelo apelo pneumatocêntrico à ausência do Exaltado como pressuposto para a missão do Espírito. Somente este doloroso passo possibilita uma compreensão do povo de Deus como Igreja e da Igreja como livre, peregrina e buscadora, plural e pecadora, que sente saudades de Cristo, vive em seu Espírito e espera sua volta (Jo 16,16-33).

---

[4] Ibid.
[5] Cf. J. G. Sánchez, M. Luber (ed.), Eine arme Kirche für die Armen. Theologische Bedeutung und praktische Konsequenzen (Weltkirche und Mission, 6), Regensburg 2015. Cf., além disso, o artigo no fascículo temático „Kirche der Armen" do Theologischen Quartalschrift 193 (2013), 185-292, bem como L. Bettazzi, Die Kirche der Armen. Vom Konzil bis zu Papst Franziskus, traduzido do italiano por B. Häußler, Würzburg 2015.

O papa Francisco parece ter reconhecido isso desde cedo. Ainda como cardeal, em 2007, durante a V Conferência Geral do Episcopado Latino-Americano, em Aparecida, Brasil, ele salientou a importância do Espírito Santo para a implementação de uma Igreja pobre para os pobres: "Povo e pastores são instrumentos do Espírito Santo; eles entram em diálogo e oram juntos por sua inspiração".[6] Sánchez e Luber comentaram esta afirmação: "O Espírito Santo preserva a Igreja de colocar-se no centro de maneira autoengrandecedora, uma Igreja 'autorreferencial'".[7] Eles conscientizam de que mal se pode evitar o perigo da autorreferencialidade em uma visão cristocêntrica da Igreja. Justamente por isso, uma Igreja pobre para os pobres exige uma eclesiologia pneumatológica,[8] na qual, com Aparecida, deve ser enfatizada a ideia teológica de que o Espírito conduz ao encontro com Jesus Cristo nos pobres.[9]

Pobreza como consequência de uma visão pneumatológica da Igreja

Contudo, é outra coisa completamente diferente afirmar que o Espírito conduziria ao encontro com Cristo nos pobres, como se Cristo fosse representado pelo magistério episcopal.

Uma hermenêutica pneumatológica compreende a Igreja não de maneira autorreferencial. Compreende-a como uma Igreja constituída pelo Espírito, como ente orientado pelo estar-com o outro. De modo incisivo, o teólogo ortodoxo Athanasios Basedekis, referindo-se a João Zizioulas, expressou com precisão este ponto:

> O Espírito Santo não é qualquer coisa que "anima" uma Igreja já existente. O Espírito faz com que a Igreja seja. [...] O acontecimento de Pentecostes é um evento que constitui a Igreja. A Igreja é in-stituída por

---

[6] Cf. J. Bergoglio, El Espíritu Santo (2007), citado segundo: J. G. Sánchez, M. Luber (ed.), Eine arme Kirche für die Armen, 9.
[7] J. G. Sánchez, M. Luber (ed.), Eine arme Kirche für die Armen, 9.
[8] Cf. M. Böhnke, Kirche in der Glaubenskrise.
[9] Cf. J. G. Sánchez, M. Luber (ed.), Eine arme Kirche für die Armen, 10.

Cristo (dimensão cristológica) e constituída pelo Espírito Santo (dimensão pneumatológica).[10]

Isto significa que "todos os sacramentos e as ações ministeriais eclesiais, inclusive a celebração da Eucaristia, bem como todos os serviços e ministérios na Igreja só podem ser realizados no Espírito e, correspondentemente, também só podem ser compreendidos no Espírito".[11]

De acordo com Grigorios Larentzakis, corresponde à compreensão pneumatológica da Igreja a redescoberta do Espírito pelos representantes da teologia da libertação como, por ex., J. Sobrino e J. Comblin, "que, na situação concreta de sua Igreja local, percebem e reconhecem os frutos do Espírito Santo [...]".[12] A reflexão da teologia da libertação considera a ação do Espírito como constitutiva para a prática da libertação. Segundo Sobrino, o fato de voltar-se para a prática já deve ser compreendido como motivado pelo Espírito:

> A simples decisão pela vida histórica já é manifestação do Espírito. Ademais, faz com que a vida histórica já não seja meramente histórica, mas, em certa medida, uma vida "espiritual". Não nos esqueçamos de que, segundo a fé cristã, a vida é dada pelo Espírito e que este Espírito envia aqueles a quem ele interpela a anunciar a boa-nova aos pobres. Este Espírito é que desperta a palavra profética e concede a força para perseverar na perseguição [...]. Ele faz com que uma vida cristã encarnada, concreta, histórica, inabalável também na perseguição já seja uma vida "espiritual".[13]

A orientação para a prática está associada a uma espiritualidade que o papa Francisco faz realçar representativamente não apenas mediante o rito do lava-pés na Quinta-Feira Santa. O Espírito desta ação

---

[10] A. Basedekis, Das Wirken des Heiligen Geistes im Leben der Christen, insbesondere nach Apostel Paulus und Johannes Chrysostomos, in: H. J. Held, K. Schwarz (ed.), Das Wirken des Heiligen Geistes in der Erfahrung der Kirche, 68-80, 74.
[11] Ibid.
[12] G. Larentzakis, Die Früchte des Heiligen Geistes im Leben der Kirche, in: H. J. Held, K. Schwarz (ed.), Das Wirken des Heiligen Geistes in der Erfahrung der Kirche, 113-126, 117.
[13] J. Sobrino, Geist, der befreit, 15, citado segundo: G. Larentzakis, Die Früchte des Heiligen Geistes im Leben der Kirche, 117.

simbólica, já tratada antes, pode ser reconhecido por sua diretividade. A perspectiva é decisivamente pneumatológica. Francisco não olha as pessoas de cima, ele as leva em consideração. Quem, no entanto, conhece as pessoas historicamente concretas, os prisioneiros, os sem-tetos, os refugiados, as mulheres muçulmanas, na medida em que as leva em consideração, este representa Cristo, dado que ele se deixa conduzir por seu Espírito:

> O Espírito do Senhor está sobre mim, porque ele me consagrou pela unção para evangelizar os pobres, enviou-me para proclamar a libertação aos presos e aos cegos a recuperação da vista, para restituir a liberdade aos oprimidos e para proclamar um ano de graça do Senhor (Lc 4,18-19).

Christoph Theobald, com a sensibilidade que lhe é própria para "questões de estilo", descreveu a lógica do processo ali perceptível como santificação e santidade.

> Quando se percebe que o futuro da terra depende não somente de uma justiça universal, que já é suficientemente difícil de imaginar, mas também de personalidades e comunidades que estão em condições de viver segundo a verdade de sua consciência e expor-se à violência do outro, sem revidar com as mesmas armas, então "estima-se", de repente, quão admirável é que esta atitude em nossa história aconteça de fato e em ilimitada variedade; de fato maravilhosa, pois não se pode de forma alguma reivindicar.[14]

A santidade é determinada por ambos os momentos da verdade da consciência: o que está voltado para a ação e lhe confere identidade, bem como a orientação para o outro. Por meio de ambos, aparece a pró--existência de Jesus como in-existência das pessoas que a testemunham, que confere direção à ação delas e a torna identificável. Santos são aqueles que livremente se determinaram a deixar-se determinar pelo Espírito de Deus para o estar-com. Deve-se ainda dizer algo mais a respeito da

---

[14] C. Theobald, „Gott ist Beziehung", 42.

representação do Espírito que exige a personalidade, e a respeito do carismático?

Deve-se, e até mesmo para poder confrontar um mal-entendido corrente! Este surge quando o carismático na Igreja é compreendido da mesma maneira que o ofício, que conhece um possuidor e de que se toma posse, como talento ou como qualificação. Que para isso não se pode recorrer à compreensão paulina dos carismas, demonstrou-o Norbert Baumert.[15] Realista e ao mesmo tempo questionável, porém, parece-me ser a proposta de Baumert, segundo a qual se deveria renunciar a uma fundamentação exegética da noção de carisma tal como se cristalizou pastoralmente hoje. Por outro lado, dificilmente se poderia confrontar o difuso mal-entendido de que os carismas devem ser compreendidos como talentos, unicamente mediante a prova exegética de sua insustentabilidade. Por essa razão, para esclarecimento do que se pretende dizer, gostaria de mais uma vez impostar diferentemente.

A bem-aventurança em Mateus — "Felizes os pobres em espírito, porque deles é o Reino dos Céus" (Mt 5,3) —, quando, como de costume, é interpretada como estímulo à simplicidade e pobreza espiritual, é também terrivelmente mal compreendida. Ela visa à renúncia à posse teológica. É elogiado como feliz aquele que compreende a ausência de Deus como renúncia à posse e vive sua presença no Espírito — no texto grego encontra-se τῷ πνεύματι — como uma relação que é devida inteiramente à fidelidade de Deus às pessoas.

A graça de Deus — segundo Baumenrt, somente esta compreensão do carisma pode ser referida a Paulo — é o Espírito.

4.2 ESCATOLÓGICA

A absurdidade sem esperança força as pessoas à repetição da mesmice eterna. Esta era a intuição a ser levada existencialmente a sério e

---

[15] Cf. N. Baumert, Charisma – Taufe – Geisttaufe; ferner: J. Steinmeier, Das Wirken des Heiligen Geistes und das Charisma der Heilung. Der theologische Ansatz von Norbert Baumert SJ – mit Anwendung auf Emiliano Tardif und Niklaus Wolf von Rippertschwand (Münchener theologische Studien, 73), Sankt Ottilien 2014.

que possibilita a autopreservação em *O mito do Sísifo*, de Albert Camus.[16] Ao contrário, a diretividade de uma ação pressupõe a esperança. Somente assim o novo pode surgir. "Sem a fé, dá-se o caso de que a pessoa não assume nenhum risco para si, repete sempre os mesmos gestos, continua tal como sempre fez no passado, não tem nenhum futuro e, por falta de um futuro, desperdiça o presente."[17] Para a intuição de Camus a respeito da absurdidade da vida, existem, portanto, alternativas definitivamente espirituais.

> "Comunhão dos santos, perdão dos pecados, ressurreição da carne e a vida eterna" referem as formulações da profissão de fé apostólica, sustentadas pela esperança e atestadoras da esperança, as quais representam uma reorientação escatológica para o rotineiro e um recomeço que assume todo o habitual. Como base na promessa escatológica de comunhão, perdão, ressurreição e vida eterna, que são a plenitude da obra salvífica de Jesus Cristo na ação do Espírito, a incondicional e inabalável fidelidade de Deus pode ser novamente declarada: "O Sim de Deus para cada pessoa que ele chama à existência é tão incondicionalmente efetivo, que nada, absolutamente, nem a taciturnidade do ser humano, nem a morte podem arrefecer-lhe o vigor. Na morte, Deus não permite que nenhum ser humano decaia no nada; sua fidelidade 'imortal' é a razão terminante da imortalidade humana".[18]

A glória dos filhos de Deus

Com a terminologia da "glória dos filhos de Deus" (Rm 8,22) e do "corpo pneumático" (1Cor 15,44), Paulo atestou a promessa escatológica que foi revelada definitivamente na vida, morte e ressurreição de Jesus.

A fé na "glória dos filhos de Deus" encontra uma expressão mundana na atitude socialmente aceita e geralmente partilhada de nada dizer de ruim sobre os mortos. Esta demonstração de honra é um gesto

---

[16] A. Camus, Der Mythos des Sisyphos. Ein Versuch über das Absurde, Reinbek ⁶2004.
[17] J. Comblin, Der Heilige Geist, 101.
[18] M. Kehl, Und was kommt nach dem Ende? Von Weltuntergang und Vollendung, Wiedergeburt und Auferstehung, Freiburg i. Br. 1999, 120.

antropológico de glorificação que, em retrospectiva à vida vivida do morto, funciona como dignificação, respeito e reconhecimento. Mateus tematiza o discurso da glorificação de maneira análoga e o faz mediante a exclamação dos soldados que cumpriam sua obrigação sob a cruz, depois da morte de Jesus: "De fato, este era Filho de Deus" (Mt 27,54). O que de mais elevado se poderia dizer a respeito de uma pessoa? Na expressão paulina "corpo pneumático", do ponto de vista teológico--sistemático expressa-se exatamente esta conexão entre a glorificação e a condição de ser filho de Deus. Segundo Remenyi, o conceito significa "uma vida corporal [...] que provém inteiramente da esfera de Deus".[19] De igual maneira, o apelo à glorificação escatológica dos filhos de Deus se fundamenta na similaridade do ser humano à imagem de Deus, compreendida teologicamente. Isto também é do conhecimento de Paulo que, não obstante a contraposição contrastante entre corpo físico e corpo pneumático em 1Cor 15,49, "corrobora expressamente a identidade e a mesmissimidade do único sujeito na corporeidade pré- e pós-mortal".[20] Consoante a declaração de similaridade à imagem de Deus do relato sacerdotal da criação, "a criação do ser humano começa com uma *decisão* especial",[21] mediante a qual Deus se coloca em uma relação com o ser humano na qual ele quer criá-lo como sua imagem e, portanto, "coloca sua *glória* no ser humano criado da terra".[22] Por conseguinte, o ser humano não deve ser considerado apenas representante de Deus; em sua visibilidade, ele é antes "'manifestação da glória de Deus' e 'revelação indireta da natureza divina'. Com efeito, um 'Deus que se deixa representar por sua imagem sobre a terra aparece também nesta imagem".[23] Muitos teólogos consideram a postura ereta que caracteriza a forma corporal humana[24] e lhe possibilita estar de pé diante de Deus como expressão corporal dessa similaridade à imagem de Deus, que se

---

[19] M. Remenyi, Auferstehung denken, 363.
[20] Ibid.
[21] T. Pröpper, Theologische Anthropologie I, 145.
[22] Ibid.
[23] Ibid. 146, referindo-se a J. Moltmann, Gott in der Schöpfung. Ökologische Schöpfungslehre, München ²1985, 226s.
[24] Ibid.

refere ao ser humano por inteiro como aquele ser "perante o qual Deus pode definir-se *como* Deus, e que, por sua vez, na medida em que se sabe criatura e consente, pode *reconhecê*-lo como Deus".

A palavra "corpo" abrange e designa normalmente toda a existência do ser humano. Segundo Paulo, o corpo está, por uma parte, carnalmente condicionado. Contudo, ele também está determinado pela consciência, pela alma, pelo coração e pela razão. Para Paulo, isto se expressa na interação dos membros do corpo. Já mostrei que tal cooperação, no teatro de dança moderno, é expressão de vida consciente. Teologicamente, pode-se dizer: "Por meio do corpo, o Espírito torna-se tangível".[25]

No conceito do "corpo pneumático", demonstra-se a transformação escatológica[26] da afirmação, dentro da teologia da criação, sobre a similaridade à imagem de Deus. De acordo com Paulo, por meio do Espírito, o ser humano é modelado semelhantemente ao Cristo glorificado (2Cor 3,18). Conforme Welker, com a expressão do "corpo pneumático", Paulo expressa simultaneamente as diferenças entre continuidade e descontinuidade, que são escatologicamente resolutivas para a vida consciente: "O discurso da *vida espiritual* considera penetrantemente a unidade entre continuidade e descontinuidade entre uma vida efêmera e uma vida imperecível".[27]

Mediante esta compreensão da glória dos filhos de Deus como a vida pneumática, torna-se compatível a paráfrase da presença do Espírito como dom da "verdade da consciência" e da "certeza da redenção", escolhida pelo papa João Paulo II na Carta Encíclica *Dominum et vivificantem*, já citada diversas vezes. A glória dos filhos de Deus é a liberdade da consciência, a orientação da liberdade para a liberdade incondicional, a liberdade do Absoluto que lhes é doada como verdade da consciência. A glória dos filhos de Deus é o dom da certeza da redenção como

---

[25] M. Welker, Was ist ein „geistiger Leib"?, in: T. BREYER et al. (ed.), Interdisziplinäre Anthropologie. Leib – Geist – Kultur (Schriften des Marsilius-Kollegs, 10), Heidelberg 2013, 65-83, 72.
[26] Cf. J. Wohlmuth, Mysterium der Verwandlung. Eine Eschatologie aus katholischer Perspektive im Gespräch mit jüdischem Denken der Gegenwart, Paderborn 2005, 181-183.
[27] Ibid. 73. Grifo no original.

promessa da vida pneumática, ou seja, a vida incorruptível como unidade entre continuidade e descontinuidade, da assunção de nossa existência finita em sua incondicional importância. A glória dos filhos de Deus é, para além disso, a comunhão dos santos e, como tal, a vida eterna.

Escatologia como automanifestação do Espírito

Nestas teses da determinação escatológica do ser humano, do ponto de vista pneumatológico desempenha um papel importante a questão de até que ponto, nela, se trata da autocomunicação ou da autorrevelação do Espírito Santo. Somente assim a pneumatologia fornece à escatologia a moldura teológica, e não o contrário.

Quando o Espírito Santo é descrito como *sanctificans*, como santificador, a determinação da ação como diretividade cênica para "o santo" alcança uma definitividade insuperável. Nisso, porém, o próprio Espírito Santo se revela. Quando o Espírito Santo é descrito como *vivificans*, doador da vida, a determinação da ação como diretividade para a vida imperecível, que Deus é em seu Espírito, alcança uma definitividade insuperável. Também aí o Espírito Santo revela a si mesmo. Quando o Espírito Santo é descrito como *glorificador*, como aquele que conduz à glória, a determinação da ação como diretividade para a liberdade incondicionada alcança uma definitividade insuperável. Com outras palavras: o Espírito Santo revela a si mesmo na medida em que ele revela a soberania de Deus como liberdade dos filhos de Deus. Paulo recorreu à tipologia Adão-Cristo: "O primeiro homem, Adão, foi feito alma vivente; o último Adão tornou-se espírito que dá vida (1Cor 15,45)".[28] Como tal, a inclusão no relacionamento divino daquele que Deus ressuscitou dos mortos é vista através das categorias da filiação divina, do corpo pneumático e da herança, nas quais se trata mais do que apenas a apropriação subjetiva ou interior da redenção, que encontra sua expressão muito mais em um "modo concreto de modelar a vida" (M. Welker) como "pneumatopraxia" (O. Fuchs),[29] como "mística dos olhos abertos"

---
[28] Cf., a esse respeito, W. Pannenberg, *Der Geist des Lebens*.
[29] O. Fuchs, Pneumatopraxie in der Frömmigkeit des Volkes, in: US 68 (2013), 162-178.

(J. B. Metz)[30] na ação das pessoas livres de autopreocupação. Neste sentido, a escatologia é o "horizonte de expectativa da experiência história do Espírito de Deus".[31]

Na medida em que de Maria, que estava "cheia do Espírito Santo", dogmaticamente se afirma que ela, como o primeiro ser humano, teria encontrado a plenitude junto de Deus, ela já entrou na herança de seu Filho. Como redimida, ela garante a esperança de plenitude cristológica e pneumatologicamente fundamentada. Na "piedade da expectativa pneumática",[32] a espiritualidade mariana poderia e deveria orientar-se por ela.

Se, ademais, o Espírito Santo é designado como selo, então isso pode ser também compreendido como confirmação de uma promessa ou como um sinal da pertença a Deus (1Cor 1,22; Ef 1,13; 4,30). O selo garante o inquebrantável assentamento da graça divina, na qual a humanidade participa sob a forma de esperança fundada.[33]

4.3 Trinitária

Apreensibilidade como consumação do Espírito

Pode causar admiração, à primeira vista, que, no contexto da teologia trinitária, o discurso gire, mais uma vez, em torno da apreensibilidade. Contudo, não é assim tão despropositado quanto parece. É que o tema da apreensão, como já foi indicado e como será demonstrado, como tema pneumatológico é absolutamente relevante do ponto de vista trino-teológico.

Certamente, para as reflexões que se seguem, já não se pode apelar imediatamente para a encenação estética da apreensibilidade de Pina Bausch, que foi tema do tópico 2.2.4. Apesar disso, em consideração

---

[30] J. B. Metz, Mystik der offenen Augen. Wenn Spiritualität aufbricht, J. Reikerstorfer (ed.), Freiburg i. Br. 2011.
[31] J. Moltmann, Der Geist des Lebens. Eine ganzheitliche Pneumatologie, München 1991, 20.
[32] B. Stubenrauch, Pneumatologie, 151.
[33] Cf. W. Stählin, Die Bitte um den Heiligen Geist, 70.

para com a relação entre dança e apreensibilidade ali demonstrada e apenas atendendo a esse tipo de apreensibilidade, e a partir de uma bem determinada situação do debate teológico na qual Gisbert Greshake e Herbert Vorgrimler envolveram a teologia, e que certamente pode parecer de difícil compreensão a este ou àquele, seja levantada a questão que soa inteiramente estranha: em sua interpretação pneumatológica como ato de expressão no qual o Espírito é apresentado como diretividade de uma vida intensificada ou como disposição da apreensibilidade, pode a dança ser transferida para a vida intratrinitária de Deus?

Qual a razão desta pergunta? Gisbert Greshake, na versão científico-popular abreviada de sua teologia trinitária, referiu-se ao "mundo da dança". Ele recorre ao fato de que a noção da *pericorese*, central na teologia da comunhão, a qual, no curso da história da teologia, foi bem-aceita inicialmente na cristologia e depois na teologia trinitária, teria sido tirada do mundo da dança. Greshake retoma o significado original do conceito de pericorese, isto é, "dança ao redor, e transfere-o para a Trindade". Com isso, ele pretende afirmar a unidade da *communio* divina, com Gregório Nazianzeno, como vivaz, "em certa medida, um 'pulsar', segundo o qual, 'da unidade, a Trindade, e da Trindade, novamente a unidade'".[34]

> As três pessoas divinas encontram-se em tal comunhão que só podem ser concebidas como "dançarinas em uníssono", em uma dança comum: o Filho está inteiramente no Pai e com o Pai; o Pai inteiramente no Filho e com o Filho, e ambos encontram sua unidade mediante o vínculo do Espírito. Assim, eles dançam a singular dança comum da vida divina.[35]

Herbert Vorgrimler rotulou esta transferência como coisa de mau gosto e cobriu seu colega de escárnio e desdém. A Trindade "seria comparada a um balé masculino, três 'dançarinos' de uma dança divina do

---

[34] G. Greshake, An den drei-einen Gott glauben. Ein Schlüssel zum Verstehen, Freiburg i. Br. 1998, 30. Cf. id., Art. Perichorese, in: LThK3, vol. 8, 1999, 31-33, 32.
[35] Ibid.

amor".³⁶ Vorgrimler, discípulo de Rahner, não está totalmente errado. A transposição metafórica do uso da palavra do antigo mundo do teatro para a Trindade causa estranheza. Parece malograr. E, por sorte, não há nenhuma referência a Pina Bausch! O estilo polêmico no qual Vorgrimler exarou sua crítica é, no entanto, insuportável. O desejo de Gisbert Greshake de querer afirmar a natureza de Deus como comunhão viva e pulsante do amor incondicional para além da inclinação hierárquica associada a uma noção teísta de Deus, apesar desta crítica corrosiva, não deveria ser descartado.

Por outro lado, para sua referência trino-teológica ao mundo da dança, dificilmente Greshake pode apoiar-se em testemunhos neotestamentários. Certamente se pode falar com grande certeza historicamente possível do fato de que Jesus — na tradição profética — estava apreendido pelo Espírito Santo. Biblicamente, está atestado que ele recebeu o Espírito no batismo, que ele, como figura escatológica, estava cheio do Espírito de Deus e que ele estava tão apreendido pelo Espírito, que podia agir em nome de Deus. No entanto, de um Jesus dançante não se fala em lugar algum, nem sequer nas diversas refeições nupciais. Se o Jesus joanino começou sua atividade pública com uma ação simbólica em uma festa na qual deve ter havido dança, isto é, nas bodas de Caná (Jo 2,1-12); se Lucas, na parábola do Pai misericordioso, faz com que a alegria pelo retorno do filho perdido desemboque em música e dança (Lc 15,26); se, conforme Mateus, em um dito, Jesus fala da dança como expressão da alegria (Mt 11,17), nisso tudo não está tematizada a dança como expressão da mútua apreensibilidade trinitária.

Por outro lado, no Novo Testamento não se formula nenhuma ressalva contra a dança em si, tal como se tornou frequente na história da Igreja desde os santos padres em referência à dança de Salomé. Observe-se, apenas à margem, que Nietzsche, que deve ter conhecido tal reserva e se tornou famoso por sugerir que podia atestar a morte de Deus — talvez ironicamente —, manteve aberta à dança uma portinha

---

[36] H. Vorgrimler, Art. Perichorese, in: Neues Theologisches Wörterbuch, Freiburg i. Br. ⁶2008, 484s.

dos fundos para provar o contrário. Em sua obra *Assim falou Zaratustra*, encontra-se uma confissão altamente admirável para ele, caso devesse estar falando a sério: "Eu só acreditaria em um Deus que soubesse dançar".[37]

Também na edição estendida da teologia trinitária de Gisbert Greshake, cientificamente fundamentada, o conceito de *pericorese*, que no uso linguístico trinitário assumiu o significado de interpenetração recíproca, tem papel decisivo. Nesta edição estendida, Greshake refere-se ao conceito com maior precisão conteudística. Por meio deste, a unidade de Deus é caracterizada como estrutura de relação, na qual cada pessoa divina "só obtém seu ser das outras e para as outras; por conseguinte, seu próprio ser se concretiza nas outras e, mediado pelas outras e, por isso, sem as outras, não é e não pode ser pensado".[38] A *pericorese* denota a presença das pessoas divinas bem como a inteireza da estrutura de relação em cada pessoa. Por conseguinte, Greshake não pensa "a unidade de Deus antes, depois, acima ou sob as relações das pessoas [...]".[39] A unidade realiza-se nelas. "Justamente nisso consiste a singular natureza de Deus: que ele é comunhão do amor de três pessoas"[40]. O amor, que ao mesmo tempo diferencia e unifica, aplica-se à ontologia trinitária, que Greshake se esforça por desenvolver apropriadamente como a mais elevada realidade.

O conflito que Greshake procura resolver com sua compreensão comunial de pessoas não é inteiramente novo. Já veio abertamente à luz durante o congresso dos estudiosos da Teologia Dogmática e da Teologia Fundamental de língua alemã sobre o tema da Trindade, no início dos anos oitenta do século passado. Na ocasião, Jürgen Moltmann havia defendido a tese: "Somente a noção pericorética da unidade é a noção

---

[37] F. Nietzsche, Also sprach Zarathustra, in: id., Das Hauptwerk III, München 1994, 42, citado conforme G. FERMOR, Tanz II. Praktisch-theologisch, 650.
[38] G. Greshake, Der dreieine Gott. Eine trinitarische Theologie, Freiburg i. Br. ³1997 (⁵2007), 199.
[39] Ibid. 200.
[40] Ibid.

trinitária da *triunidade*".⁴¹ E Ludger Oeing-Hanhoff havia-o contradito e afirmado o contrário: A "identidade da natureza das pessoas divinas é razão de sua pericorese, não inversamente, a unidade de Deus como resultado da pericorese das pessoas divinas".⁴² A enérgica controvérsia daquele tempo, que não teve um fim, foi revivida na polêmica entre Greshake e Vorgrimler.

O que Greshake não viu é que, *de fato*, ele deduziu a vida intradivina a partir do Espírito Santo. No modelo de compreensão pericorético da Trindade, ele próprio parte de uma figura abstrata da "equiprimordialidade das relações das três pessoas que comunicam umas às outras = pericoreticamente (em sentido enfático) a vida divina",⁴³ dissociando-se, assim, de ambos os modelos clássicos de pensar a unidade trinitária: tanto da abordagem da unidade da natureza de Deus quanto da formulação das *processiones* do Filho e do Espírito oriunda da unidade do Pai. De um lado, com o axioma da equiprimordialidade das relações, ele evita a problemática do *Filioque*, porque ele não hierarquiza as relações em Deus. Por outro, ele tem de enfrentar a dificuldade da real diferenciação das relações equiprimordiais. Na equiprimordialidade das relações, o que caracteriza o específico do Pai, como se determina o específico do Filho, como se deve determinar o específico do Espírito?

Que aspecto uma resposta poderia ter? Perante a equiprimordialidade das relações entre Pai, Filho e Espírito, o específico das pessoas divinas torna-se determinável a partir da perspectiva do Espírito (implícita no modelo), a respeito de quem a Escritura promete que conduz à profundidade da verdade divina (1Cor 2,10). Aquilo que, a partir da perspectiva do Espírito, aparece como equiprimordial, a partir da perspectiva do Pai é primordialmente sem origem e, a partir da perspectiva do Filho, primordialmente receptivo. Neste modelo de compreensão trinitária, aquilo que Pai, Filho e Espírito têm em comum se chama

---

[41] J. Moltmann, Die Einheit des dreieinigen Gottes. Bemerkungen zur heilsgeschichtlichen Begründung und zur Begrifflichkeit der Trinitätslehre, in: W. Breuning (ed.), Trinität. Aktuelle Perspektiven der Theologie (QD 101), Freiburg i. Br. 1984, 97-113, 109. Grifo no original.

[42] L. Oeing-Hanhoff, Trinitarische Ontologie und Metaphysik der Person, in: W. Breuning (ed.), Trinität, 143-182, 159s.

[43] G. Greshake, Perichorese, 32.

primordialidade. O que os distingue é a falta de origem que caracteriza o Pai como Pai, a receptividade que caracteriza o Filho como Filho e a comunhão ou igualdade da diretividade que caracteriza o Espírito como Espírito.

Esta comunhão ou igualdade da diretividade, na qual Pai e Filho ultrapassam a si mesmos e se reivindicam mutuamente, caracteriza a apreensibilidade como processo intratrinitário, na medida em que Pai e Filho no Espírito podem ser compreendidos, de maneira diversa e incomunicável, como meios da primordialidade.

Greshake, portanto, não percebeu — isto deveria ter ficado evidente através destas exposições — que ele, *de fato*, desenvolveu a doutrina trinitária a partir da pneumatologia. Isto é mostrado por ele com o axioma da equiprimordialidade. Quando se pensa a unidade de Deus pericoreticamente, então, implicitamente, desenvolve-se a doutrina da Trindade a partir da pneumatologia, e não a pneumatologia como última parte da doutrina trinitária. Com a exposição deste estado de coisas, a subestimação pneumatológica, que caracteriza a doutrina trinitária ocidental desde Agostinho, deveria ser superada, bem como seu inerente caráter didático-inanimado. Estas são duas boas razões que depõem em favor de reformular o interesse de Greshake através de um modelo de compreensão que parta da autorrevelação de Deus no Espírito.

Contra Greshake, no entanto, deve-se insistir no fato de que, no conhecimento do Espírito, bem como na doutrina da Trindade, só se pode partir da economia da salvação. Epistemologicamente, não existe nenhum outro acesso à realidade do Deus triuno. Objetivamente, as teses de Greshake podem ser reformuladas, sem mais, do ponto de vista da economia da salvação, para a compreensão da vida intradivina como comunhão. Metodologicamente, no entanto, dever-se-ia perseguir o caminho inverso.[44] Este pode ser aberto mediante uma pneumatologia prática. Em termos da economia da salvação — dito à moda de paráfrase —, a pulsante comunhão do amor incondicional, o solidário es-

---

[44] O aspecto metodológico na relação entre Trindade econômica e imanente será discutido mais adiante.

tar-com-o-outro, é a unidade na qual o Pai e o Filho se encontram. Do Pai vem a incondicionalidade do amor, que no Filho experimenta sua determinação e no Espírito toma sua força unificadora e transformadora. "Deus é uno, mas jamais solitário."[45] A mais elevada afirmação da teologia joanina — "Deus é amor" (1Jo 4,8.16) — pode ser interpretada trino-teologicamente mediante esta bela citação de Nikos Nissiotis.

As peculiaridades do amor unificante, mas jamais solitário, são designáveis a partir de várias perspectivas. A partir do Pai: primordialidade do amor. A partir do Filho: determinação do amor. A partir do Espírito: confiabilidade e força transformadora do amor. No Espírito, Pai e Filho são tomados e transformados em meio do amor incondicional.

Se o Espírito é aquilo em que Pai, Filho e Espírito encontram sua unidade e sua diferenciação, aquilo em que eles podem encontrar-se, então ele é, porém, também aquilo em que vivemos, se Cristo vive em nós e nós vivemos no Espírito.

A questão do Filioque

Com a compreensão pericorética da Trindade, Greshake evitou o problema do *Filioque* e, portanto, negou-o praticamente. Uma solução focada no problema da controvérsia do *Filioque* tal como a apresentou ultimamente, por exemplo, Michael Seewald, na medida em que ele interpreta o *Filioque*, reportando-se a Tertuliano, como axioma cristológico,[46] a partir de sua posição não é nem necessária nem possível. Com isso, porém, a controvérsia em torno do problema não está absolutamente eliminada.

Poderia ser útil para a solução do problema real, sem dúvida, do ponto de vista teológico e da história da Igreja, e altamente importante para o ecumenismo, se a questão fosse refletida novamente a partir

---

[45] N. Nissiotis, Berufen zur Einheit, 306.
[46] M. Seewald, Das „filioque" – gedeutet als christologisches Axiom. Ein Versuch zur ökumenischen Verständigung ausgehend von Tertullians ‚Adversus Praxean', in: MThZ 62 (2011), 303-328. Se aqui não é o lugar para discutir os argumentos apresentados por Seewald, isto não significa que eles não deveriam ser criticamente discutidos. O artigo de Seewald deve ser apresentado aqui apenas como um exemplo atual da possibilidade e da necessidade de sugerir a discussão argumentativa.

da perspectiva de uma hermenêutica pneumatológica da Trindade. Isto significa que, para a solução da questão, seria preciso não se deixar conduzir por um modelo trinitário de organização — e como tal, apesar de toda a dinâmica, também se deve considerar a *pericorese* —, mas pelo fato de que toda confissão de Deus está condicionada pneumatologicamente; com outras palavras: deve começar pela autorrevelação de Deus no Espírito.

Por conseguinte, a fim de mostrar uma saída para a controvérsia em torno do *Filioque*, é preciso, em primeiro lugar, refletir mais uma vez, em perspectiva orientada para o conteúdo, sobre os resultados das exposições sobre a particularidade do Espírito que se comunica de modo econômico-salvifico e, em segundo lugar, numa perspectiva metodológica, elucidar a determinação da relação entre Trindade econômica e Trindade imanente.

A característica da autorrevelação do Espírito

No capítulo terceiro precedente, o específico do Espírito Santo foi determinado em termos de pessoa, e o Espírito Santo, como pessoa, a partir da personalidade do Filho divino. Visto que Jesus Cristo, como pessoa, é autorrevelação de Deus, o Espírito, como dom da presença de Deus que se autocomunica, seu estar-conosco, precisava ser determinado em termos de pessoa. Biblicamente, Jo 16,14 expressou isto de modo ativo: "Ele me glorificará, porque recebe do que é meu vos anunciará". O Cristo joanino fundamenta a afirmação do versículo 15 mediante sua imediatidade em relação ao Pai: "Tudo o que o Pai tem é meu". Segundo esta lógica, o encontro com Deus se realiza por meio de Jesus Cristo, que é o invisível expondo-se-à-vista, no Espírito, que *glorifica* Pai e Filho na medida em que ele recebe de Jesus Cristo e o anuncia.

Paulo descreveu vividamente o fato da *glorificação* do ponto de vista da economia da salvação como autorrevelação do Espírito. Segundo ele, todos aqueles que se deixam conduzir pelo Espírito de Deus são filhos de Deus. Como filhos de Deus, de um lado, são introduzidos em sua herança (Rm 8,14-17). Aquele que ressuscitou Cristo dentre os mortos também vos fará voltar à vida, se ele habita em vós (cf. Rm

8,11). Com a partida de Jesus e seu estar junto do Pai, os fiéis têm acesso à herança prometida a Abraão (Gl 3,29). O auge do sentido da maneira de falar da filiação divina, segundo Paulo, não consiste na permanente menoridade,[47] mas na declaração do "direito à herança" de poder viver, como justificados, a partir do poder vital de Deus. A frase de Irineu de Lião — *"Gloria Dei vivens homo"* ["A glória de Deus é o homem vivente"] (Adv. Haer. IV, 20,7) somente aqui alcança seu sentido mais elevado.

A mensagem da comunhão com Cristo, frequentemente escutada em pregações e catequeses, conduz um pouco ao erro. Os fiéis não têm, estritamente falando, nenhuma comunhão com Cristo. Ao contrário, a comunhão do Espírito Santo, na qual eles vivem porque receberam o Espírito Santo no batismo, opera o parentesco com Cristo na medida em que ele, o Espírito de Deus, torna os fiéis irmãos e irmãs do Ressuscitado. Portanto, com Cristo, os fiéis podem — isto é, em razão do parentesco com Deus mediado espiritualmente — dirigir-se a Deus no "Pai-Nosso" como nosso Pai.

O Espírito Santo é a autenticação — que foi revelada pela vida, morte e ressurreição de Cristo — de que as pessoas são co-herdeiras de Cristo. Ele é o selo escatológico de Deus que garante a autenticidade das promessas. É o Espírito que vivifica na medida em que faz participar da vida eterna de Deus e, assim, glorifica o Pai, revelado pelo Filho, e o Filho, que revelou o Pai mediante sua autorrevelação. Ele introduz na verdade soteriológica de que o Crucificado foi ressuscitado por Deus.

Aquela *equi*primordialidade, da qual se falava em termos intratrinitários em Greshake, pode e deve — doravante pode-se falar assim, resumidamente — ser ainda mais determinada mediante os momentos de *apreensibilidade* e de *glorificação*.

---

[47] Assim, Mt 18,3 frequentemente tem o sentido distorcido na interpretação. C. Ulbricht, *Eine geistlose Gemeinde? Diskursanalytische Untersuchung der matthäischen Gemeinderede Mt 18 unter besonderer Berücksichtigung der Funktion des πνεῦμα*, Berlin 2016, 221, coloca em paralelo a afirmação do Evangelho de Mateus com o discurso paulino sobre o Espírito: "Embora Mateus não mencione explicitamente o πνεῦμα, quando se trata da comunidade e da convivência com os membros da comunidade, uma vida segundo a justiça melhor corresponde a uma vida κατὰ πνεῦμα: ambas tornam as pessoas filhas de Deus (Rm 8,14s), e quem se humilha e se torna como uma criança, a este se promete o Reino de Deus (Mt 18,3)".

4. Perspectivas

Se assim for, no entanto, isto também tem efeitos na compreensão de igualdade subjacente na relação entre Trindade econômica e Trindade imanente. Isto, porém, é novamente da mais alta relevância para a solução da problemática do *Filioque*. Por isso, deve-se ainda falar agora a respeito do aspecto metodológico da relação entre economia da salvação de Trindade, a fim de pode esboçar, também nesse ponto, uma solução aceitável para a questão do *Filioque*.

A relação entre Trindade econômica e Trindade imanente

O desenvolvimento trino-teológico contemporâneo no Ocidente está determinado pelo marcante axioma da identidade entre Trindade econômica e Trindade imanente, que se expande por várias confissões. Na demonstração da identidade entre Trindade econômica e Trindade imanente, trata-se da fundamentação da afirmação motivada tanto epistemológica quanto soteriologicamente, segundo a qual, na ação de Deus no mundo, o próprio Deus é o Agente e sua ação é deveras divina. O interesse pelo conhecimento de Deus e pelo encontro com Deus é, portanto, o que pode fundamentar a tese da identidade entre Trindade econômica e Trindade imanente. A prova da identidade é conduzida de forma altamente diversificada. Na maneira como se prova a identidade, porém, decide-se a questão do *Filioque* e, além disso, se um diálogo na questão do *Filioque* com a teologia ortodoxa é, em todo caso, possível e talvez, em seguida, sensatamente levado adiante do ponto de vista ecumênico.

A partir do interesse histórico-salvífico, Karl Rahner estabeleceu o axioma: *"A Trindade 'econômica' é a Trindade 'imanente' e vice-versa".*[48] A trajetória do conhecimento de Rahner vai da economia da salvação a seu conceito sistemático, a autocomunicação; como sua transcendental condição da possibilidade, ele mostra antropologicamente o ser humano como possível receptor da livre autocomunicação de Deus.[49] A condição

---

[48] K. Rahner, Der dreifaltige Gott als transzendenter Urgrund der Heilsgeschichte, 328. Grifo no original.
[49] Karl Rahner vê no fato de que o ser humano — na visão teológico-existencial — anseia por verdade e amor a condição de possibilidade para a percepção da revelação trinitária que se torna realidade mediante a ação reveladora de Deus.

teológica de possibilidade de que Deus é, para nós, autocomunicação, deve ser vista no fato de que ele, previamente, em si mesmo, é pensado como autocomunicação trinitária, que, em sua ação ad extra, corresponde a si mesmo, livre, espontânea e graciosamente. Rahner, portanto, compreende a doutrina da Trindade imanente como pressuposição teológica da economia da salvação.

Josef Wohlmuth,[50] em oposição a Rahner, expressou a suspeita de que este incorre em uma *petitio principii* ["petição de princípio" ou "raciocínio circular"], e procura, por sua vez, fugir à circularidade do axioma — que consiste em que nós sabemos a respeito do Deus trino em si mesmo porque ele se revelou a si mesmo; que se tenha revelado *a si mesmo*, no entanto, sabemo-lo a partir da Trindade imanente — postulando a tese: "A Trindade imanente é a verdade da Trindade econômica"; com outra expressão: "A Trindade econômica é verdadeira".[51] Desse modo, ele correspondeu à intenção fundamental de Rahner, sem reivindicar de modo direto a tese da identidade.

Na esteira de Pannenberg, Wohlmuth presume que as afirmações teológicas não possam ser pensadas independentemente da obra histórico-salvífica do Filho *e* do Espírito, e que estas afirmações teológicas sobre a Trindade histórico-salvífica reivindicam ser escatologicamente verdadeiras. "A eternidade é a verdade do Tempo."[52]

A intuição na tese de Wohlmuth depende da compreensão de verdade que, contrariamente à má infinidade do consenso em torno da dependência da experiência "na qual o absolutamente Outro se dá ao eu ou ao nós trinitariamente",[53] sabe e, por conseguinte, compreende "que somente a revelação escatológica mesma pode manifestar que são verdadeiras e quanto o são nossas declarações sobre o Deus trinitário".[54] No esquema de Wohlmuth, o problema da identidade torna-se escatologicamente repassado e ligado à questão a respeito da verdade de Deus. A

---

[50] J. Wohlmuth, Zum Verhältnis von ökonomischer und immanenter Trinität – Eine These, in: ZKTh 110 (1988), 139-162.
[51] Ibid. 144.
[52] Ibid. 151.
[53] Ibid. 161.
[54] Ibid. 161.

demonstração da identidade, consequentemente, não é possível a partir do ser humano, mas somente a partir de Deus mesmo. A afirmação da identidade permanece problemática do ponto de vista do ser humano, pois ela pode até mesmo obstruir a ideia de que Deus acontece como o absolutamente Outro.

Wohlmuth, portanto, ponderou criticamente os limites de qualquer prova possível de identidade e, à diferença de Rahner, que refletiu sobre as condições da possibilidade da autocomunicação, compreendeu a Trindade imanente escatologicamente.

Que se deva interpretar, com Murrmann-Kahl, a transposição do assunto para a dimensão do tempo como "truque que elimina o paradoxo", "que coloca o teólogo dogmático na vantajosa situação de sempre ter razão",[55] isso pode ser levado em consideração como advertência; contudo, como suposição de desonestidade científica, não pode ser aceito sem contestação. O argumento formal apresentado por ele — "Visto que o suposto futuro de Deus terá a última palavra, as alegações dogmaticamente afirmadas no presente, em vista desse futuro esperado, jamais podem ser confutadas"[56] — pode ser esvaziado quanto ao conteúdo com a referência à glorificação escatológica do Pai e do Filho pelo Espírito. A glorificação é, ao mesmo tempo, referência à natureza misteriosa do Deus que é cada vez maior, imperscrutável, e à inclusão do ser humano na vida trinitária.

Conforme um pensamento de Heribert Mühlen, decisivo e de grande alcance a este respeito, somente no Espírito Deus chega a si mesmo. Contudo, somente quando a importância essencial do Espírito para a autorrevelação de Deus foi compreendida é que já não se pode falar de uma subordinação do Espírito. Somente então se faz jus à afirmação em 1Cor 2,10, de que o Espírito sonda as profundezas de Deus. Mühlen cita Heirich Schlier: "Em seu Espírito — dito de forma breve —, Deus mesmo se revela, o Espírito é a força da autorrevelação de

---

[55] M. Murrmann-Kahl, „Mysterium trinitatis"? Fallstudien zur Trinitätslehre in der evangelischen Dogmatik des 20. Jahrhunderts (Theologische Bibliothek Töpelmann, 79), Berlin et al. 1997, 230.
[56] Ibid.

Deus".[57] Mühlen prossegue na maneira de se expressar que lhe é própria: "A essência divina, que inclui o nós, sai de si no Pai; no Filho, apresenta-se diante de si mesma; e, no Espírito Santo (como pessoa), chega a si mesma".[58]

Esta ideia ganha coerência ainda uma vez mais se for reformulada da perspectiva do estar-com. Em Mühlen, a "essência divina", que "inclui o nós", tem sua origem no Pai, que, na encarnação do Filho, determinou para si mesmo, de modo exemplar e definitivo, não querer ser Deus sem as pessoas. Dele — do Pai — provém o Espírito Santo como estar-com ativamente, levado por seu grande amor, como alguém que, na diretividade da ação humana, determinada por ele, glorifica o estar-um-com-o-outro do Pai e do Filho. Do ponto de vista escatológico, a Trindade imanente não pode ser pensada sem a autodeterminação do Deus de Israel (Ex 3,14) de não deixar órfãs as pessoas ou, com outras palavras, de não querer ser Deus sem as pessoas.

Na medida em que o Espírito habita as pessoas, ele as conduz ao espaço vital do Deus unitrino. O penhor do Espírito é desenvolvido tematicamente no relato da criação, no qual é introduzido como doador da vida. Está confirmado na doutrina da graça, na medida em que lhe é atribuída a mudança que se opera na consciência do pecador. Culmina na escatologia, na medida em que é louvado como alegria, paz e justiça, consideradas frutos do amor. Somente sobre esta base podem-se fazer afirmações sobre a Trindade imanente, a partir da economia da salvação, nas quais Deus, de fato, pode ser discutido como aquele que na autocomunicação do Filho e do Espírito, livremente, decidiu não querer ser Deus sem as pessoas.

Deve-se, portanto, desenvolver teologicamente a autocomunicação pessoal de Deus no Espírito Santo e, em contraposição a uma visão cristocêntrica ou determinada pelo sistema trinitário, elaborar o que lhe é específico em termos da economia da salvação. Desse modo, também se poderá resolver a questão do *Filioque*.

---

[57] H. Schlier, Grundzüge einer Paulinischen Theologie, Freiburg i. Br. 1978 (^{2}1979), 179 zit. bei H. Mühlen, Der gegenwärtige Aufbruch der Geisterfahrung und die Unterscheidung der Geister, in: W. Kasper (ed.), Gegenwart des Geistes, 24-53, 50.
[58] Ibid.

Epílogo

A experiência do Espírito Santo na ação humana é a percepção da fidelidade de Deus. Revertido em linguagem da teologia da revelação, isto significa: a autorrevelação do Espírito Santo é — orientando a ação humana no dom da verdade da consciência e realinhando-a no dom da certeza da redenção — a experiência do Deus livre, que vem ao encontro, lembrado anamnesicamente e suplicado na epiclese. Ela realiza-se no estar-com solidário e glorificador.

Christoph Theobald, sob a premissa do pensamento da diferença pós-moderno, no lugar da unidade, colocou a santidade no centro de uma teologia trinitária e explicou que a santidade na tradição judaico-cristã, como a exorbitante superação da regra de ouro, determina tanto a compreensão da relação quanto a da incomparável unicidade. Ele descreve a fé inteiramente no sentido de uma pneumatologia prática como estilo de vida.[1] Já citei a afirmação central de seu programa. Em conclusão, evoquemo-la uma vez mais:

> Quando se percebe que o futuro da terra depende não somente de uma justiça universal, que já é suficientemente difícil de imaginar, mas também de personalidades e comunidades que estão em condições de viver segundo a verdade de sua consciência e expor-se à violência do outro, sem revidar com as mesmas armas, então "estima-se", de repente, quão admirável é que esta atitude em nossa história aconteça de fato e em

---

[1] Cf. C. Theobald, Le christianisme comme style. Une manière de faire de la théologie en postmodernité, 2 vols. (Collection Cogitatio Fidei, 260 e 261), Paris 2007; id., Selon l'esprit de sainteté. Genèse d'une théologie systématique (Collection Cogitatio Fidei, 296), Paris 2015.

ilimitada variedade; de fato maravilhosa, pois não se pode de forma alguma reivindicar.[2]

Já em 1990, Paul Ricoeur formulou algo semelhante com respeito à relação entre justiça e amor.[3] Segundo ele, a superabundância, ou seja, a incomparabilidade do amor orienta a igualdade inerente à justiça. O mandamento do amor, conforme Ricoeur, não anula a regra de ouro, mas reinterpreta-a no sentido da generosidade. O amor não pode prescindir da implementação em leis morais, mas serve como um corretivo para uma interpretação delas em proveito próprio, o que opera o restabelecimento da justiça em detrimento da inclinação utilitarista.

Theobald compreende Deus como santidade que se autocomunica; à energia vital da santidade que se autocomunica, ele chama Espírito. Espírito Santo na ação humana.

O presente estudo girou em torno da autorrevelação de Deus na ação humana. O interesse foi ressaltar a importância teológico-espiritual da realidade social da ação e elaborar e determinar teologicamente a importância do Espírito identificável na diretividade cênica da ação para esta ação, bem como a orientação da vida. No caso, o motivo condutor foi a busca pela autorrevelação do Espírito de Deus, que, de acordo com o testemunho da revelação da Escritura, não pode ser reduzido à apropriação subjetiva da autocomunicação de Deus, realizada objetivamente em Jesus Cristo. Por fim, empreendeu-se uma releitura determinada pela autorrevelação do Espírito Santo de temas individuais e de problemas da eclesiologia, da escatologia e da doutrina trinitária. Assim, foi possível introduzir no discurso teológico perspectivas da pneumatologia prática.

Seria meu desejo que com o esboço proposto de uma pneumatologia prática fosse superada por muito tempo a fase do esquecimento do Espírito na teologia, o qual, no juízo de Walter Kasper, é corresponsável pela secularização do Espírito, mas nem ouso esperar por isso. Eficazes

---

[2] C. Theobald, „Gott ist Beziehung", 42.
[3] P. Ricoeur, Liebe und Gerechtigkeit (= Amour et justice), publicado por O. Bayer, Tübingen 1990.

modos de pensar opõem-se a isso. Ao mesmo tempo, na elaboração deste ensaio, deixei-me conduzir pela suposição de que a superação do esquecimento do Espírito na compreensão da ação poderia ser uma chave para a superação permanente do esquecimento do Espírito na teologia e também na vida social.

Referências bibliográficas

1. Documentos do Magistério

CONCÍLIO VATICANO SEGUNDO, Constitutio pastoralis de Ecclesia in mundo huius temporis GAUDIUM ET SPES de 7 de dezembro 1965, in: Compêndio do Valticano II – Constituições, decretos, declarações, 31. ed., Vozes, Petrópolis, 2018, port. http://www.vatican.va/archive/hist_councils/ii_vatican_council/documents/vat-ii_const_19651207_gaudium-et-spes_po.html.

PAPA PAULO VI, Audiência Geral de 6 de junho de 1973, in: Insegnamenti di Paolo VI, XI (1973), 477.

PAPA PAULO VI, Discurso de Paulo VI aos participantes do II Congresso Internacional de Direito Canônico (17 de setembro de 1973), in: AkathKR 142 (1973), 463-471.

PAPA JOÃO PAULO II, Carta Encíclica *Dominum et vivificantem* do Sumo Pontífice João Paulo II sobre o Espírito Santo na vida da Igreja e do mundo, de 18 de maio de 1986, in AAS 78 (1986), 809-900; port. in: http://w2.vatican.va/content/john-paul-ii/pt/encyclicals/documents/hf_jp-ii_enc_18051986_dominum-et-vivificantem.html.

PAPA JOÃO PAULO II, Carta Encíclica *Ecclesia de Eucharistia* do Sumo Pontífice João Paulo II aos Bispos, aos Presbíteros e Diáconos, às pessoas consagradas e a todos os fiéis leigos sobre a Eucaristia na sua relação com a Igreja, de 17 de abril de 2003, in: AAS 95 (2003), 433-475, port. http://w2.vatican.va/content/john-paul-ii/pt/encyclicals/documents/hf_jp-ii_enc_20030417_eccl-de-euch.html.

PAPA BENTO XVI, Discurso durante a Vigília com os jovens no Hipódromo de Randwick (XXIII Jornada Mundial da Juventude em Sidney, Austrália, de 13-21 de julho de 2008, em 19.07.2008; port. in: http://

w2.vatican.va/content/benedict-xvi/pt/speeches/2008/july/documents/hf_ben-xvi_spe_20080719_vigil.html.

PAPA BENTO XVI, Audiência geral de 14 de abril de 2010 "Monus docendi", port. in: http://w2.vatican.va/content/benedict-xvi/pt/audiences/2010/documents/hf_ben-xvi_aud_20100414.html.

PAPA FRANCISCO, Sinodalidade para o terceiro milênio. Discurso de 17 de outubro de 2015, Comemoração do Cinquentenário da Instituição do Sínodo dos Bispos, port. in: http://w2.vatican.va/content/francesco/pt/speeches/2015/october/documents/papa-francesco_20151017_50-anniversario-sinodo.html.

PAPA FRANCISCO, Exortação Apostólica *Evangelii gaudium*, de 24 de novembro de 2013, in: AAS 105 (2013), 1019-1137; port. in: http://w2.vatican.va/content/francesco/pt/apost_exhortations/documents/papa-francesco_esortazione-ap_20131124_evangelii-gaudium.html.

PAPA FRANCISCO, Carta Encíclica *Laudato Si'*, de 24 de maio de 2015, in: AAS 107 (2015), 847-945; port. in: http://w2.vatican.va/content/francesco/pt/encyclicals/documents/papa-francesco_20150524_enciclica-laudato-si.html.

SACRA CONGREGATIO PRO DOCTRINA FIDEI, Sacra Congregatio pro Doctrina Fidei, Declaratio ad fidem tuendam inmysteria incarnationis et sanctissimae trinitatis a quibusdam recentibus erroribus de 21.02.1972, in: http://www.vatican.va/roman_curia/congregations/cfaith/documents/rc_con_cfaith_doc_1972 0221_mysterium-filii-dei_lt.html (31.07.2016).

PONTIFÍCIO CONSELHO PARA A PROMOÇÃO DA UNIDADE DOS CRISTÃOS, Die griechische und die lateinische Überlieferung über den Ausgang des Heiligen Geistes, in: US 50 (1995), 316-324.

DIE SAKRAMENTE (MYSTERIEN) DER KIRCHE UND DIE GEMEINSCHAFT DER HEILIGEN. Dokumente der Gemeinsamen Kommission der Griechisch-Orthodoxen Metropolie von Deutschland und der Deutschen Bischofskonferenz (= Arbeitshilfen Nr. 203). Publicado pelo Secretariado da Conferência dos Bispos Alemães, Bonn 2006.

DAS MYSTERIUM DER KIRCHE. Dreizehnte Plenartagung der gemeinsamen lutherisch-orthodoxen Kommission 2.–9. November 2006, Bratislava, Slowakische Republik, in: http://blogs.helsinki.fi/risto saarinen/z3/° (13.01.2016).

SYNODALITÄT UND PRIMAT IM ERSTEN JAHRTAUSEND. Auf dem Weg zu einem gemeinsamen Verständnis im Dienst der Einheit der Kirche. Dokument der 14. Vollversammlung der Gemeinsamen Internationalen Kommission für den theologischen Dialog zwischen der Römisch-Katholischen Kirche und der Orthodoxen Kirche, Chieti (21. September) 2016, in: https://www.unifr.ch/iso/assets/files/Texte/Chie ti_Dokument_D_final.pdf (04.11.2016).

2. Outros textos-fontes

DIE BIBEL. Deutsche Ausgabe mit den Erläuterungen der Jerusalemer Bibel, publicada por D. Arenhoevel, A. Deißler, A. Vögtle, Freiburg i. Br. 1977.

INTERDISZIPLINÄRER ARBEITSKREIS PFINGSTBEWEGUNG, in: http://www.glo pent.net/iak-pfingstbewegung/Members/GerhardBially/bibliographien/document.2015-10-02.8262159912/view (01.03.2016).

DAS GEHEIMNIS DER KIRCHE UND DER EUCHARISTIE IM LICHT DES GEHEIMNISSES DER HEILIGEN DREIFALTIGKEIT. Das Dokument der Gemischten Internationalen Kommission für den theologischen Dialog zwischen der Römisch-Katholischen Kirche und der Orthodoxen Kirche, in: DwÜ 2, Paderborn – Frankfurt a.M. 1992, 531-541.

DIE FEIER DER HEILIGEN MESSE. Messbuch für die Bistümer des deutschen Sprachgebietes. Edição autêntica para o uso litúrgico, Authentische Ausgabe für den liturgischen Gebrauch, publicada sob a autorização da Conferências Episcopais da Alemanha, Áustria, Suíça, bem como dos bispos de Luxemburgo, Bolzano-Bressanone e Liège, Einsiedeln et al. ²1988.

TAUFE, EUCHARISTIE UND AMT. Konvergenzerklärungen der Kommission für Glauben und Kirchenverfassung des Ökumenischen Rates der Kirchen („Lima-Dokument") 1982, in: DwÜ 1, Paderborn – Frankfurt a.M. 21991, 545-585.

TEXTE ZUM KONZILIAREN PROZESS, in: http://oikoumene.net/home/ (01.03.2016) Universität Heidelberg, Theologische Fakultät, Pfingstbewegung, in: http://rmserv.wt.uni-heidelberg.de/webrm/ Forschung/pfingstbewegung (31.07.2016).

3. Pneumatologia

D. ADAMS, J. ROCK, Biblical Criteria in Dance: Modern Dance as Prophetic Form, in: Choreography and Dance 2 (1992), 13-18.

G. AGAMBEN, Herrschaft und Herrlichkeit. Zur theologischen Genealogie von Ökonomie und Regierung, Frankfurt a.M. 2010.

AMBRÓSIO DE MILÃO, De Spiritu Sancto libri tres. De incarnationis dominicae sacramento (CSEL 79: Sancti Ambrosii Opera 9), publicado por O. Faller, Wien 1964.

E. ARENS, Von der Instruktion zur Interaktion. Zum Paradigmenwechsel der Glaubenskommunikation in moderner Kultur, in: ThPQ 164 (2016), 169-180.

ATANÁSIO DE ALEXANDRIA, Epistulae ad Serapionem. Opera omnia 2 (PG 26), 529-676, em alemão: Des heiligen Athanasius vier Briefe an Serapion, Bischof von Thmuis, und Brief an Epiktet, Bischof von Korinth, traduzido do grego por J. Lippl, in: BKV, vol. 13, Kempten – München ²1913, 400-497.

H. U. VON BALTHASAR, Herrlichkeit. Eine theologische Ästhetik, Einsiedeln 1961ss.

ID., Spiritus Creator (Skizzen zur Theologie, III), Einsiedeln 1967.

ID., Theologik, vol. 3: Der Geist der Wahrheit, Einsiedeln 1987 (²2015).

K. BARTH, Nachwort, in: Schleiermacher-Auswahl, publicado por H. Bolli, München – Hamburg 1968, 290-312.

ID., Das christliche Leben (KD IV,4), in: ID., Gesamtausgabe, vol. 7: II. Akademische Werke 1959-1961, publicado por H.-A. Drewes e E. Jüngel, Zürich ²1976.

A. BASEDEKIS, Das Wirken des Heiligen Geistes im Leben der Christen, insbesondere nach Apostel Paulus und Johannes Chrysostomos, in: H. J. HELD, K. SCHWARZ (ed.), Das Wirken des Heiligen Geistes in der Erfahrung der Kirche. Achter bilateraler theologischer Dialog zwischen dem Ökumenischen Patriarchat von Konstantinopel und der Evangelischen Kirche in Deutschland vom 28. September bis 7. Oktober 1987 in Hohenwart; Leben aus der Kraft des Heiligen Geistes. Neunter bilateraler theologischer Dialog zwischen dem Ökumenischen Patriarchat von Konstantinopel und der Evangelischen Kirche in Deutschland vom 26. Mai bis 4. Juni 1990 in Kreta (Ev. Kirche in Deutschland, Kirchenamt, Studienheft 21), Hermannsburg 1995, 68-80.

BASÍLIO DE CESAREIA, De Spiritu sancto. Über den Heiligen Geist, tradução e introdução de H. J. Sieben (FC 12), Freiburg i. Br. 1993.

N. BAUMERT, Charisma – Taufe – Geisttaufe (2 Bde.), Würzburg 2001.

P. BAUSCH UND DAS TANZTHEATER, citado conforme: http://www. bundeskunsthalle. de/ausstellungen/pina-bausch.html (01.03.2016).

G. BAUSENHART, M. ECKHOLT, L. HAUSER (ed.), Zukunft aus der Geschichte Gottes. Theologie im Dienst an einer Kirche für morgen. Für P. Hünermann, Freiburg i. Br. 2014.

T. BERGER, Liturgie und Tanz. Anthropologische Aspekte, historische Daten, theologische Perspektiven (Pietas liturgica, Studia 1), St. Ottilien 1985.

H. F. BERGIN, Feminist pneumatology, in: Colloquium 42 (2010), 188-207.

H. BERKHOF, Theologie des Heiligen Geistes (Neukirchener Studienbücher 7), Neukirchen-Vluyn 21988.

L. BETTAZZI, Die Kirche der Armen. Vom Konzil bis zu Papst Franziskus, traduzido do italiano por B. Häußler, Würzburg 2015.

C. BINNINGER, Die pneumatologisch-anthropologischen Ansätze in der Trinitätslehre des Dionysius Petavius und ihr Einfluss auf die „Römische Schule" um Carlo Passaglia und Johann Baptist Franzelin, in: MThZ 62 (2011), 343-355.

E. BLOCH, Das Prinzip Hoffnung, Frankfurt a.M. 1959.

S. BODEMANN, Der musizierende und tanzende David in der italienischen Malerei des 16. und 17. Jahrhunderts (Tholos, 8), Münster 2015.

L. BOFF, Der Heilige Geist. Feuer Gottes – Lebensquell – Vater der Armen, Freiburg i. Br. 2014 (ed. bras. O Espírito Santo. Fogo interior, doador de vida e Pai dos pobres. Petrópolis, Vozes, 2013).

M. BÖHNKE, „… und kannst zu Gott dein Angesicht erheben". Theologische Anmerkungen zur Bedeutung der freimütigen Rede (παρρησία) und ihrer Bestimmung als Gabe des Geistes, in: ID., E. DIRSCHERL, H. GASPER (ed.), „… damit auch ihr Gemeinschaft habt" (1 Joh 1,3). Wider die Privatisierung des Glaubens. FS für W. Breuning (ODS 2), Osnabrück 2000, 131-150.

ID., A. E. KATTAN, B. OBERDORFER (ed.), Die Filioque-Kontroverse. Historische, ökumenische und dogmatische Perspektiven 1200 Jahre nach der Aachener Synode (809) (QD 245), Freiburg i. Br. 2011.

ID., Kirche in der Glaubenskrise. Eine pneumatologische Skizze zur Ekklesiologie und zugleich eine theologische Grundlegung des Kirchenrechts, Freiburg i. Br. 2013.

ID., Theologische Anmerkungen zur Geltung des Subsidiaritätsprinzips in der Kirche, in: Th. SCHÜLLER, M. ZUMBÜLT (ed.), Iustitia est constans et perpetua voluntas ius suum cuique tribuendi. FS für Klaus Lüdicke (Beiheft zum Münsterischen Kommentar zum CIC, 70), Essen 2014, 105-120.

ID., Gerichtetheit im Handeln, Wahrheit des Gewissens, Berufung zur Freundschaft und Gewissheit der Erlösung. Dimensionen des sensus fidei, in: Th. SÖDING (ed.), Der Spürsinn des Gottesvolkes. Eine Diskussion mit der Internationalen Theologischen Kommission (QD 281), Freiburg i. Br. 2016, 285-302.

ID., Erweise des Geistes ohne Kraft? Neuere Veröffentlichungen zur Pneumatologie, in: ThRv 112 (2016), 443-460.

C. BRENTARI, Ebner als Diagnostiker des linguistischen Verfalls, in E. Bidese, R. Hörmann, S. Zucal (ed.), Pneumatologie als Grammatik der Subjektivität: Ferdinand Ebner (Austria: Forschung und Wissenschaft, Philosophie, 15), Münster 2012, 49-58.

W. BREUNING, Pneumatologie, in: H. VORGRIMLER, R. VAN DER GUCHT (ed.), Bilanz der Theologie im 20. Jahrhundert. Perspektiven, Strömungen, Motive in der christlichen und nichtchristlichen Welt, vol. 3, Freiburg i. Br. 1970, 120-126.

J. BRÜNDL, Gottes Nähe. Der Heilige Geist und das Problem der Negativität in der Theologie, Freiburg i. Br. 2010.

C. BÜCHNER et al. (ed.), Kommunikation ist möglich. Theologische, ökumenische und interreligiöse Lernprozesse. FS für B. J. Hilberath, Mainz 2013.

R. BULTMANN, Art. γινώσκω, in: ThWNT I, 1933, 688-719.

A. CAMUS, Der Mythos des Sisyphos. Ein Versuch über das Absurde, Reinbek [6]2004.

J. R. CHAPEL, Das Wort im Sakrament der Beichte, in: E. BIDESE, R. HÖRMANN, S. ZUCAL (ed.), Pneumatologie als Grammatik der Subjektivität: Ferdinand Ebner (Austria: Forschung und Wissenschaft, Philosophie, 15), Münster 2012, 187-198.

M. CHRISTOPH, Pneuma und das neue Sein der Glaubenden. Studien zur Semantik und Pragmatik der Rede von Pneuma in Röm 8, Frankfurt a. M. u. a. 2005.

J. COMBLIN, Der Heilige Geist (Bibliothek Theologie der Befreiung: Gott, der sein Volk befreit), Düsseldorf 1988.

Y. CONGAR, Der Heilige Geist, Freiburg i. Br. 1982 (31991).

A. CORNILS, Vom Geist Gottes erzählen. Analysen zur Apostelgeschichte, Tübingen – Basel 2006.

K. CRAMER, Der Gott der biblischen Offenbarung und der Gott der Philosophen, in: H. M. BAUMGARTNER, H. WALDENFELS (ed.), Die philosophische Gottesfrage am Ende des 20. Jahrhunderts, Freiburg i. Br. – München 1999 (32001), 13-27.

D. L. DABNEY, Die Kenosis des Geistes. Kontinuität zwischen Schöpfung und Erlösung im Werk des Heiligen Geistes (NBST 18), Neukirchen-Vluyn 1997.

I. U. DALFERTH, S. PENG-KELLER (ed.), Gottvertrauen. Die ökumenische Diskussion um die fiducia (QD 250), Freiburg i. Br. 2012.

I. U. DALFERTH, Vertrauen und Hoffen. Orientierungsweisen im Glauben, in: ID., S. PENG-KELLER (ed.), Gottvertrauen. Die ökumenische Diskussion um die fiducia (QD 250), Freiburg i. Br. 2012, 406-434.

C. DANZ, M. MURRMANN-KAHL (ed.), Zwischen Geistvergessenheit und Geistversessenheit. Perspektiven der Pneumatologie im 21. Jahrhundert (Dogmatik in der Moderne, 7), Tübingen 2014.

M. DENANA, Ästhetik des Tanzes. Zur Anthropologie des tanzenden Körpers (tanzpraktischer Exkurs 4 zu Pina Bauschs Café Müller), Bielefeld 2014, 252-259.

A. DETTWILER, Die Gegenwart des Erhöhten. Eine exegetische Studie zu den Johanneischen Abschiedsreden [Joh 13,31-16,33] unter besonderer Berücksichtigung ihres Relecture-Charakters (FRLANT 169), Göttingen 1995.

DÍDIMO, O CEGO, De spiritu sancto / Über den Heiligen Geist, tradução e prefácio de H. J. Sieben (FC 78), Turnhout 2004.

J. DIERKEN, Immanente Transzendenzen. Gott als Geist in den Wechselverhältnissen des sozialen Lebens, in: C. DANZ, M. MURRMANN-KAHL (ed.), Zwischen Geistvergessenheit und Geistversessenheit. Perspektiven der Pneumatologie im 21. Jahrhundert (Dogmatik in der Moderne, 7), Tübingen 2014, 235-250.

M. T. DIETZ, De libertate et servitute spiritus. Pneumatologie in Luthers Freiheitstraktat (FSÖTh 146), Göttingen 2015.

O. A. DILSCHNEIDER, Die Geistvergessenheit der Theologie. Epilog zur Diskussion über den historischen Jesus und kerygmatischen Christus, in: ThLZ 86 (1961), 255-266.

ID., Die Notwendigkeit neuer Antworten auf neue Fragen. Auf dem Weg zum dritten Glaubensartikel: Ich glaube an den Heiligen Geist, in: C. HEITMANN, H. MÜHLEN (ed.), Erfahrung und Theologie des Heiligen Geistes, Hamburg – München 1974, 151-161.

E. DIRSCHERL, Der Heilige Geist und das menschliche Bewußtsein. Eine theologiegeschichtlich-systematische Untersuchung (BDS 4), Würzburg 1989.

ID., Der Atem des sprechenden Gottes. Theologiegeschichtliche Stationen der Rede vom Heiligen Geist, in: B. NITSCHE (ed.), Atem des sprechenden Gottes. Einführung in die Lehre vom Heiligen Geist, Regensburg 2003, 72-101.

M. DOBRINSKI, Diese Wirtschaft tötet, München 2014.

J. DRUMM, Doxologie II. Historisch-theologisch, in: LThK3, vol. 3, 1995, 355-356.

ID., Doxologie III. Systematisch-theologisch, in: LThK3, vol. 3, 1995, 356.

F. DÜNZL, Pneuma. Funktionen des theologischen Begriffs in frühchristlicher Literatur (JbAC Erg., vol. 30), Münster 2000.

F. EBNER, Das Wort und die geistigen Realitäten. Pneumatologische Fragmente, publicado por R. Hörmann, Wien 2009.

K. ERLEMANN, Unfassbar? Der Heilige Geist im Neuen Testament, Neukirchen-Vluyn 2010 (22012).

G. ESSEN, Person – ein philosophisch-theologischer Schlüsselbegriff in der dogmatischen Diskussion, in: ThRv 94 (1998), 243-254.

ID., Die Offenbarung Gottes in Jesus Christus als dogmatisches Kriterium für die Terminologie der Trinitätslehre. Christologische Auswege aus trinitätstheologischen Sackgassen, in: J. KNOP, M. LERCH, B. J. CLARET (ed.), Die Wahrheit ist Person. Brennpunkteeiner christologisch gewendeten Dogmatik. FS für K.-H. Menke, Regensburg 2015, 73-100.

G. ETZELMÜLLER, Der Geist Jesu Christi. Pneumatologische Grundentscheidungen in der Kirchlichen Dogmatik, in: ZDTh 30 (2014), 7-32.

EVANGELISCHE KIRCHE IM RHEINLAND (ed.), Konziliarer Prozess für Gerechtigkeit, Frieden und Bewahrung der Schöpfung, in: http://www.ekir.de/www/ueber-uns/konziliarer-prozess.php.

E.-M. FABER, Heilsgewissheit im Spannungsfeld von Theorie und Existenz. Zugleich: Ein Beitrag zur Frage nach der Gewissheit umfassenden Heils, in: I. U. DALFERTH, S. PENG-KELLER (ed.), Gottvertrauen. Die ökumenische Diskussion um die fiducia (QD 250), Freiburg i. Br. 2012, 313--344.

H.-J. FABRY, Der Tanz im alttestamentlichen Judentum, in: Choreae 3 (1996), 37-44.

R. FEITER, Praktische Pneumatologie. Geistesgabe und Handlungsbegriff, in: U. FEESER-LICHTERFELD, ID., T. KROLL, M. LOHAUSEN, B. SEVERIN, A. WITTRAHM (ed.), Dem Glauben Gestalt geben. FS für Walter Fürst (Theologie: Forschung und Wissenschaft, 19), Münster 2006, 325-338.

G. FERMOR, Tanz II. Praktisch-theologisch, in: TRE XXXII, 2001, 647-655.

H. FILSER, Trinität und Person. Ein Grundproblem und ein aktueller Streitpunkt der christlichen Gottrede, in: C. BÖTTIGHEIMER, ID. (ed.), Kircheneinheit und Weltverantwortung. FS für P. Neuner, Regensburg 2006, 141-168.

J. FISCHER, Wie wird Geschichte als Handeln Gottes offenbar? Zur Bedeutung der Anwesenheit Gottes im Offenbarungsgeschehen, in: ZThK 88 (1991), 211-231.

ID., Leben aus dem Geist. Zur Grundlegung christlicher Ethik, Zürich 1994.

ID., Humanität aus Glaube, Hoffnung, Liebe. Überlegungen zur Konzeption einer evangelischen Sozialethik im Anschluss an Arthur Rich, in: ThZ 56 (2000), 149-164.

ID., Theologische Ethik. Grundwissen und Orientierung (Forum Systematik, 11), Stuttgart – Berlin – Köln 2002.

ID., Die religiöse Dimension der Moral als Thema der Ethik, in: http://profjohannesfischer.de/wp-content/uploads/2013/10/Religi%C3%B6se-Dimension-der-Moral1.pdf (10.02.2016).

M. FISCHER, Vom Sinn des Tanzes oder: Zum Problem des Verstehens von Tanz, in: M. GROSSHEIM, S. VOLKE (ed.), Gefühl, Geste, Gesicht. Zur Phänomenologie des Ausdrucks (Neue Phänomenologie, 13), Freiburg i. Br. – München 2010, 234-260.

M. FOUCAULT, Das Wahrsprechen des Anderen. 2 Vorlesungen von 1983/84, publicação e introdução de U. Reuter, tradução de U. Reute e L. Wolfstetter, Frankfurt a.M. 1988.

J. FREITAG, Geist-Vergessen – Geist-Erinnern. Vladimir Losskys Pneumatologie als Herausforderung westlicher Theologie (Studien zur systematischen und spirituellen Theologie, 15), Würzburg 1995.

ID., Pneumatologie, in: LThK3, vol. 8, 1999, 366-367.

J. FREY, Vom Windbrausen zum Geist Christi und zur trinitarischen Person. Stationen einer Geschichte des Heiligen Geistes im Neuen Testament, in: JBTh 24 (2009), 121-153.

T. FREYER, Pneumatologie als Strukturprinzip der Dogmatik. Überlegungen im Anschluss an die Lehre von der „Geisttaufe" bei Karl Barth (Paderborner Theologische Studien, 12), Paderborn et al. 1982.

O. FUCHS, Pneumatopraxie in der Frömmigkeit des Volkes, in: US 68 (2013), 162-178.

ID., Sakramente – immer gratis, nie umsonst, Würzburg 2015.

H. GASPER, Ein Segen für die Kirche? Die charismatische Szene in Deutschland, in: HerKorr 61 (2007), 366-371.

ID., Schritte zu einer Pneumatologie der Pfingstbewegung, in: US 64 (2009), 41-53.

M. GEIGER, Mirjams Tanz am Schilfmeer als literarischer Schlüssel für das Frauen-Tanz-Motiv. Eine kanonische Lektüre, in: ID, R. KESSLER (ed.), Musik, Tanz und Gott. Ton-Spuren durch das Alte Testament (SBS 207), Stuttgart 2007, 55-75.

P. GEMEINHARDT, Die Filioque-Kontroverse zwischen Ost- und Westkirche im Frühmittelalter (Arbeiten zur Kirchengeschichte, 82), Berlin – New York 2002.

O. GEORGENS, Predigt beim Frauengottesdienst zum 100. Geburtstag von Madeleine Delbrêl am 24. Oktober 2004, in: http://cms.bistum-speyer.de/madeleine-delbrel/index.php?mySID=e9000e66c61658d5fdad2ce9ed157162&cat_id=23234 (25.09.2016).

GREGÓRIO DE NAZIANZO, Orationes theologicae / Theologische Reden, tradução e prefácio de H. J. Sieben (FC 22), Freiburg i. Br. 1996.

G. GRESHAKE, Der dreieine Gott. Eine trinitarische Theologie, Freiburg i. Br. 31997 (52007).

ID., An den drei-einen Gott glauben. Ein Schlüssel zum Verstehen, Freiburg i. Br. 1998.

ID., Art. Perichorese, in: LThK3, vol. 8, 1999, 31-33.

ID., Streit um die Trinität: ein Diskussionsbeitrag von Gisbert Greshake, in: HerKorr 56 (2002), 534-537.

K. E. GRÖZINGER, Musik und Gesang in der Theologie der frühen jüdischen Literatur. Talmud, Midrasch, Mystik (Texte und Studien zum Antiken Judentum, 3), Tübingen 1982.

H. GUNKEL, Die Wirkungen des Heiligen Geistes nach der populären Anschauung der apostolischen Zeit und der Lehre des Apostels Paulus. Eine biblisch-theologische Studie, Göttingen ³1909.

H. GUNKEL, Der Heilige Geist bei Lukas. Theologisches Profil, Grund und Intention der lukanischen Pneumatologie (WUNT 2, 389), Tübingen 2015.

M. HABETS (ed.), Ecumenical Perspectives on the Filioque for the 21st Century, Nova York 2014.

C. HALKES, Gott hat nicht nur starke Söhne. Grundzüge einer feministischen Theologie, Gütersloh 1980 (⁵1987).

H. HAMMANS et al. (ed.), Geist und Kirche. Studien zur Theologie im Umfeld der beiden Vatikanischen Konzilien. Gedenkschrift für H. Schauf, Paderborn et al. 1991.

M. HARTMANN, „Mensch, lerne tanzen". Theologische Blicke auf das Phänomen Tanz, in: GuL 88 (2015), 188-198.

M. HASITSCHKA, M. STARE, Der „Heilige Geist" im Johannesevangelium, in: W. SANDLER (ed.), Ein Hauch von Gott. Die Präsenz des Heiligen Geistes in Kirche und Welt (Theologische Trends, 21), Innsbruck 2012, 49-78.

S. HAUSAMMANN, Das lebenschaffende Licht der unauflösbaren Dunkelheit. Eine Studie zum Verständnis von Wesen und Energien des Heiligen Geistes und der Schau des göttlichen Lichtes bei den Vätern der Orthodoxen Kirche von Origines bis Gregor Palamas, Neukirchen-Vluyn 2011.

W.-D. HAUSCHILD, V. H. DRECOLL (ed.), Pneumatologie in der Alten Kirche (Traditio Christiana, XII), Bern 2004.

J. HAUSTEIN, G. MALTESE (ed.), Handbuch pfingstliche und charismatische Theologie, Göttingen 2014.

J. HAUSTEIN, G. MALTESE, Pfingstliche und charismatische Theologie – eine Einführung, in: Materialdienst des Konfessionskundlichen Instituts Bensheim 65 (2014), 59-62.

J. HEINRICHS, Sinn und Intersubjektivität. Zur Vermittlung von transzendentalphilosophischem und dialogischem Denken in einer „transzendentalen Dialogik", in: ThPh 45 (1970), 161-191.

H. J. HELD, Kirchen mit ihrer Geschichte im theologischen Gespräch, in: ID., K. SCHWARZ, Der Erfahrung der Kirche. Achter bilateraler theologischer Dialog zwischen dem Ökumenischen Patriarchat von Konstantinopel und der Evangelischen Kirche in Deutschland vom 28. September bis 7. Oktober 1987 in Hohenwart; Leben aus der Kraft des Heiligen Geistes. Neunter bilateraler theologischer Dialog zwischen dem Ökumenischen Patriarchat von Konstantinopel und der Evangelischen Kirche in Deutschland vom 26. Mai bis 4. Juni 1990 in Kreta (Ev. Kirche in Deutschland, Kirchenamt, Studienheft 21), Hermannsburg 1995, 7-23.

K. HEMMERLE, Thesen zu einer trinitarischen Ontologie (= Kriterien, 40), Einsiedeln 1976, online unter: http://www.klaus-hemmerle.de/ index.php?option=com_content&view=article&id=483&Itemid=32&limitstart=1.

R. HEMPELMANN, Rückkehr ins Urchristentum? Zu den Anliegen und zur Schrifthermeneutik des pfingstlich-charismatischen Christentums, in: JBTh 24 (2009), 271-293.

C. HENNING, Die evangelische Lehre vom Heiligen Geist und seiner Person. Studien zur Architektur protestantischer Pneumatologie im 20. Jahrhundert, Gütersloh 2000.

B.-J. HILBERATH, Heiliger Geist – Heilender Geist, Mainz 1988.

ID., Pneumatologie, in: T. SCHNEIDER (ed.), Handbuch der Dogmatik, vol. 1, Düsseldorf 1992 (Ostfildern 52013), 446-552.

ID., Pneumatologie (Leitfaden Theologie, 23), Düsseldorf 1994.

ID., Zur Personalität des Hl. Geistes, in: US 64 (2009), 27-40.

H.-J. HÖHN, Auf der Suche nach dem ‚wahren' Ich. Erkundungen in säkularen und religiösen Szenen, in: IKaZ Communio 45 (2016), 288-298.

R. HOEPS, Figuren der Herrlichkeit. Zur Ästhetik der Sichtbarkeit Gottes, in: S. WENDEL, TH. SCHÄRTL (ed.), Gott – Selbst – Bewusstsein. Eine Auseinandersetzung mit der philosophischen Theologie Klaus Müllers, Regensburg 2015, 69-86.

J. HOLLENWEGER, Enthusiastisches Christentum. Die Pfingstbewegung in Geschichte und Gegenwart, Wuppertal – Zürich 1969.

G. HOLOTIK, Pneumatologie, Spiritualität und christliche Verantwortung. Ausgewählte Schriften (Ethik – Gesetz – Moral – Recht, 1), publicado por J. Hagel, J. Kandler e A.M. Weiß, St. Ottilien 2010.

F.-L. HOSSFELD, Propheten, Prophetie, II. Biblisch: 1. Altes Testament, in: LThK3, vol. 8, 1999, 628-632.

W. J. HOYE, Gotteserfahrung? Klärung eines Grundbegriffs der gegenwärtigen Theologie, Zürich 1993.

W. HRYNIEWICZ, Epiklese IV. In der Theologie der Ostkirche, in: LThK³, vol. 4, 1995, 1312s.

E. JÜNGEL, Gott als Geheimnis der Welt. Zur Begründung der Theologie des Gekreuzigten im Streit zwischen Theismus und Atheismus, Tübingen 1977 (⁸2010).

ID., Das Dilemma der natürlichen Theologie und die Wahrheit ihres Problems. Überlegungen für ein Gespräch mit Wolfhart Pannenberg (1975), in: ID., Entsprechungen: Gott – Wahrheit – Mensch (BEvTh 88), Tübingen 1980 (32002), 158-177.

H. KAEGI, Der Heilige Geist in charismatischer Erfahrung und theologischer Reflexion. Ein Beitrag zur Pneumatologie, Zürich 1989.

F. KANNETZKY, H. TEGTMEYER (ed.), Personalität. Studien zu einem Schlüsselbegriff der Philosophie (Leipziger Schriften zur Philosophie), Leipzig 2007.

I. KANT, Metaphysik der Sitten (Werkausgabe, vol. 8), Frankfurt a. M. 1977.

W. KASPER (ed.), Gegenwart des Geistes. Aspekte der Pneumatologie (QD 85), Freiburg i. Br. 1979.

ID., Der Gott Jesu Christi (Das Glaubensbekenntnis der Kirche, 1), Mainz 1982.

ID., Die Kirche Jesu Christi – Auf dem Weg zu einer Communio-Ekklesiologie, in: ID., Die Kirche Jesu Christi. Schriften zur Ekklesiologie I (WKGS 11), Freiburg i. Br. 2008, 15-120.

ID., Barmherzigkeit. Grundbegriff des Evangeliums – Schlüssel des christlichen Lebens, Freiburg i. Br. 52015.

O. KEEL, Davids „Tanz" vor der Lade, in: BiKi 51 (1996), 11-14.

M. KEHL, Kirche – Sakrament des Geistes, in: W. KASPER (ed.), Gegenwart des Geistes. Aspekte der Pneumatologie (QD 85), Freiburg i. Br. 1979, 155-180.

ID., Und was kommt nach dem Ende? Von Weltuntergang und Vollendung, Wiedergeburt und Auferstehung, Freiburg i. Br. 1999.

R. KERN, Theologie aus Erfahrung des Geistes. Eine Untersuchung zu Pneumatologie Karl Rahners (IThS 76), Innsbruck 2007.

T. KESSLER, A.-P. RETHMANN (ed.), Pentekostalismus. Die Pfingstbewegung als Anfrage an Theologie und Kirche (Weltkirche und Mission, 1), Regensburg 2012.

KIRCHE DER ARMEN, Themenheft der ThQ 193 (2013), 185-292.

H.-J. KLAUCK (ed.), Monotheismus und Christologie. Zur Gottesfrage im hellenistischen Judentum und im Urchristentum (QD 138), Freiburg i. Br. 1992.

M. KLINGHARDT, Tanz und Offenbarung. Praxis und Theologie des gottesdienstlichen Tanzes im frühen Christentum, in: Spes Christiana 15-16 (2004-2005), 9-34.

A. KOLB, Art. Ausdruckstanz, in: A. HARTMANN, M. WOITAS (ed.), Das große Tanzlexikon. Tanzkulturen – Epochen – Personen – Werke, Laaber 2016, 33-36.

C. VAN DER KOOI, Die Phänomenologie des Heiligen Geistes im Spätwerk Karl Barths, in: ZDTh 30 (2014), 33-49.

G. KRETSCHMAR, Der Heilige Geist in der Geschichte. Grundzüge frühchristlicher Pneumatologie, in: W. KASPER (ed.), Gegenwart des Geistes. Aspekte der Pneumatologie (QD 85), Freiburg i. Br. 1979, 92-130.

G. LARENTZAKIS, Die Früchte des Heiligen Geistes im Leben der Kirche, in: H. J. HELD, K. SCHWARZ (ed.), Das Wirken des Heiligen Geistes in der Erfahrung der Kirche. Achter bilateraler theologischer Dialog zwischen dem Ökumenischen Patriarchat von Konstantinopel und der Evangelischen Kirche in Deutschland vom 28. September bis 7. Oktober 1987 in Hohenwart; Leben aus der Kraft des Heiligen Geistes. Neunter bilateraler theologischer Dialog zwischen dem Ökumenischen Patriarchat von Konstantinopel und der Evangelischen Kirche in Deutschland vom 26. Mai bis 4. Juni 1990 in Kreta (Ev. Kirche in Deutschland, Kirchenamt, Studienheft 21), Hermannsburg 1995, 113-126.

R. LAUTH, Ethik in ihrer Grundlage aus Prinzipien entfaltet, Stuttgart – Berlin 1969 (²2004).

C.-J. LEE, Der Heilige Geist als Vollender. Die Pneumatologie Wolfhart Pannenbergs (Internationale Theologie, 13), Frankfurt a.M. et al. 2009.

K. LEHMANN, Heiliger Geist, Befreiung zum Menschsein – Teilhabe am göttlichen Leben. Tendenzen gegenwärtiger Gnadenlehre, in: W. KASPER (ed.), Gegenwart des Geistes. Aspekte der Pneumatologie (QD 85), Freiburg i. Br. 1979, 181-204.

M. LERSCH, Triplex Analogia. Versuch einer Grundlegung pluraler christlicher Religionsphilosophie, Freiburg i. Br. – München 2014 G. van der Leeuw, Phänomenologie der Religion, Tübingen ²1956 (31970).

F. D. MACCHIA, Zungenrede und Prophetie: eine pfingstkirchliche Perspektive; in: Conc(D) 32 (1996), 251-255.

T. MAHLMANN, Pneumatologie, Pneumatik, in: HWP, vol. 7, 1989, 996-999.

G. MALTESE, Geisterfahrer zwischen Transzendenz und Immanenz. Die Erfahrungsbegriffe in den pfingstlich-charismatischen Theologien von Terry L. Cross und Amos Yong im Vergleich (Kirche – Konfession – Religion, 61), Göttingen 2013.

G. MANOR, Dancing the Good Book – An Overview, in: Choreography and Dance 2 (1992), 1-12.

K.-H. MENKE, Sakramentalität. Wesen und Wunde des Katholizismus, Regensburg 2012 (22013).

ID., Das heterogene Phänomen der Geist-Christologien, in: G. AUGUSTIN, K. KRÄMER, M. SCHULZE (ed.), Mein Herr und mein Gott. Christus bekennen und verkünden. FS für Walter Kardinal Kasper, Freiburg i. Br. 2013, 220-257.

J. B. METZ, Passion und Passionen, in: ID., Armut im Geiste / Passion und Passionen, Münster 2007, 63-78.

ID., Mystik der offen Augen. Wenn Spiritualität aufbricht, publicado por J. Reikerstorfer, Freiburg i. Br. 2011.

KATAKOMBENPAKT: „Für eine dienende und arme Kirche", in: http://www.pro-konzil.de/katakombenpakt-fur-eine-dienende-und-arme-kirche/ (01.04.2016).

R. MIGGELBRINK, Der Heilige Geist im westkirchlichen Denken. Geschichte und Gegenwart, in: Pastoralblatt für die Diözesen Aachen, Berlin, Essen, Hildesheim, Köln, Osnabrück 58 (2006), 163-169.

K.-H. MINZ, Communio Spiritus Sancti. Zur Theologie der inhabitatio propria bei M. J. Scheeben, in: H. HAMMANS et al. (ed.), Geist und Kirche. Studien zur Theologie im Umfeld der beiden Vatikanischen Konzilien. Gedenkschrift für H. Schauf, Paderborn et al. 1991, 181-200.

J. A. MÖHLER, Symbolik oder Darstellung der dogmatischen Gegensätze der Katholiken und Protestanten nach ihren öffentlichen Bekenntnisschriften, publicado por J. M. Raich, Malsfeld 2011/12.

205

J. MOLTMANN, Die Einheit des dreieinigen Gottes. Bemerkungen zur heilsgeschichtlichen Begründung und zur Begrifflichkeit der Trinitätslehre, in: W. BREUNING (ed.), Trinität. Aktuelle Perspektiven der Theologie (QD 101), Freiburg i. Br. 1984, 97-113.

ID., Gott in der Schöpfung. Ökologische Schöpfungslehre, München ²1985.

ID., Der Geist des Lebens. Eine ganzheitliche Pneumatologie, München 1991.

E. MOLTMANN-WENDEL (ed.), Die Weiblichkeit des Heiligen Geistes. Studien zur feministischen Theologie, Gütersloh 1995.

H. MÜHLEN, Der Heilige Geist als Person. Beitrag zur Frage nach der dem Heiligen Geiste eigentümlichen Funktion in der Trinität, bei der Inkarnation und im Gnadenbund (MBTh 26), Münster 1963 (51988).

ID., Una mystica persona. Die Kirche als das Mysterium der Identität des Heiligen Geistes in Christus und den Christen: Eine Person in vielen Personen, Paderborn et al. 1964 (31968).

ID., Die Geisterfahrung als Erneuerung der Kirche, in: O. A. DILSCHNEIDER (ed.), Theologie des Geistes, Gütersloh 1980, 69-94.

ID., Der gegenwärtige Aufbruch der Geisterfahrung und die Unterscheidung der Geister, in: W. KASPER (ed.), Gegenwart des Geistes. Aspekte der Pneumatologie (QD 85), Freiburg i. Br. 1979, 24-53.

G. L. MÜLLER, Einleitung, in: Der Heilige Geist, reeditado por G. L. Müller (Texte zur Theologie, D 7,2), Graz et al. 1993.

ID., Katholische Dogmatik. Für Studium und Praxis der Theologie, Freiburg i. Br. 1995.

K. MÜLLER, Heiliger Geist und philosophisches Denken – Über unerwartete Ab- und Anwesenheiten, in: JBTh 24 (2009), 245-268.

G. MÜLLER-FAHRENHOLZ, Erwecke die Welt. Unser Glaube an Gottes Geist in dieser bedrohten Zeit, Gütersloh 1993.

M. MURRMANN-KAHL, „Mysterium trinitatis"? Fallstudien zur Trinitätslehre in der evangelischen Dogmatik des 20. Jahrhunderts (Theologische Bibliothek Töpelmann, 79), Berlin et. al 1997.

ID., Der ungeliebte Dritte im Bunde? Geist und Trinität, in: C. DANZ, ID. (ed.), Zwischen Geistvergessenheit und Geistversessenheit. Perspektiven der Pneumatologie im 21. Jahrhundert (Dogmatik in der Moderne, 7), Tübingen 2014, 85-108.

R. NEU, Art. Audition, in: https://www.bibelwissenschaft.de/wibilex/ das--bibellexikon/lexikon/sachwort/anzeigen/details/audition/ch/4f86c054eb2159357aae6793c46b88f1/ (16.02.2016).

N. NISSIOTIS, Berufen zur Einheit oder Die epikletische Bedeutung der kirchlichen Gemeinschaft, in: Ör 26 (1977), 297-313.

B. NITSCHE, Pneumatologie, in: T. MARSCHLER, T. SCHÄRTL (ed.), Dogmatik heute. Bestandsaufnahme und Perspektiven, Regensburg 2014, 321-360.

F. NÜSSEL, D. SATTLER, Einführung in die ökumenische Theologie, Darmstadt 2008.

B. OBERDORFER, Filioque. Geschichte und Theologie eines ökumenischen Problems (Forschungen zur systematischen und ökumenischen Theologie, 96), Göttingen 2001.

L. OEING-HANHOFF, Trinitarische Ontologie und Metaphysik der Person, in: W. BREUNING (ed.), Trinität. Aktuelle Perspektiven der Theologie (QD 101), Freiburg i. Br. 1984, 143-182.

L. OHLY, Anwesenheit und Anerkennung. Eine Theologie des Heiligen Geistes (FSÖTh 147), Göttingen 2015.

ORÍGENES, Vier Bücher von den Prinzipien, publicado, traduzido e provido de observações críticas e ilustrativas por H. Görgemanns e H. Karpp (TzF 24), Darmstadt ³1992.

S. ORTH, Die Stunde der Theologie, in: HerKorr 69 (2015), 220-221.

W. PANNENBERG, Grundfragen systematischer Theologie. Gesammelte Aufsätze, vol. 1, Göttingen ³1979.

ID., Der Geist des Lebens, in: ID., Glaube und Wirklichkeit. Kleine Beiträge zum christlichen Denken, München 1975, 31-56.

ID., Die Vollendung der Heilsökonomie Gottes durch den Geist, in: E. DÜSING, W. NEUER, H.-D. KLEIN (ed.), Geist und Heiliger Geist. Philosophische und theologische Modelle von Paulus und Johannes bis Barth und Balthasar (Geist und Seele, 6), Würzburg 2009, 105-122.

S. PEMSEL-MAIER, Der Heilige Geist – das Weibliche an Gott, in: LS 48 (1997), 95-99.

S. PETZOLT, Die Heilig-Geist-Bitte (Epiklese) in den alten Hochgebeten, in: Erbe und Auftrag 67 (1991), 305-310; 467-469.

H. PEUKERT, Wissenschaftstheorie – Handlungstheorie – Fundamentale Theologie. Analysen zu Ansatz und Status theologischer Theoriebildung (edições Surhkam, livro de bolso 231), Frankfurt a.M. ³2009.

F. PORSCH, Pneuma und Wort: ein exegetischer Beitrag zur Pneumatologie des Johannesevangeliums (FThS 16), Frankfurt a.M. 1974.

ID., Anwalt der Glaubenden. Das Wirken des Geistes nach dem Zeugnis des Johannesevangeliums, Stuttgart 1978.

T. PRÖPPER, Theologie und Philosophie, in: ID., Evangelium und freie Vernunft. Konturen einer theologischen Hermeneutik, Freiburg i. Br. 2001, 93-97.

ID., Theologische Anthropologie (2 vols.), Freiburg i. Br. 2011.

E. PRZYWARA, Analogia entis. Metaphysik (Schriften III), Einsiedeln 1962.

J. RAHNER, Vergegenwärtigende Erinnerung. Die Abschiedsreden, der Geist-Paraklet und die Retrospektive des Johannesevangeliums, in: ZNW 91 (2000), 72-90.

K. RAHNER, Frömmigkeit früher und heute, in: ID., Zur Theologie des geistlichen Lebens (Schriften zur Theologie, VII), Zürich et al. 1966, 11-31.

ID., Der dreifaltige Gott als transzendenter Urgrund der Heilsgeschichte, in: MySal II, Einsiedeln et al. 1967, 317-397.

ID., Das enthusiastisch-charismatische Erlebnis in Konfrontation mit der gnadenhaften Transzendenzerfahrung, in: C. HEITMANN, H. MÜHLEN (ed.), Erfahrung und Theologie des Heiligen Geistes, Hamburg – München 1974, 64-80.

ID., Grundkurs des Glaubens. Einführung in den Begriff des Christentums, Freiburg i. Br. 21976 (tradução port. de Alberto Costa, *Curso fundamental da fé*, São Paulo 1989).

ID., Erfahrung des Heiligen Geistes, in: ID., Gott und Offenbarung (Schriften zur Theologie, XIII), reeditado por P. Imhof, Zürich et al. 1978, 226-251.

ID., Zur Theologie und Spiritualität der Pfarrseelsorge, in: ID., In Sorge um die Kirche (Schriften zur Theologie, XIV), reeditado por P. Imhof, Zürich et al. 1980, 148-165.

M. REMENYI, Auferstehung denken. Anwege, Grenzen und Modelle personaleschatologischer Theoriebildung, Freiburg i. Br. 2016.

P. RICOEUR, Liebe und Gerechtigkeit (= Amour et justice), publicado por O. Bayer, Tübingen 1990.

C. RIVUZUMWAMI, „Gott gab uns freien Raum". Von der Raumerfahrung in der Bewegung, in: J. MOLTMANN, ID. (ed.), Wo ist Gott? Gottesräume – Lebensräume, Neukirchen-Vluyn 2002, 55-64.

I. RÖMER, M. WUNSCH (ed.), Person. Anthropologische, phänomenologische und analytische Perspektiven (Ethica, 26), Münster 2013.

G. ROUWHORST, Eucharistie als Pfingstfest. Frühsyrische Epiklesen, in: GuL 88 (2015), 83-92.

J. G. SÁNCHEZ, M. LUBER (ed.), Eine arme Kirche für die Armen. Theologische Bedeutung und praktische Konsequenzen (Weltkirche und Mission, 6), Regensburg 2015.

H.-J. SANDER, Theologischer Kommentar zur Pastoralkonstitution über die Kirche in der Welt von heute – Gaudium et spes (HThK Vat II 4), Freiburg i. Br. 2005, 581-886.

D. SATTLER, Erinnerung an den göttlichen Erinnerer. Römisch-katholische Überlegungen zur Pneumatologie in ökumenischer Perspektive, in: JBTh 24 (2009), 401-428.

G. SAUTER, Ekstatische Gewißheit oder vergewissernde Sicherung? Zum Verhältnis von Geist und Vernunft, in: C. HEITMANN, H. MÜHLEN (ed.), Erfahrung und Theologie des Heiligen Geistes, Hamburg – München 1974, 192-212.

S. SCHAEDE, T. MOOS (ed.), Das Gewissen (Religion und Aufklärung, 24), Tübingen 2015.

P. SCHÄFER, Die Vorstellung vom Heiligen Geist in der rabbinischen Literatur (Studien zum AT und NT, 28), München 1972.

T. SCHÄRTL, Der Heilige Geist in der Trinität. Warum das ‚Beziehungsmodell' der drei göttlichen Personen seine Haken hat, in: KatBl 139 (2014), 90-94.

H. SCHAUF, Die Einwohnung des Heiligen Geistes. Die Lehre von der nichtappropriierten Einwohnung des Heiligen Geistes als Beitrag zur Theologiegeschichte des neunzehnten Jahrhunderts unter besonderer Berücksichtigung der beiden Theologen Carl Passagliaund Clemens Schrader (Freiburger theologische Studien, 59), Freiburg i. Br. 1941.

H. SCHERER, Geistreiche Argumente. Das Pneuma-Konzept des Paulus im Kontext seiner Briefe (NTA, N.F., vol. 55), Münster 2011.

L. SCHERZBERG, Der epikletische Charakter der Kirche. Erinnerung an eine ökumenische Vision, in: C. BÜCHNER et al. (ed.), Kommunikation ist möglich. Theologische, ökumenische und interreligiöse Lernprozesse. FS für B. J. Hilberath, Mainz 2013, 258-272.

H. SCHLIER, παρρησία, in: ThWNT V (1954), 869-884.

ID., Grundzüge einer Paulinischen Theologie, Freiburg i. Br. 1978 (^{2}1979).

T. SCHNEIDER, Gott ist Gabe. Meditationen über den Heiligen Geist, Freiburg i. Br. 1978.

U. SCHNELLE, Johannes als Geisttheologe, in: NT 40 (1998), 17-31.

ID., Das Evangelium nach Johannes (ThHK 4), Leipzig 32004 (^{5}2016).

E. SCHOCKENHOFF, Wie gewiss ist das Gewissen? Eine ethische Orientierung, Freiburg i. Br. 2003.

A. SCHÜLE, Geist als Manifestation des Göttlichen. Überlegungen zur Thronwagenvision Ezechiels und zum priesterschriftlichen Schöpfungsbericht, in: G. ETZELMÜLLER, H. SPRINGHART (ed.), Gottes Geist und menschlicher Geist, Leipzig 2013, 131-140.

H. SCHÜNGEL-STRAUMANN, Ruah (Geist-, Lebenskraft) im AT, in: M. KASSEL (ed.), Feministische Theologie. Perspektiven zur Orientierung, Stuttgart ^{2}1988, 59-73.

H. SCHÜRMANN, „Pro-Existenz" als christologischer Grundbegriff, in: ACra 17 (1985), 345-371.

C. SCHÜTZ, Einführung in die Pneumatologie, Darmstadt 1985.

A. SCHWEITZER, Geschichte der Leben-Jesu-Forschung, Tübingen 1984 (Stuttgart ^{9}2009).

M. SECKLER, Der Begriff der Offenbarung, in: W. KERN, H. J. POTTMEYER, ID. (ed.), Handbuch der Fundamentaltheologie, vol. 2: Traktat Offenbarung, Tübingen – Basel ^{2}2000, 41-61.

H. R. SEELIGER, Lehre und Lebensform. Über die „Hellenisierung" und „Enkratisierung" des antiken Christentums, in: ThQ 196 (2016), 127-138.

M. SEEWALD, Das „filioque" – gedeutet als christologisches Axiom. Ein Versuch zur ökumenischen Verständigung ausgehend von Tertullians ‚Adversus Praxean', in: MThZ 62 (2011), 303-328.

N. SERVOS, Pina Bausch. Tanzend vom Menschen sprechen, in: http://www.pina-bausch.de/pina_bausch/index.php?text=lang (01.03.2016).

ID., Tanztheater Wuppertal, in: http://www.pina-bausch.de/tanztheater/index.php (01.03.2016).

ID., Pina Bausch. Tanztheater, München ^{3}2012.

J. SOBRINO, Geist, der befreit. Anstöße zu einer neuen Spiritualität, Freiburg i. Br. 1989.

T. SÖDING, Doxologie I. Biblisch, in: LThK3, vol. 3, 1995, 354-355.

ID., (ed.), Der Spürsinn des Gottesvolkes. Eine Diskussion mit der Internationalen Theologischen Kommission (QD 281), Freiburg i. Br. 2016.

J. SPLETT, Gott-ergriffen. Grundkapitel einer Religionsanthropologie (Edition Cardo, LXXV), Köln ⁴2006.

ID., Zeugnis vom Licht. Philosophie als Wahrheitsdienst, in: H.-G. NISSING (ed.), Der Mensch als Weg zu Gott. Das Projekt Anthropo-Theologie bei Jörg Splett. Philosophisches Symposion der Thomas-Morus-Akademie Bensberg (Wortmeldungen, 8), München 2007, 11-32.

ID., Gottes Dreieinigkeit denken? Zu Möglichkeiten trinitarischer Theologie zwischen Augustinus und Richard v. St.-Victor, in: E. DÜSING, H.-D. KLEIN (ed.), Geist und Heiliger Geist. Philosophische und theologische Modelle von Paulus und Johannes bis Barth und Balthasar (Geist und Seele, 6), Würzburg 2009, 87-104.

W. STÄHLIN, Die Bitte um den Heiligen Geist, Stuttgart 1969.

M. STAUDIGL (ed.), Gelebter Leib – verkörpertes Leben. Neue Beiträge zur Phänomenologie der Leiblichkeit, Würzburg 2012.

H. STEINKAMP, Parrhesia-Praxis. Über „Wahrheit zwischen uns", in: PThI 24 (2004), 232-248.

J. STEINMEIER, Das Wirken des Heiligen Geistes und das Charisma der Heilung. Der theologische Ansatz von Norbert Baumert SJ – mit Anwendung auf Emiliano Tardif und Niklaus Wolf von Rippertschwand (Münchener theologische Studien, 73), Sankt Ottilien 2014.

H. STINGLHAMMER, Die Wahrheit leben: Reflexionen im Horizont einer theopragmatischen Plausibilität des Christlichen. Zugleich eine praktische Pneumatologie, in: G. BAUSENHART, M. ECKHOLT, L. HAUSER (ed.), Zukunft aus der Geschichte Gottes. Theologie im Dienst an einer Kirche für morgen. Für P. Hünermann, Freiburg i. Br. 2014, 437-448.

A. STIRNEMANN, G. WILFINGER (ed.), Vom Heiligen Geist. Der gemeinsame trinitarische Glaube und das Problem des Filioque (= Pro Oriente, 21), Innsbruck – Wien 1999.

A. STOCK, Poetische Dogmatik. Gotteslehre, vol. 2: Namen, Paderborn et al. 2005.

A. STOCK, Poetische Dogmatik. Gotteslehre, vol. 3: Bilder, Paderborn et al. 2007.

B. STOLLBERG-RILINGER, Rituale in historischer Perspektive, in: ThPQ 164 (2016), 115-122.

C. STRECKER, Zugänge zum Unzugänglichen. „Geist" als Thema neutestamentlicher Forschung, in: ZNT 13 (2010), H. 25, 2-20.

M. STRIET, Spekulative Verfremdung? Trinitätstheologie in der Diskussion, in: HerKorr 56 (2002), 202-207.

B. STUBENRAUCH, Pneumatologie – Die Lehre vom Heiligen Geist, in: W. BEINERT (ed.), Glaubenszugänge. Lehrbuch der katholischen Dogmatik, vol. 3, Paderborn et. al. 1995, 3-156.

ID., Anrufung des Geistes / Epiklese, in: W. BEINERT, ID. (ed.), Neues Lexikon der katholischen Dogmatik, Freiburg i. Br. 2012, 62-65.

D. STURMA (ed.), Person. Philosophiegeschichte – Theoretische Philosophie – Praktische Philosophie, Paderborn 2001.

V. SYNAN (ed.), The Century of the Holy Spirit. 100 Years of Pentecostal and Charismatic Renewal 1901-2001, Nashville 2001.

C. THEOBALD, „Gott ist Beziehung". Zu einigen neueren Annäherungen an das Geheimnis der Trinität, in: Conc(D) 37 (2001), 34-45.

ID., Le christianisme comme style. Une manière de faire de la théologie en postmodernité, 2 volumes (Collection Cogitatio Fidei, 260 e 261), Paris 2007.

ID., Selon l'esprit de sainteté. Genèse d'une théologie systématique (Collection Cogitatio Fidei, 296), Paris 2015.

M. THEOBALD, Gott, Logos und Pneuma. Trinitarische Rede von Gott im Johannesevangelium, in: H.-J. KLAUCK (ed.), Monotheismus und Christologie. Zur Gottesfrage im hellenistischen Judentum und im Urchristentum (QD 138), Freiburg i. Br. 1992, 41-87.

P. TILLICH, Tanz und Religion, in: ID., Impressionen und Reflexionen. Ein Lebensbild in Aufsätzen, Reden und Stellungnahmen (GW XIII), publicado por R. Albrecht, Stuttgart 1972, 134.

H. TIMM, Phänomenologie des Heiligen Geistes, vol. 1: Elementarlehre. Das Weltquadrat. Eine religiöse Kosmologie; vol. 2: Dialektik. Von Angesicht zu Angesicht. Sprach-morphische Anthropologie, Gütersloh 1985/92.

C. ULBRICHT, Eine geist-lose Gemeinde? Diskursanalytische Untersuchung der matthäischen Gemeinderede Mt 18 unter besonderer Berücksichtigung der Funktion des πνεῦμα, Berlin 2016.

H. VERWEYEN, Gottes letztes Wort. Grundriss der Fundamentaltheologie, Düsseldorf ²1991 (³2000).

L. VISCHER, Epiklese, Zeichen der Einheit, der Erneuerung und des Aufbruchs, in: Oecumenica. Jahrbuch für ökumenische Forschung 2 (1967),

302-312; wiederabgedruckt in: ID., Ökumenische Skizzen. Zwölf Beiträge, Frankfurt a.M. 1972, 46-57.

ID. (ed.), Geist Gottes – Geist Christi. Ökumenische Überlegungen zur Filioque-Kontroverse (ÖR 39), Frankfurt a.M. 1981.

A. VLETSIS, Vom Geist der Gemeinschaft zum Geist der Vielfalt von Personen? Orthodoxe Pneumatologie in Bewegung, in: MThZ 62 (2011), 356-370.

S. VOLLENWEIDER, Der Geist Gottes als Selbst der Glaubenden. Überlegungen zu einem ontologischen Problem in der paulinischen Anthropologie, in: ZThK 93 (1996), 163-192.

H. VORGRIMLER, Randständiges Dasein des dreieinigen Gottes? Zur praktischen und spirituellen Dimension der Trinitätslehre, in: StZ 220 (2002), 545-552.

ID., Art. Perichorese, in: Neues Theologisches Wörterbuch, Freiburg i. Br. ^{6}2008, 484s.

M. WAGENBACH, PINA BAUSCH FOUNDATION (ed.), Tanz erben. Pina lädt ein, Bielefeld 2014.

T. WAGNER, Gottes Herrlichkeit. Bedeutung und Verwendung des Begriffs *kābôd* im Alten Testament (VTS 151), Leiden – Boston 2012.

B. WALDENFELS, Leibhaftiger Tanz – Im Blick der Phänomenologie, in: https://www.goethe.de/de/kul/tut/gen/tan/20364432.html (01.03.2016).

P. WALTER, Das Gebet zum Heiligen Geist und der in uns betende Heilige Geist. Gedanken zu einer am biblischen und liturgischen Zeugnis orientierten Trinitätstheologie, in: P. MÜLLER, H. WINDISCH (ed.), Seelsorge in der Kraft des Heiligen Geistes. FS für Weihbischof Paul Wehrle, Freiburg i. Br. 2005, 227-244.

M. WELKER, Gottes Geist. Theologie des Heiligen Geistes, Neukirchen--Vluyn 21993 (52013).

ID., Menschlicher Geist und Gottes Geist, in: JBTh 24 (2009), 235-244.

ID., Was ist ein „geistiger Leib"?, in: T. BREYER et al. (ed.), Interdisziplinäre Anthropologie. Leib – Geist – Kultur (Schriften des Marsilius-Kollegs, 10), Heidelberg 2013, 65-83.

S. WENDEL, Gott Heiliger Geist – der störende Dritte?, in: ThG 56 (2013), 133-142.

ID., T. SCHÄRTL (ed.), Gott – Selbst – Bewusstsein. Eine Auseinandersetzung mit der philosophischen Theologie Klaus Müllers, Regensburg 2015.

K. WENZEL, Kritik – Imagination – Offenbarung. Zur theologischen Hermeneutik nach Paul Ricoeur (1913-2005), in: ThPh 88 (2013), 560-574.

213

J. WERBICK, Propheten, Prophetie, III. Systematisch-theologisch und IV. Praktisch-theologisch, in: LThK3, vol. 8, 1999, 633-635.

U. WILCKENS, Gott, der Drei-Eine. Zur Trinitätstheologie der johanneischen Schriften, in: E. DÜSING, W. NEUER, H.-D. KLEIN (ed.), Geist und Heiliger Geist. Philosophische und theologische Modelle von Paulus und Johannes bis Barth und Balthasar (Geist und Seele, 6), Würzburg 2009, 23-41.

H. WILLJUNG (ed.), Das Konzil von Aachen 809 (MGH.Conc. II/Suppl. II), Hannover 1998.

F. WITTEKIND, Theologiegeschichtliche Überlegungen zur Pneumatologie, in: C. DANZ, M. MURRMANN-KAHL (ed.), Zwischen Geistvergessenheit und Geistversessenheit. Perspektiven der Pneumatologie im 21. Jahrhundert (Dogmatik in der Moderne, 7), Tübingen 2014, 13-67.

J. WOHLMUTH, Zum Verhältnis von ökonomischer und immanenter Trinität – Eine These, in: ZKTh 110 (1988), 139-162.

ID., Mysterium der Verwandlung. Eine Eschatologie aus katholischer Perspektive im Gespräch mit jüdischem Denken der Gegenwart, Paderborn 2005.

ID., Gottes Heiliger Geist – ausgegossen in die Herzen der Menschen, in: E. DÜSING, W. NEUER, H.-D. KLEIN (ed.), Geist und Heiliger Geist. Philosophische und theologische Modelle von Paulus und Johannes bis Barth und Balthasar (Geist und Seele, 6), Würzburg 2009, 153-172.

A. WOLLBOLD, Aus Proexistenz leben. In Memoriam Heinz Schürmann (1913-1999), in: GuL 73 (2000), 225-232, online unter: gul.echter.de/component/.../3711-73-2000-3-225-232-wollbold-0.html (10.11.2015).

E. ZENGER, Eigenart und Bedeutung der Prophetie Israels, in: ID. et al., Einleitung in das Alte Testament (Kohlhammer-Studienbücher Theologie, 1.1), Stuttgart 31995 (92016), 371-381.

ZENTRUM FÜR INTERDISZIPLINÄRE NACHHALTIGKEITSFORSCHUNG (ed.), „Ganzheitliche Ökologie". Diskussionsbeiträge zur Enzyklika LAUDATO SI' von Papst Franziskus (ZIN Diskussionspapiere 01/2015), in: https://www.uni-muenster.de/imperia/md/content/fuchs/zin/05publikationen/zin_diskussionspapiere_1_enzyklika_laudato_si.pdf (12.09.2016).

P. ZIMMERLING, Charismatische Bewegungen (UTB 3199), Göttingen 2009.

Índice onomástico

A
Adams, D. 132, 133, 134
Agamben, G. 113
Agostinho 15, 99, 179
Albrecht, R. 133
Ambrósio de Milão 20, 24
Arens, E. 81, 82, 147
Atanásio de Alexandria 24, 157
Augustin, G. 43

B
Balthasar, H. U. von 40, 91, 92, 112, 113, 117, 122, 163
Barth, K. 18, 19, 23, 24, 25, 26, 37, 39, 68, 85, 91, 112, 117, 122, 144
Basedekis, A. 166, 167
Basílio de Cesareia 19, 20, 24, 83, 111, 117
Baumert, N. 51, 58, 169
Baumgartner, H. M. 27
Bausch, P. 62, 120, 121, 126, 127, 128, 129, 130, 131, 132, 134, 174, 176
Bayer, O. 188
Beinert, W. 36, 95
Berger, T. 122, 124, 148
Bergin, H. F. 53
Bergoglio, J. 166
Berkhof, H. 39
Bettazzi, L. 165
Bidese, E. 146
Binninger, C. 31
Bloch, E. 140
Bodemann, S. 124, 125
Boff, L. 12, 53, 106, 107, 108, 111, 136, 137
Böhnke, M. 33, 44, 93, 100, 102, 103, 158, 164, 166
Bolli, H. 24

Böttigheimer, C. 145
Brentari, C. 146
Breuning, W. 5, 31, 32, 33, 38, 100, 178
Breyer, T. 172
Bründl, J. 41
Brunner, E. 26
Büchner, C. 94
Bultmann, R. 57, 111

C

Camus, A. 170
Chapel, J. R. 146
Chladek, R. 132
Christoph, M. 58
Cirilo de Alexandria 31
Claret, B. J. 45
Comblin, J. 12, 40, 53, 106, 167, 170
Congar, Y. 40, 41, 53, 93, 94, 95
Cornils, A. 58
Cramer, K. 27
Cross, T. L. 53

D

Dabney, D. L. 49, 50, 54
Dalferth, I. U. 46, 68, 87
Dantine, W. 39
Danz, C. 46, 55, 65, 68
Delbrêl, M. 136
Denana, M. 129
Dettwiler, A. 21
Dídimo, o Cego 24, 45, 83
Dierken, J. 67, 68
Dietz, M. T. 49, 50
Dilschneider, O. A. 30, 37, 46, 57, 77, 92
Dirscherl, E. 41, 100
Dobrinski, M. 107
Drecoll, V. H. 24
Drewes, H.-A. 85
Drumm, J. 110, 111
Dünzl, F. 111

E

Ebner, F. 146
Erlemann, K. 59, 99
Essen, G. 32, 45, 102, 144, 153, 154, 155, 161
Etzelmüller, G. 18, 54, 112

F

Faber, E.-M. 87
Fabry, H.-J. 124, 125
Faller, O. 20
Feiter, R. 12, 69, 70, 73, 74, 75, 79
Fermor, G. 130, 177
Filser, H. 145
Fischer, J. 12, 69, 70, 71, 72, 73, 74, 75, 76, 77, 79, 129, 130
Fischer, M. 69, 70, 71, 73, 74, 76, 79, 129, 130
Foucault, M. 103
Franzelin, J. B. 31
Freitag, J. 23, 25, 43
Freyer, T. 23, 26, 150
Frey, J. 19, 45, 46, 155, 156, 157
Fuchs, O. 86, 173
Fürst, W. 12

G

Gasper, H. 52, 53, 100, 115
Geiger, M. 124, 125
Gemeinhardt, P. 44
Georgens, O. 136
Görgemanns, H. 24
Graham, M. 134
Gregório de Nazianzo 24
Greshake, G. 144, 175, 176, 177, 178, 179, 180, 182
Großheim, M. 129
Grözinger, K. E. 125
Gunkel, H. 58, 59

H

Habets, M. 43
Hagel, J. 69
Halkes, C. 53
Hammans, H. 42
Hartmann, A. 126
Hartmann, M. 130
Hasitschka, M. 114
Hausammann, S. 24
Hauschild, W.-D. 24
Hauser, L. 12
Haustein, J. 51
Hegel, G. W. F. 15, 25
Heidegger, M. 30, 56
Heinrichs, J. 68
Heitmann, C. 28, 40, 41, 46, 48
Held, H. J. 43, 85, 167

Hemmerle⊠ K. 47, 143, 145
Hemmerle, K. 32
Hempelmann, R. 59
Henning, C. 36, 39, 55, 56, 139, 161
Henrich, D. 137
Heschel, A. 133
Hilberath, B.-J. 36, 37, 41, 54, 94, 117
Hipólito 97
Hoeps, R. 113
Höhn, H.-J. 78
Hölderlin, F. 11
Hollenweger, J. 51
Holotik, G. 69
Hörmann, R. 146
Hossfeld, F.-L. 109
Hoye, W. J. 38, 116
Hryniewicz, W. 95
Hünermann, P. 12

I
Irineu de Lião 182

J
Jooss, K. 132
Jüngel, E. 16, 27, 28, 39, 85

K
Kaegi, H. 37
Kandler, J. 69
Kannetzky, F. 144
Kant, I. 25, 101, 138
Karpp, H. 24
Kasper, W. 16, 33, 40, 41, 43, 76, 95, 99, 186, 188
Kassel, M. 53
Kattan, A. E. 44
Keel, O. 124
Kehl, M. 99, 170
Kern, R. 34
Kern, W. 146
Keßler, T. 51
Klauck, H.-J. 58
Klein, H.-D. 91, 112, 117, 122
Klinghardt, M. 123, 134
Knop, J. 45
Kolb, A. 126
Kölling, W. 23
Kooi, C. van der 18

Krämer, K. 43
Kraus, G. 132
Kretschmar, G. 99
Kreutzberg, H. 132
Kroll, T. 12

L

Larentzakis, G. 43, 167
Lauth, R. 120
Lee, C.-J. 36
Leeuw, G. van der 126, 137
Lehmann, K. 33, 34
Lercaro, G. 165
Lersch, M. 27
Lies, L. 86
Lippl, J. 24
Lohausen, M. 12
Luber, M. 165, 166

M

Macchia, F. D. 52, 53
Mahlmann, T. 25
Malmberg, F. 33
Maltese, G. 51, 53
Manor, G. 132
Marschler, T. 41
Martin, J. 30, 56, 132
Menke, K.-H. 43, 45
Metz, J. B. 78, 82, 116, 174
Miggelbrink, R. 32
Minz, K.-H. 42
Möhler, J. A. 15, 92
Moltmann, J. 16, 37, 39, 53, 88, 138, 140, 144, 171, 174, 177, 178
Moltmann-Wendel, E. 53
Moos, T. 101
Mühlen, H. 28, 32, 40, 41, 42, 46, 48, 57, 150, 186
Müller-Fahrenholz, G. 37, 39
Müller, G. L. 20, 21, 37, 39, 41, 113, 129, 138
Müller, K. 21, 25, 28, 37, 39, 41, 113, 129, 137, 138, 157
Müller, P. 21, 37, 39, 41, 85, 113, 129, 138
Murrmann-Kahl, M. 46, 55, 65, 68, 185

N

Nassehi, A. 66
Neuer, W. 91, 112, 117, 122
Neuner, P. 145
Neu, R. 122, 123

219

Nietzsche, F. 176, 177
Nissiotis, N. 43, 94, 95, 98, 99, 180
Nitsche, B. 41, 58
Nüssel, F. 44

O

Oberdorfer, B. 44
Oeing-Hanhoff, L. 178
Ohly, L. 40, 56, 69, 81
Orígenes 24, 45
Orth, S. 67

P

Palamas, G. 24
Pannenberg, W. 16, 28, 36, 39, 69, 111, 112, 118, 154, 173, 184
Papa Bento XVI 15
Papa Francisco 64, 104, 105, 106, 107, 108, 164, 166, 167
Papa João Paulo II 21, 41, 50, 64, 85, 88, 91, 94, 96, 100, 101, 115, 143, 172
Papa João XXIII 164, 165
Papa Paulo VI 40, 41
Papa Pio XII 15
Passaglia, C. 31, 42
Pedro Lombardo 138
Pemsel-Maier, S. 53
Peng-Keller, S. 46, 68, 87
Petavius, D. 31
Petzolt, S. 96
Peukert, H. 81, 82
Porsch, F. 58, 88
Pottmeyer, H. J. 146
Pröpper, T. 26, 28, 29, 67, 68, 86, 89, 90, 136, 171
Przywara, E. 26, 27

R

Rahner, J. 18, 21
Rahner, K. 28, 30, 33, 34, 38, 45, 68, 84, 115, 116, 144, 154, 163, 176, 183, 184, 185
Raich, J. M. 92
Remenyi, M. 161, 163, 171
Rethmann, A.-P. 51
Rich, A. 70
Richard v. St.-Victor 122
Ricoeur, P. 86, 188
Rippertschwand, N. W. von 169
Rivuzumwami, C. 140
Rock, J. 132, 133, 134
Römer, I. 144
Rosenstock-Huessy, E. 22
Rouwhorst, G. 96

S

Sánchez, J. G. 165, 166
Sander, H.-J. 67
Sandler, W. 114
Sattler, D. 35, 44
Sauter, G. 48, 87
Schaede, S. 101
Schäfer, P. 125, 134, 135
Schärtl, T. 41, 45, 113
Schauf, H. 32, 42
Scheeben, M. J. 33, 42, 138
Schell, H. 33
Schelling, F. W. J. 11
Scherer, H. 58, 77
Scherzberg, L. 94
Schillebeeckx, E. 33
Schleiermacher, D. F. W. 24
Schlier, H. 110, 185, 186
Schmitz, H. 129, 130
Schneider, T. 40, 41
Schnelle, U. 21, 58, 114
Schockenhoff, E. 101
Schrader, C. 42
Schüle, A. 112
Schüller, T. 102
Schulze, M. 43
Schüngel-Straumann, H. 53
Schürmann, H. 76
Schütz, C. 40, 41
Schwarz, K. 43, 85, 167
Schweitzer, A. 55
Seckler, M. 146
Seeliger, H. R. 62
Seewald, M. 180
Servos, N. 127, 128, 131
Severin, B. 12
Sieben, H. J. 20, 24
Sobrino, J. 53, 167
Söding, T. 102, 110, 111
Splett, J. 120, 121, 122
Springhart, H. 112
Stählin, W. 98, 110, 114, 115, 136, 139, 174
Stare, M. 114
Staudigl, M. 136
Steinkamp, H. 61, 100, 103
Steinmeier, J. 169
Stinglhammer, H. 12
Stirnemann, A. 44
Stock, A. 19, 20, 21, 22, 114
Stollberg-Rilinger, B. 86
Strecker, C. 58

Striet, M. 144
Stubenrauch, B. 36, 41, 60, 62, 86, 95, 96, 106, 137, 174
Sturma, D. 144
Synan, V. 51

T

Tardif, E. 169
Tegtmeyer, H. 144
Tertuliano 180
Theobald, C. 145, 168, 187, 188
Theobald, M. 58
Thomasius, C. 25
Tillich, P. 132, 133
Timm, H. 39
Troeltsch, E. 66
Tromp, S. 32

U

Ulbricht, C. 182

V

Van der Gucht, R. 31
Verweyen, H. 28, 102
Vischer, L. 43, 93, 94, 95
Vletsis, A. 96
Volke, S. 129
Vollenweider, S. 139
Vorgrimler, H. 31, 144, 175, 176, 178

W

Wagenbach, M. 130
Wagner, T. 113
Waldenfels, B. 136
Waldenfels, H. 27
Walter, P. 85
Wehrle, P. 85
Weiß, A. M. 69
Welker, M. 19, 37, 39, 49, 50, 51, 54, 138, 151, 152, 172, 173
Wendel, S. 113, 136
Wenzel, K. 86
Werbick, J. 109
Whitehead, A. N. 157

Wigman, M. 133
Wilckens, U. 91, 94
Wilfinger, G. 44
Willjung, H. 44
Windisch, H. 85
Wittekind, F. 65, 66, 67
Wittrahm, A. 12
Wohlmuth, J. 116, 117, 172, 184, 185
Woitas, M. 126
Wollbold, A. 76, 77
Wunsch, M. 144

Y
Yong, A. 52, 53

Z
Zenger, E. 109
Zimmerling, P. 51
Zizioulas, J. 166
Zucal, S. 146
Zumbült, M. 102

Rua Dona Inácia Uchoa, 62
04110-020 – São Paulo – SP (Brasil)
Tel.: (11) 2125-3500
http://www.paulinas.com.br – editora@paulinas.com.br
Telemarketing e SAC: 0800-7010081